21세기 투자트렌드 10

50 Great investments for the 21st century

디에고 베이티아 지음 · 안 진 환 옮김

◆ **10가지 세계적 트렌드**

·글로벌 시장 트렌드 · 교육산업 트렌드 · 오락산업 트렌드 · 예비 신흥시장 트렌드 · 환경 트렌드
· 생산시설 이전 트렌드 · 사설 경비 트렌드 · 통신산업 트렌드 · 생물공학 트렌드 · 달러 가치하락 트렌드

한국경제신문사

역자의 말

　21세기를 코앞에 둔 지금, 우리의 투자자들은 어디로 가고 있는가. 건국이래 최대라는 국가 위기를 맞아 그저 끝이 안보이는 긴 터널 속을 헤매고만 있는가.

　경제적으로 매우 우울한 시기에 이 책의 번역을 맡은 역자는 내용을 하나하나 옮겨 나가면서, 다른 건 몰라도 '미래에 대한 불안'만큼은 말끔히 씻게 되었음을 우선적으로 밝히고 싶다. 저자의 혜안을 통해 미래의 트렌드들을 함께 바라보다 나름대로 우리의 투자자와 투자 시장에서 '희망'을 보았나 보다.

　흔들리는 경제, 불안한 정치상황, 내일을 알 수 없는 국제정세……. 참으로 '안정된 기조'라곤 눈 씻고 찾아봐도 찾기 힘든 요즈음이다. 그래서인지 많은 사람들이 투자시장에서 발을 돌리고 있다. 자연히 주식시장은 더욱 경색되어 가고, 주가지수는 연일 최저치를 경신하는데…….

　그렇다면 과연 현재는 투자의 암흑기인가? 대답은 'NO'다. 미국의 경우를 보자. 오랫동안 누려 왔던 경제적 지위를 상실하면서 달러는 만신창이가 되고 투자 심리의 위축과 더불어 국민들이 자신감까지 상실했던 게 바로 엊그제 일이다. 그러나 지금은 어떠한가? 여기서 우리는 위대한 투자자 존 템플턴 경의 애기를 귀담아 들어볼 필요가 있다.

"비관론이 최고조에 달하는 시기가 매입의 최적기이고, 반대로 낙관론이 최고조에 달하는 시기가 매도의 최적기다."

모든 경우에 그렇듯이 최대의 위기는 곧 반전의 기회이기도 하다. 그러나 여기에는 전략이 있어야 한다. 저자 디에고 바이티아가 제시하는 전략은 두 가지다. 하나는 분산투자이고, 다른 하나는 확실한 투자철학에 근거한 과감한 투자다. 저자는 분산투자의 예로 강세 통화와 약세 통화 양쪽 모두에 투자해서 리스크를 줄이는 방법을 보여준다. 또, 천안문 사태의 여파로 주식시장이 폭락할 때 투자 대상을 찾아 나선 위대한 투자자들의 철학과 격언을 제시하면서 보통 투자자와는 다른 방식의 투자를 감행할 용기도 불어넣는다.

그러나 이게 다라면 이 책은 주식투자에 관한 또 하나의 범서(凡書)에 불과했을 것이다. 저자는 위의 기본 전략들을 21세기를 주도할 트렌드에 접목시키고 있다. 주변 상황과 대세를 제대로 인식함으로써 전략을 보다 효율적으로 실행할 수 있고, 결과적으로 성공 가능성 또한 배가시킬 수 있다는 논리다. 우리는 지금, 수백 년을 지배해 왔던 '산업혁명'이라는 패러다임의 끝자락에 서 있다. 대량생산·거대화·일반화로 대변되던 그 간의 사업구조와 생활패턴이 짧게는 21세기, 길게는 새로운 밀레니엄을 맞아 품질본위 생산·소형화·다원화가 특징인 기술혁명시대로 접어들고 있는 것이다. 이렇게 전반적인 패러다임을 변화시키는 구체적 요소들이 바로 트렌드다. 따라서, 트렌드를 읽지 못하면 그 어떤 투자전략도 기껏해야 일시적 성공에 머무를 수밖에 없고, 트렌드를 모르면 일상 생활에서도 그저 '미래 쇼크'에 허덕이다 뒤쳐지게 되리라는 저자의 주장은 실로 설득력이 크다. 때로 도박판에 비교되기도 하는 투자 세계에서 저자는 또한 평정심을 잃지 말 것을 강조한다. 욕심과 두려움에 사로잡힌 베팅은 주변 여건이 아무리 좋다 하더라도 실패로 귀결되기 마련이다.

저자가 신이 아닌 이상, 이 책에 나오는 10가지 트렌드들이 모두 다 21세기에 100% 맞아 떨어지리라는 보장은 없다. 하지만 그것은 부분에 불과할 뿐, 21세기 트렌드를 상당히 일리있게 추정하고 있다는 사실을 강조하고 싶다. 또한, 정말로 중요한 것은 트렌드의 적중 여부가 아니라 시대의 흐름을 읽고 그것을 투자에 적용하는 방법이라는 점을 아울러 이해하고 현명하게 참고하길 바라는 바이다.

부언컨대, 이 책을 읽는 독자는 적어도 방법론적 측면에서 만큼은 확신을 갖게 될 것이다. 그렇다면 선택은 분명해진다. 미래의 트렌드를 읽는 통찰력에 올바른 전략, 여기에 평정심만 갖추면 모든 준비는 끝나는 것이다.

끝으로 여러 가지로 도움을 준 김세일 씨께 감사드리며, 현명한 모든 투자자들의 건투를 빈다.

1998년 11월

안 진 환

저자의 말

여러분은 이런 책을 처음 접할 것이다. 이 책은 금전적인 면에서 이익을 얻는 방법은 보여주지 못하면서 트렌드(trend 추세, 경향)를 예측한다고 떠드는 책과는 다르다. 또한 전반적으로 예측 가능한 트렌드에 따른 투자방법을 논리적으로 설명하지도 못하면서 하루아침에 부자가 되는 방법을 가르쳐주겠다는 책과도 다르다. 다른 책으로는 얻을 수 없는 정보를 이 책은 담고 있다는 뜻이다. 이 책은 장차 이익을 얻을 만한 세계적인 트렌드와 그 특성을 설명하고, 아울러 그러한 트렌드를 세계적인 투자 전망에 적용하는 방법을 보여준다.

세계는 미처 정신을 차릴 수 없을 정도로 빠르게 변하고 있으며 또 계속해서 새로운 변화의 물결 속에 빠져들고 있지만 그러한 흐름, 즉 트렌드는 상당한 수준까지 예측이 가능하다. 이 책은 21세기까지 이어질 10가지 트렌드를 보여주고, 아울러 그에 대비하고 그로부터 이익을 얻을 수 있는 방법을 알려준다. 사회 변화를 주도하는 트렌드 중 몇 가지는 지금도 우리 주변에서 일어나고 있지만 많은 사람들이 이를 이해하기는커녕 감도 못 잡고 있다. 미국의 달러화를 예로 들어 보자. 여러분은 달러가 유럽과 아시아의 주요 통화에 대해 소폭의 주기적인 가치 하락세를 보여왔다는 말을 들어봤을 것이다. 여기서 '소폭의 주기적인 가치 하락세'라는 것이 바로 트렌드다. 하지만, 그런 트렌드의 원인이나 그것이 계속될 가능성을 이해하지 못한다면 그 트렌드가 여러분의 금융투자에 미치는 영향 또한 이해하지 못하는 것이다. 이 책은 바로 그러한 원인과 영향을 다루고 있다.

내가 전제로 삼고 싶은 것은 누구나 트렌드를 예측하는 법을 배울 수 있고, 나아가 그런 트렌드 속에서 투자가치가 있는 산업과 기업을 구별하는 법도 배울 수 있다는 점이다. 다시 한 번 강조하지만 이 책은 직접 '돈이 되는' 측면으로 미래의 흐름을 탈 수 있는 방법을 보여준다. 물론, 책을 다 읽고 난 뒤에도 투자에 직접 뛰어드는 것은 망설일 수 있다. 하지만 주위에서 일어나는 변화에 '나'도 동참하고 있다는 기분은 충분히 만끽할 수 있을 것이고, 그것만으로도 이 책은 읽을 가치가 충분하다. 전에는 복잡하게만 보이고 두려움마저 느끼게 했던 일들이 책을 읽고 난 후에는 선명하게 윤곽이 잡히고 더 나아가 그것들 모두가 여러분 생활의 일부라는 것을 알게 될 것이다.

다시 한 번 강조하건대, 나는 그저 '따끈따끈한 정보'나 제공하고자 이 책을 쓴 게 아니다. 그 보다는 우리를 미래로 몰아가고 있는 다음 10가지 트렌드에 접근할 수 있는 방법을 보여주고자 하는 것이다. 각 장에서는 먼저 한 가지 트렌드를 제시하고, 이어서 그 트렌드로부터 이익을 얻을 만한 투자 대상을 소개하고, 더불어 투자 기업을 선정할 때 고려해야 할 구체적인 특징들을 밝힐 것이다.

세계적인 10가지 트렌드

1. 글로벌 시장 트렌드

세계의 경제 규모가 증대됨에 따라 미국이 세계 경제에서 차지하는 비중은 축소되고 있다. 급속히 성장하는 주식, 고수익 채권, 양도성 예금증서 등은 미국보다 해외에서 그 시장이 더 확대되고 있다. 미래에 좀더 많은 이익을 보고 싶은 투자자들은 글로벌 시장으로 시야를 넓힐 필요가 있다.

2. 예비 신흥시장 트렌드

중심축의 이동 변화가 급속한 지구촌 경제에는 큰 시장이 있는가 하면 작은 시장이 있고, 이제 막 세를 키우며 판을 벌리는 예비 신흥시장도 있다. 바로 이 예비 신흥시장이야말로 투자의 마지막 전선이자 최대의 전선이라 할 수 있다. 과감히 이 마지막 전선에 뛰어드는 투자자들은 위험 부담이 큰 만큼 큰 보답도 기대할 수 있을 것이다.

3. 생산시설 이전 트렌드

세계의 산업 생산기지는 빠르게 이동하고 있다. 한 세대나 두 세대 전만 하더라도 세계 산업생산의 중심지는 단연 미국이었으나 이제는 더 이상 그렇지 않다. 세계 여러 지역으로 생산별 중심기지가 옮겨간 것이다. 따라서 이런 변화로부터 이득을 취할 기업들 또한 이제는 미국 기업이 아니라 현재 경제호황을 누리고 있는 나라의 기업들이다. 그런 기업에 대한 적절한 투자는 약속된 미래를 보장해줄 것이다.

4. 통신산업 트렌드

아시아, 남미, 유럽의 몇몇 국가들은 현재 급속한 경제성장을 이루고 있다. 하지만 이들 나라의 통신산업기반(infrastructure)은 그것을 공기처럼 당연시하는 선진국에 비해 아직 열악한 상태다. 이런 국가들의 통신산업 발전에 앞장서는 회사에 투자하면 가까운 장래에 적잖은 재미를 볼 수 있을 것이다.

5. 교육산업 트렌드

미국은 자라나는 아이들을 가르치는데 있어 다른 나라에 점점 뒤쳐지고 있다. 이 추세가 개선되지 않으면 미국은 곧 국제사회에서 경쟁력을 상실하게 될 것이다. 그러나 이렇듯 뻔한 결과를 방관만하고 있을 나라가 어디 있겠는가. 교육에 있어 많은 문제점을 인식한 미국 등 여러 나라들이 개선책을 펼쳐나가고 있는 바, 그에 발맞춰 기술적으로 앞장 서 나가는 교육관련 기업들이 큰 이윤을 얻을 전망이다.

6. 오락산업 트렌드

오락산업은 미국이 경쟁력 면에서 여전히 우위를 점하고 있는 몇 안되는 산업 중 하나다. 이러한 산업에서 미국의 기술진보가 계속 세계를 놀라게 할 것이 분명하므로, 이 분야에 투자하는 기업들을 주목해 지켜 보고 투자할 필요가 있다.

7. 환경 트렌드

환경을 중시하는 추세는 기업과 투자자 모두에게 긍정적인 측면과 부정적인 측면을 동시에 부여한다. 환경에 대한 관심은 앞으로도 계속 증대될 것이고 아울러 정부의 규제 또한 강화될 것이기 때문에,

그로 인해 어려움을 겪는 회사가 나오고 반대로 이익을 챙기는 회사도 등장할 것이다. 성공하는 회사를 선택하려면 이 산업의 양면을 다 살펴볼 수 있어야 할 것이다.

8. 시설경비 트렌드

사회가 복잡해지고 빈곤층이 늘어감에 따라 범죄가 증가할 것이고 그에 따라 개인 안전에 대한 관심과 수요도 폭증할 것이 분명하다. 이런 수요를 만족시킬 수 있는 회사를 눈여겨 볼 필요가 있다.

9. 생물공학 트렌드

불치병을 치료하는 것이건 질 좋고 생산성 높은 작물을 만들어내는 것이건, 그 구체적인 분야에 관계없이 생물공학은 현재 혁신적인 발전을 거듭하고 있으며, 관련 기업들은 전세계적으로 수십억 달러에 달하는 부를 챙기고 있다. 이 분야를 주도하는 회사의 주식을 구입한다면, 그것은 바로 생활의 질을 향상시키는 회사에 투자하는 셈이 될 것이다.

10. 달러 가치하락 트렌드

제품 생산이 더 용이하고 서비스를 보다 충실히 제공할 수 있는 나라의 통화에 비해 달러의 가치가 하락하고, 아울러 국내의 생산 기지가 점차 다른 나라로 옮겨감에 따라 이익을 얻는 사람과 손해 보는 사람이 생길 것이다. 미국 달러에서 다른 강력한 통화로 눈을 돌려 거기에 투자하는 사람은 분명히 더 나은 결과를 얻을 수 있는 특별한 수혜자가 될 것이다.

물론, 투자전문회사를 이끌어 오면서 수많은 투자를 통해 세계시장에서 주요 위치에 서는 성공을 거두었음에도 불구하고, 나 또한 앞으로 세상이 어떻게 될지 정확히 예측할 수 없다는 것을 잘 알고 있다. 따라서 이 책에 언급되는 기업에 대한 구체적인 전망은 상황에 따라 바뀔 수 있다는 것을 인정한다. 그러나 장담하건대, 이 책에서 언급되는 기본적인 트렌드의 큰 흐름만큼은 변하지 않을 것이다. 우선은 이 책을 읽으며 즐기기 바란다. 그리고 내 말이 일리가 있다고 생각되면, 그때 가서 구체적인 행동을 고려해 보면 될 것이다.

우리는 격렬한 변화의 물결을 타며 역사상 가장 흥미진진한 시대를 살아가고 있다. 주변의 변화에 대비하고 진취적으로 대처하는 사람은 성공할 것이다. 여러분이 그런 사람이 되길 바란다.

디에고 바이티아

차 례

제5장 환경산업의 양면성을 고려한 투자 / 85

제6장 범죄예방산업에 대한 투자 / 99

제10장 달러 가치하락 : 득이 될 수도 있다 / 150

제11장 아시아 개발도상국에 대한 투자 / 173

제14 장 21세기를 위한 포트폴리오 제작 / 230

제 1 장

새로운 천 년의 여명

우리가 사는 세계는 이삼백 년마다 한 번씩 가속화되는 정치·경제·문화적 변혁에 의해 완전히 탈바꿈한다. 이런 변화의 와중을 살아가는 사람들은 자신이 직접 목격하고 경험한 세계, 즉 어린 시절을 보낸 세계를 나중에는 기억하지 못하는 경우가 흔하다. 예를 들어, 현재 러시아에 살고 있는 젊은이들은 어린 시절을 보낸 소련이라는 나라에 대해 얼마나 기억하고 있을까. 게다가 그들은 일생을 마치기 전에 조국의 변화를 수차례 더 목격하게 될 것이다. 극단적이라 할 정도의 이러한 갑작스런 공산주의 제국의 붕괴는 바로 수십 년 간 지속되어 온 정치적·경제적·문화적 퇴보의 결과였다.

오늘날, 우리는 소련의 붕괴를 가져왔던 일련의 사건들을 궁극적으로 그것을 초래한 큰 흐름, 즉 '공산주의의 몰락'이라는 기저 트렌드에 대한 이해의 측면으로 바라본다. 우리는 심지어 여러 가지 정황을 고려해 볼 때 공산주의의 몰락은 예측가능한 일이었다고 말할 수도 있다.

정치적 변혁은 이렇게 세계 경제와 세상 사람들에게 미치는 영향에 있어 가장 급진적인 변화 형태다. 이에 반해 문화적, 경제적 트렌드와 같은 변화 형태는 정치적 변혁과 유사한 결과를 낳기는 하지만, 보다 더 점진적이고 감지하기도 어렵다.

급부상하는 새로운 트렌드

20세기 100년 동안의 기술적 진보는 세계를 엄청나게 변화시켰고 지금도 변화시키고 있다. 이렇게 계속해서 새로운 기술이 탄생하고 또 세계가 변화를 지속함에 따라 새로운 트렌드들이 부상하고 있다. 새롭게 부상하는 트렌드의 양상이 어느 정도까지 지속될지를 예측하는 것은 충분히 가능한 일이다. 따라서 그것을 현명한 투자를 위한 수단으로 이용하는 것도 가능한 것이다.

1950년대 미국에 훌라후프가 소개되자 미국의 장난감 시장은 완전히 바뀌었다. 크고 작은 훌라후프의 여러 가지 색상과 회전 속에서 즐거움이란 개념에 일대 변혁이 일어났으며 이는 다시 음악, 운동, 춤, 나아가 플라스틱 산업 등 모든 분야에 영향을 미쳤다. 당시 훌라후프의 일시적 유행만 보고 그것을 만드는 장난감 회사들에 투자한 사람들은 그 유행기간 동안 이익을 보았다. 하지만 전반적인 트렌드를 이해하고 플라스틱 산업에 투자한 사람들은 훌라후프의 인기가 사라진 후에도 오랫동안 부를 축적할 수 있었다. 바꿔 말하면, 일시적 유행과 전반적인 트렌드를 구별할 수 있는 능력이 바로 투자자들이 이익을 챙기는 데 있어서 필수적이고도 가장 강력한 무기라는 얘기다. 21세기에 접어들면서 여러분은 다음의 전세계적인 네 가지 주요 트렌드에 직면하게 될 것이다.

산업혁명의 종결

가장 중요한 첫번째 트렌드는 산업혁명의 종결이다. 19세기 이래로 미국에 안전하게 뿌리를 내렸던 세계 제조업의 시설 기반들이 현재 세계 여러 곳으로 빠르게 분산되고 있다. 아시아 국가들처럼 예전에는 잠자고 있던 경제 시장이 값싼 비용으로 세계 유수 기업들을 유혹하여 공장을 늘려가며 저렴한 제품들을 생산해 내고 있는 것이다. 미국은 이러한 가격 경쟁에서 더 이상 경쟁력을 가질 수 없다.

기술혁명의 태동

금세기의 가장 중요한 경제 흐름인 산업혁명이 종말을 맞게 되자, 새롭고 보다 강력한 두 번째 흐름인 기술혁명이 부상하고 있다. 지금까지는 미국이 이 분야에서 선두를 달리고 있다. 특히, 최첨단 소프트웨어 산업이나 하드웨어 산업에서는 타의 추종을 불허한다. 하지만 개발도상 국가들의 기술혁신에 대한 관심도 전례없이 증폭되고 있다. 글로벌 경제 시장에서는 보다 빠르고 효과적인 통신이 그 무엇보다 중요하다는 것을 그들도 깨닫고 있는 것이다.

중소기업의 역할 증대

세 번째 트렌드는 글로벌 경제의 당연한 결과로 많은 중소기업들이 등장하고 있다는 것이다. 그들은 하나의 독립된 개체로 점점 더 중요한 역할을 맡고 있다. 예를 들어, 지난 몇 년 간 미국의 대기업들은 계속 몸집을 줄여왔고, 결과적으로 그들의 고용창출효과 또한 축소되어 왔다. 이런 가운데, 경제 성장과 인력 수급의 중추적인 역할이 중소기업으로 넘어가게 된 것이다(미국 상무성 조사에 의하면 공무원을 제외하고 지난 5년간 늘어난 고용 인력의 90%는 중소기업 덕분이라고 한다). 전통적으로 미국 경제에 비해 규모가 작은 아시아, 중남미, 동유럽같은 지역에서, 세계 산업기반의 이전과 새로운 기술 발전에 힘입어 여러 가지 다양한 성장의 길이 열리고 있다. 아울러, 이들 지역의 경제가 성장함에 따라 보다 소규모의 기업들도 한 몫 하러 게임에 뛰어들고 있다. 또한, 아프리카의 몇몇 국가들에서는 예비 신흥시장이 형성되고 있다. 그들은 기간 산업 발전에 힘쓰고 있으며 풍부한 광물자원 개발을 준비하고 있다. 중소기업이 활개치는 지역이나 예비 신흥시장에 투자하는 것은 물론 위험성이 높다. 그러나 그 수익 또한 크다는 점을 기억하기 바란다.

소규모의 시장이 성장하여 세계경제에서 차지하는 영향력이 증대됨에 따라 미국의 역할은 점차 축소되지 않을 수 없다. 여러 분야에서 경쟁력을 상실하고 현재 상대적으로 우위를 점하고 있는 분야인 기술 분야로의 산업 이동도 꺼리면서 1997년 초반까지 미국의 무역적자는 계속 증가해 왔고 달러는 국제시장에서 맥을 못 추게 되었다(물론, 97년 후반기에 들어 아시아 시장의 환란으로 달러가 강세를 띠며 미국 경제의 적자 해소에도 기여하고 있지만, 일정한 선을 넘어 과잉 집중되고 있는 미국 시장에의 투자를 단지 거품으로 보는 분석이 많다. 역주). 예를 들어 1972년에 25센트(당시 1 스위스 프랑에 해당)하던 스위스 토블레론 초콜릿(Swiss Toblerone chocolate)을 현재는 80센트를 줘야 살 수 있다. 이 초콜릿을 사기 위해 필요한 스위스 프랑은 25년째 변하지 않았는데 말이다(여전히 1 스위스 프랑만 주면 이 초콜릿을 살 수 있다). 만약 (앞으로 또 얼마 후부터) 지난 25년 동안과 마찬가지로 달러 가치가 하락세를 걷는다면 스위스 프랑이나 독일의 마르크, 일본의 엔화 같은 강세 통화에 투자하는 것이 훨씬 유리하리라는 것은 자명하다.

미국의 사회적 도덕적 부패에 대한 반향

마지막으로, 미국이 사회적 도덕적으로 부패하면서 미국인들은 걱정과 불안에 떨게 되었고 그에 대한 반향으로 좀더 안전하고 안락한 생활을 추구하는 경향을 보이고 있다. 1995년 2월 조나단 알터(Jonathan Alter)와 팻 윙거트(Pat Wingert)는 뉴스위크에 "수치심의 회복(The return of shame)"이라는 글을 실었다. 이 글에서 그들은 더 이상 범죄를 방관하지 말고 도덕성을 회복할 것을 희망했다.

"……미국이란 나라는 점점 더 수치심을 잃어가고 있는 반면, 일본은 그 반대의 경향을 보이고 있다…… 그러나 미국에서 수치심이 다 소멸된 것으로 보이는 바로 이때 수치심으로 얼굴이 붉어진 사람들이 20세기 말의 양심을 회복하기 위해 애쓰기 시작했다. 그들은 범죄자와 정치가들을 향해 분노를 드러내는 한편, 모든 사람들이 죄의식에 대해 양심의 가책을 갖기를 호소하고 있다……"

미국인들은 범죄로부터 자신을 보호하기 위해 개인 안전 산업에 투자하기 시작했고 폭력에 희생자가 되지 않기 위해 호신 상품에 더 관심을 기울이게 되었다. 홀라후프의 경우와 마찬가지로, 이런 시대적 트렌드를 감지하고, 개인 안전에 대한 수요에 주의를 기울이는 회사에 투자하면 큰 이익을 볼 가능성이 높다.

좀더 깊게 들어가면, 이런 사회적·경제적 문제들의 근본은 교육기관의 무능력에서 비롯된 것이라고 볼 수 있다. 학생들을 적절히 교육시켜 경쟁이 치열한 사회에서 자리잡을 수 있도록 도와주어야 하는 교육기관들이 그 역할을 제대로 하지 못하고 있는 것이다.

프록터 앤드 갬블(Procter & Gamble)사는 최근 미국 학생과 다른 나라 학생들이 함께 치른 한 시험의 결과를 TV광고로 만들어 방송했다. 이 시험에서 미국 여학생들의 평균 성적은 12등으로 나타났다. 시청자들에게 미국이 교육분야에서 더 이상 경쟁력을 지니고 있지 못하다는 충격적인 메시지를 전달한 것이다. 이런 상황을 돌파하기 위한 움직임을 보이고 있는 미국에서 교육 관련 회사, 특히 교수법과 학습법에 있어 변혁을 추구하는 기업에 투자하면 막대한 이윤을 남길 수 있을 것으로 예상된다. 현재, 교육 기술에 있어서도 전례없는 진보가 이루어지고 있기 때문에 더욱 관심을 가지고 지켜 볼 분야라 하겠다.

미국인들의 양심 회복 움직임은 환경 산업과 오락 산업같은 다른 문화적 트렌드에 속해 있는 요소들에도 영향을 미치고 있다. 우리는 우리의 아이들, 우리 나라, 그리고 우리 자신의 운명에 대해 책임있는 사람은 바로 우리 자신이라는 사실을 서서히 깨닫고 있다. 미국인들은 유해한 물질을 수원지에 버린 결과가 무엇인지를 보고 있다. 그리고 무분별하게 섹스·폭력·파괴 장면을 여과없이 내보내는 TV프로그램이 아이들에게 어떤 영향을 미쳤는지 느끼고 있다.

다행스럽게도 기술이 발전하면서 우리는 공해문제를 해결할 수 있는 길을 열어가게 되었고 현명한 투자자들은 이 분야에 대한 투자를 통해 이익을 얻을 수도 있게 되었다. 또한 컴퓨터 기술이 발전하면서 우리는 더 이상 방송사가 내보내는 프로를 일방적으로 보는 데서 벗어나 재미있고 유익한 프로를 직접 고를 수도 있게 되었다. 다시 말하지만, 이런 트렌드만 잘 읽을 수 있다면 성공 가능성이 있는 회사를 고를 수 있고 현명한 투자도 할 수 있는 것이다.

트렌드와 투자자의 관계

투자자들에게 있어서 트렌드와 일시적 유행을 구별할 수 있는 능력은 미래에 이익을 거머쥘 수 있는 유익한 자산이다. 하지만 그 무엇보다 귀중한 자산은 인내심이다. 투자자들은 종종 두려움이나 욕심 때문에 조심스럽게 트렌드를 지켜보는 일은 소홀히 하고, 그들의 무지를 이용하려는 사람들이 보내는 메시지에 지나치게 의존하는 경향이 있다. 예를 들어, 보험회사들은 가정에서 유일하게 돈을 버는 사람이 갑자기 죽는다거나 병으로 무기력해지는 상황을 상상해 보라며 사람들의 공포심을 자극한다. 물론 그러한 불행은 충분히 일어날 수 있고 투자결정과정에서도 충분히 고려되어야 할 부분이다. 하지만 공포와 같은 '감정'을 어떤 결정을 내리는데 개입시켜서는 안 된다. 투자자들은 앞서 말한 불행이 일어나지 않을 가능성에 먼저 초점을 맞춰야 하고, 현재 가지고 있는 자산이 보호되는지 생각해 봐야 하고, 앞으로의 지출 수요를 충족시킬 수 있는지 따져 봐야 한다. 그리고 가장 중요한 것은 정말로 그런 보호책이 필요한지 생각해 보는 것이다.

한편, 욕심에 눈이 먼 투자자들은 남의 충고나 떠도는 소문, 방송의 과장광고 등에 솔깃해서 신중한 검토없이 그것들을 받아들여, 속성상 감정에 휩쓸리기 쉬운 시장의 희생물이 되곤 한다. 따라서 투자자는 어디서 하나의 정보를 얻는 경우 그 하나로 모든 결정을 내리지 말고 주가 수익률, 성장성, 수익 트렌드, 산업 트랜드, 해당 기업의 관리 능력 등에 대해 가능한 많은 정보를 수집한 후 현명한 선택을 내려야 할 것이다.

적절한 투자를 위해서는 기차를 기다리듯 기다릴 줄 알아야 한다. 3시 30분 기차를 놓쳤다 하더라도 다음 기차는 곧 올 것이고 목적지까지 데려다 줄 것이다. 그리고 어쩌면 그 기차가 더 빠르고 더 효율적인 특급열차일 수도 있다.

제 2 장

장기적 안목의 투자 원리

훌륭한 투자자와 보통 투자자의 진정한 차이점은 무엇인가? 월스트리트(Wall Street)에서 그들은 무슨 묘안이 있어 투자만 하면 계속 다른 사람들보다 월등히 나은 실적을 올릴 수 있는 것인가? 상대적으로 운이 좋은 것인가? 월등히 머리가 좋은 것인가? 아니면 우리가 모르는 다른 무엇이 있는 것인가? 그렇다. 그들은 무언가 다른 비법을 가지고 있다. 훌륭한 투자자들은 분명한 방향성과 함께 제대로 정립된 투자 철학을 지니고 있으며 전세계적으로 분산시킨 투자 노선을 택하고 있다. 이것이 그들의 비법이다. 마법사의 수정 구슬이 있는 것도 아니고 특별한 컴퓨터 프로그램이 있는 것도 아니다. 뚜렷한 투자 철학과 글로벌 분산 투자, 바로 이것이 그들을 다른 보통 투자자들과 구분시켜 주는 것이다. 그들은 모두 다음과 같은 확신을 가지고 있다.

"규칙을 준수하고 '모든 상황이 완벽하게 맞아 떨어지는' 경우에만 투자하면, 장기적으로 반드시 승리한다."

확신 구축을 위한 기본 골격

투자 시장에서 승리하는데 있어서 '정확한 분석'보다 더 중요한 게 있다면 그것은 바로 '정신상태'다. 투자에 적절한 정신상태를 갖추지 못하면 성공을 이어나갈 수 없다는 뜻이다. 투자를 위한 올바른 사고를 견지하고자, 반드시 암기할 것을 당부하며 다음과 같은 '투자자 서약'을 제시한다.

"지금 이 순간 이후로 나는 확신이 서지 않는 경우에는 어떠한 투자도 하지 않을 것을 맹세한다."

투자에 대한 확신이란 충분한 자료조사가 끝난 상태에서 모든 상황이 완벽하게 맞아 떨어질 때 비로소 생길 수 있는 것이다. 다시 말해서, (느낌으로 감을 잡지 말고) 정확한 자료조사와 상황파악을 통해 확신을 키워나가야 한다는 얘기다. 다음의 네 가지 주요 사항을 파악하면 투자에 대한 확신을 고취시키는데 도움이 될 것이다.

1. 투자 근거를 알라.

무엇 때문에 투자하는지 항상 유념해야 한다. 만일 그 근거가 더이상 성립되지 않는다고 판단되면 그 어떤 경우건 지체없이 발을 빼야 한다.

2. 투자 리스크를 알라.

투자를 하면 얻을 수도 있고 잃을 수도 있다. 금융 시장에 참여한다면 이 같은 기정사실을 먼저 인식해야 한다. 투자를 하기 전에 언제나 어느 정도의 손실을 감수할 수 있는지 알아야 한다.

3. 투자 기간을 알라.

충분한 근거를 갖고 투자할 때라도 불리한 시세 변동이 그 근거를 위협하는 경우가 생긴다. 나름대로의 투자기간을 정해두면 무작위적인 시세 변동과 근거를 위협하는 시세 변동을 구분할 수 있다.

4. 자신을 알라.

이 항목이 아마 가장 어려운 부분일 것이다. 정말로 금융시장 투자를 통해 이익을 얻고 싶어 하는가? 리스크는 어느 정도까지 감수할 수 있는가? 적당한 시기에 손절매할 수 있는 능력은 있는가? 한 가지 생각이 떠올랐을 때 재빨리 투자에 뛰어드는 편인가, 아닌가? 금융시장에서 계속해서 이익을 얻으려면 먼저 자기 자신을 바로 알아야 한다.

위의 내용을 요약하면 다음과 같다. 투자 기간은 투자 근거에 따라 달라지며 투자 규모는 리스크를 감수할 수 있는 범위에 지배를 받는다.

금융시장이 계속해서 변동하기 때문에 투자자들은 공포를 느끼기도 하고 탐욕에 빠지기도 한다. 바로 이런 공포와 탐욕을 이용해 시장은 투자자들의 돈을 뺏어가는 것이다. 자신의 감정을 조절하지 못하는 사람은 실패할 수밖에 없다. 결국, 확신만이 장기적인 투자 철학을 세워 성공에 이르는 열쇠인 셈이다.

분명히, 여러분은 한두 번쯤 시장에 속아 포지션을 바꾸는 바람에 손해본 경험이 있을 것이다. 그것은 생각지도 못했던 가격 변동 때문일 수도 있고 소위 '전문가'라고 자칭하는 사람들의 충고를 따랐기 때문일 수도 있다. 또한 그 반대의 경우로 여러분은 투자를 해 놓고 전혀 신경을 안 쓰다가 나중에 그 투자가 성공한 것을 알고 기뻐한 적도 있을 것이다. 이것은 올바른 근거로 투자를 한 상황에서 잘못된 정보에 솔깃하여 포지션을 바꾸는 우를 범하지 않은 예라 하겠다.

위대한 투자자가 말하는 격언

존 템플턴(John Templeton)경이 역사상 가장 위대한 투자자 중 한 사람이라는 데 의문을 제기할 사람은 거의 없다. 그가 다른 많은 뛰어난 투자자들보다 더 뛰어난 능력을 과시할 수 있었던 원동력은 무엇일까? 템플턴 경은 아마도 자신의 신념과 엄격한 투자철학이 성공 요인이었다고 말할 것이다. 수십 년 간의 경험을 통해 템플턴 경은 몇 가지 투자 격언을 만들어냈다. 그 중 몇 가지를 소개하면 다음과 같다.

- 장기적인 투자를 하는 사람들에게는 오직 한 가지 목적만이 존재할 뿐이다－"세후 수익(세금 공제후 수익)의 극대화, 바로 그것이다."
- 좋은 투자 실적을 달성하기 위해서는 부단히 연구하고 많은 노력을 기울여야 한다. 이는 결코 생각처럼 쉬운 일이 아니다.
- 대다수와 다른 방법으로 투자하지 않으면 우월한 실적을 올릴 수 없다.
- 비관론이 최고조에 달하는 시기가 매입의 최적기이고, 반대로 낙관론이 최고조에 달하는 시기가 매도의 최적기다.
- 다른 사람이 낙심하며 팔 때 사들이고 다른 사람들이 욕심을 내며 사들일 때 파는 것은 큰 수익을 주기도 하지만 그 만큼 불요 불굴의 의지를 요하는 일이다.
- 장기적인 안목으로 보자면, 주가지수는 결국 주당순익의 상승 트렌드 주변에서 변동하기 마련이다.
- 투자 자유 국가에서는, 주가지수에 대한 소득이 그 지수를 형성

한 주식들의 대체 장부가격 주변에서 변동하기 마련이다.

- 유가증권을 사야 할 시기는 단기 투자자들이 매도 포지션을 정리할 때이고, 팔아야 할 시기는 단기 투자자들이 매입 포지션을 정리할 때다.
- 너무 많은 투자자들이 전망이나 트렌드에만 초점을 맞추는 상황에서는 가격에 초점을 맞추는 게 더 많은 이익을 얻는 방법이다.
- 시야를 세계로 돌리면 한 나라를 연구하는 경우보다 더 많은 투자선을 찾을 수 있을 뿐만 아니라 보다 나은 투자원을 찾을 수도 있다. 아울러, 분산투자에 의한 안전성도 확보하게 된다.

물론 우리 모두가 투자 세계에서 존 템플턴 경처럼 될 수는 없다. 그러나 그의 충고를 곰곰히 생각해 보면 보다 나은 투자자가 되기 위한 교훈을 배울 수는 있다. "다른 사람들이 낙심하며 팔 때 사려면" 사실 대단한 용기가 필요하다. 1988년 여름 천안문 사태가 한참 열을 더해 가고 있을 때 우리들 중 과연 몇 명이나 주식을 사고 있었는가? 1987년 9월 19일, 미국의 주식 시장이 곤두박질친 이 날에 과연 우리들 가운데 몇 명이 특매품을 찾아 시장을 기웃거렸겠는가? 감히 단언하건대, 그런 사람은 극소수였을 것이다. 하지만 짐작컨대, 존 템플턴을 비롯한 몇몇 위대한 투자자들은 분명 그러한 시기에 주식을 사고 있었을 것이다. 자료조사를 철저히 하고 자신의 투자철학에 확신을 가지며 글로벌 분산투자의 이점을 이해하는 사람들만이 가능한 행동이라 하겠다.

글로벌 분산투자

> "시야를 세계로 돌리면 한 나라를 연구하는 경우보다 더
> 많은 투자선을 찾을 수 있을 뿐만 아니라 보다 나은 투자
> 원도 찾을 수 있다. 아울러, 분산투자에 의한 안전성도 확
> 보하게 된다."
>
> —존 템플턴—

이제 우리는 세계를 하나의 지구촌으로 이해하는 세상에 살고 있
다. 따라서 글로벌 분산투자 또한 균형잡힌 포트폴리오의 하나로 평
가되고 있다. 100년 전에는 세계 경제에 영향을 미치려면 며칠은 걸
리던 사건이 이제는 눈 깜짝할 사이에 전세계로 전달된다. 컴퓨터를
통해 세계 전체 시장의 흐름을 한 눈에 추적할 수 있을 뿐만 아니라
지엽적인 사소한 시장 변동도 감지해낼 수 있다.

월 스트리트에서 일어난 일이 도쿄나 본, 시드니 시장에 즉각적인
영향을 미친다. 싱가포르, 홍콩, 런던 등지에서 벌어지는 일들이 전
세계 투자시장의 가격 변동을 일으키기도 한다. 전세계 투자시장이
거미줄 같은 전산망으로 연결되어 국경없는 하나의 시장에서 매입 매
도 거래가 이루어지는 것이다. 그 뿐인가. 국내 시장에만 투자하는
사람들도 알게 모르게 매일 국제적인 사건에 영향을 받고 있다. 이런
지구촌 시장에의 분산투자는 바로 리스크를 줄이는 동시에 수익을 높
일 수 있는 투자 비책인 것이다.

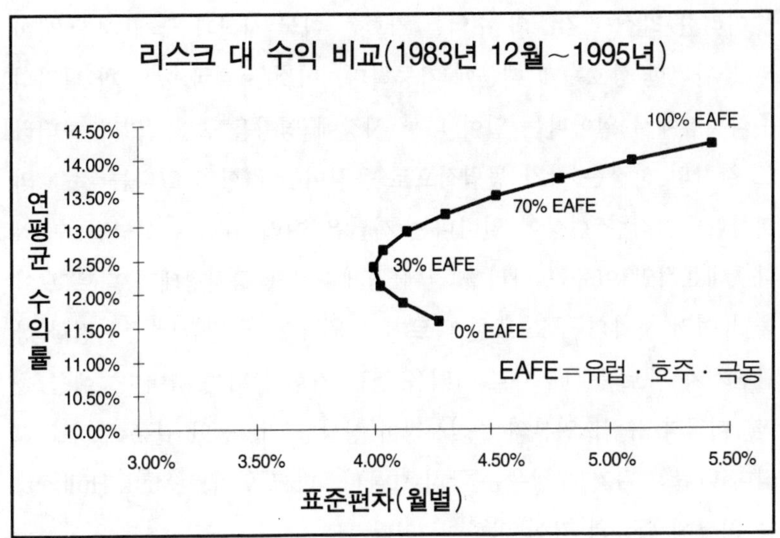

달걀을 '국제적인' 바구니에 나눠 담아라

투자자가 알아야 할 가장 기본적인 원칙은 모든 달걀을 한 바구니에만 담아 놓으면 안 된다는 점이다. 이 말은 오늘날, 투자 자산을 한 기업 또는 한 분야의 산업, 나아가 한 나라로 집중시켜서는 안 된다는 의미를 지닌다. 다시 한 번 강조하지만, 세계 여러 주식시장에 자산을 분산시키는 것이 수익을 높이는 동시에 리스크를 줄이는 비책이다.

다음의 도표는 언뜻 보기에 다소 이상해 보일 수도 있다. 하지만 자세히 들여다보면 많은 정보를 얻을 수 있다. 주식투자시 70％를 미국 시장에 나머지 30％를 외국 시장에 투자하면 100％ 모두 미국 시장에 투자하는 것보다 더 큰 수익을 올릴 수 있고 아울러 리스크 또한 줄어든다는 것을 알 수 있다.

이러한 리스크 감소와 수익률 강화는 미국 시장과 국제 시장 사이의 불완전한 상호관계 때문에 가능하다. 이것은 결국 어느 한 나라의 주식시장에서 일어나는 일이 다른 시장에 영향을 줄 수 있다 하더라도 각각의 시장은 각기 독립적으로 움직이는 경향이 있다는 것을 의미한다. 이러한 현상이 일어나는 까닭은 여러 가지로 설명될 수 있다. 대표적인 이유는 나라들 간에 경제주기와 정치형태가 다르고 아울러 여러 분야의 구조 또한 다르기 때문이다. 국가간의 불완전한 상관관계가 바로 분산투자로 이익을 얻는 기회가 되는 셈이다. 예를 들면, 미국과 유럽, 일본의 주식시장이 상당한 기간동안 같은 주기를 그리며 나란히 나가는 경우는 극히 드물다. 마크 헐버트(Mark Hulbert)는 최근에 다음과 같이 말한 바 있다.

"리스크가 더 높은 자산에 투자해서 리스크를 낮춘다는 말을 들으면 투자라는 것이 마치 마술처럼 보일지도 모른다. 하지만 그것은 결코 마술이 아니다. 그저 분산투자의 논리일 뿐이다."

투자기회 확대를 통한 성과 개선

한 나라의 투자시장에 자신을 묶어 두는 것은 투자기회 자체를 크게 제한하는 것과 마찬가지다. 국제적인 분산투자는 세계에서 가장 잘 돌아가는 몇몇 시장에 들어가 잠재적으로 고성장이 유력시되는 증권이나 채권에 투자할 다양한 기회를 잡는 것을 의미한다.

자국의 기업에만 투자하는 것은 다른 나라에 있는 세계 일류 기업에 투자할 기회를 스스로 없애는 꼴이다. 글로벌 시장의 도래로 기업과 나라의 구분이 모호해진 요즘 세상이다. 눈치 빠른 투자자들은 벌써 이런 현상을 깨닫고 이익을 챙기고 있는 중이다.

국 가	세계적 수준의 산업
스위스	보험 · 제약 · 식품 · 기계
독 일	화학 · 자동차
영 국	미디어 관련 산업 · 자동차
호 주	광업 · 농업
필리핀	회계 서비스 · 양조
스웨덴	종이 용기 · 발전
일 본	사무 기기 · 자동차 · 전자제품
한 국	반도체 · 조선

자료출처 : 모건 스탠리 캐피털 인터내셔널 앤드 템플턴 펀드

예를 들어, 포트폴리오를 미국 주식시장에만 한정시키는 투자자는 다음 기업들을 모르는 체 해야 마음이 편할 것이다.

- 세계에서 가장 큰 10개의 건설회사 모두
- 세계에서 가장 큰 10개의 은행 모두
- 세계에서 가장 큰 10개의 화학회사 중 8개
- 세계에서 가장 큰 10개의 기계설비 회사 중 8개
- 세계에서 가장 큰 10개의 자동차 회사 중 7개

한 기업의 모든 부문이 고루 발전하기 어려운 것처럼 나라 역시 여러 분야에서 다 번영을 이룰 수는 없다. 세계적인 수준의 경쟁력을 지닌 산업 가운데는 그 뿌리를 미국에 두지 않고 다른 나라에 둔 것도 많다. 자국의 국경을 넘을 용기가 없다면 다음에 나오는 각 산업 최고의 기업들에 접근하는 일 또한 불가능할 것이다.

지구촌이 기다린다

정보기술이 발전하면서 세계는 점점 좁아져 세계 각국이 모두 하나

로 연결되고 있다. 한마디로, 의미있는 투자기회를 잡을 수 있는 세상이다. 그러나 이렇게 좁아진 세계에 발을 들여 놓으려면 투자자는 기꺼이 국제적으로 분산투자할 자세를 갖춰야 한다. 두려워 할 필요는 없다. 생각보다 의외로 쉬운 일일 수도 있다. 이제 여러분은 외국으로 투자를 확대하면 수익을 늘릴 수 있음과 동시에 전반적인 리스크도 줄일 수 있다는 것을 잘 알고 있다. 간단히 말하면, 적절한 지침만 가지고 있으면 외국 시장에 투자하는 것이 재산을 보존하고 증대시킬 수 있는 가장 좋은 방법이 되는 셈이다.

여러분도 홈런을 칠 수 있다

우리들 대부분은 투자를 통해 재산을 10배쯤 증가시키길 바란다. 문제는 그게 몽상에만 그친다는 것이다. 조금만 노력하면 투자시장에서 홈런을 칠 수도 있는데 왜 우리들은 종종 1루타나 2루타에 안주하고 마는가?

우리가 꿈꾸는 홈런을 치는데 필수 불가결한 전제조건이 있다면 그것은 바로 장기적인 안목의 투자철학이다. 세계로 눈을 돌려 확신을 가지고 투자하기만 하면 여러분은 곧 자신의 운이 풀려나가는 양상을 지켜보며 적잖이 놀라는 체험을 하게 될 것이다.

금융시장에서 승리자가 되는 것은 쉬운 일이 아니다. 열심히 조사하고 연구하지 않으면 안 된다. 하지만 여러분은 할 수 있다. 이런 과정을 통해 자신의 방법론에 확신이 서게 되면 나름대로의 투자철학도 정립된다. 바로 그것이 여러분에게 적합한 투자철학이다. 여러분도 노력만 하면 우월한 투자 성과를 올릴 수 있고, 아울러 보통 투자자와 구별되는 뛰어난 투자자가 될 수 있다.

제 3 장

교육산업에 대한 투자

가장 확실히 예측할 수 있는 미래의 트렌드 중 하나가 바로 미국이 다음 세대 동안 과거 어느 때보다도 많은 노력을 국민 교육에 쏟아부으리라는 것이다. 이러한 트렌드가 부상하는 직접적인 이유는 어린이의 중요성에 부여하는 사회적 가치가 변했기 때문이다. 1960년대 말부터 1980년대 중반까지 주류를 이뤘던, 이기적인 '나 홀로 세대'는 미국의 미래를 짊어질 어린이들에게 별로 중요한 가치를 두지 않았다. 이러한 방종과 자기 만족 경향은 심지어 새로운 시대적 흐름으로 인식되어 대중 문화의 지원을 받기도 했다.

하지만 지나친 자기중심적 사고가 젊은이들에게 미치는 부정적인 영향을 보면서 다행히도 사람들의 생각은 점차 달라지기 시작했다. 어른과 사회의 책임감 부재로 많은 어린이들이 마약, 빈곤, 신체적 학대, 무관심 등의 희생물로 전락하는 모습을 지켜보며, 마침내 그러한 타락을 야기한 사회 환경을 바꿔 놓아야 한다는 자각이 일게 된 것이다. 이제 미국의 사회 구성원 모두는 급박한 책임감을 느끼며 올바른 사회 문화를 지키고 가꾸기 위한 노력을 기울이고 있다.

베이비 붐 세대의 관심 변화

위에서 언급한 변화는 성년이 된 베이비 붐 세대가 자녀를 갖게 되면서 시작되었다. 자식을 갖게 되자 그들의 관심사는 자신에서 아이들로 옮겨졌다. 전반적인 생활수준이 전에 비해 떨어지는 것을 목격하면서 그들은 교육이 자녀들의 성공과 행복에 얼마나 중요한 역할을 하는지 인식하게 되었다. 결국, 그들은 가능한 한 자녀들이 유리한 입지를 다질 수 있도록 도와주기로 결심하기에 이르렀다. 만일 이러한 긍정적인 태도 변화와 동기 변화가 계속된다면 우리의 학생들이 지대한 영향을 받게 될 것은 자명하다.

미국의 대학교육 체계가 세계 최고 수준을 자랑함에도 불구하고 지난 30년 동안의 전반적인 교육 수준과 성취도는 다른 선진국과 비교해 볼 때 형편없는 내리막길을 걸어왔다. 미국의 고등학생들은 미국보다 훨씬 교육을 중시하는 외국에서 온 영리한 학생들에게 밀려 여러 가지 좋은 기회를 상실해 왔다. 12년에서 16년간의 학교 교육을 마치고도 다른 나라의 학생들과 경쟁이 안되는 경우가 비일비재했던 것이다.

지난 세대 동안 미국 제품의 경쟁력 또한 학교 교육의 수준과 그 궤를 같이했다. 세계 시장에서 맥을 못추고 다른 나라의 제품에 밀렸던 것이다. 이렇게 부실 교육과 경제의 경쟁력 상실 사이에는 밀접한 관련이 있다. 이제 이 점을 인식했으니 분명 미국은 참담하고 치욕스런 이 상황을 개선하기 위해 필요한 희생을 감수할 것이 분명하다.

교육을 주도할 컴퓨터

미국이 교육분야에서 다시 선두를 탈환하기 위한 열쇠는 바로 컴퓨터에 있다. 이미 일부 투자자들은 학생들에게 긍정적인 영향을 미치고 있고 앞으로도 계속 긍정적인 영향을 미칠 소프트웨어에 대해 투자를 확대할 준비를 갖추고 있다. 컴퓨터, CD롬, 대화형 텔레비전(interactive TV)을 통해서 학생들에게 정보를 제공하는 기술은 현재 수백만의 가정과 학교에 파고들어 일대 교육혁명을 일으키고 있다. 학교와 가정을 연결시켜 주는 매개체 역할을 하는 컴퓨터가 그러한 교육적 연계의 중요성을 이제 서서히 사람들에게 일깨우고 있는 것이다.

에듀테인먼트 산업의 호황

교육혁명을 이끌고 있는 사람들이 가장 고민하는 문제는 어떻게 하면 학생들이 흥미를 잃지 않고 의욕적으로 배우도록 할 수 있을까 하는 점이다. 배우는 것을 즐기도록 만드는 문제, 이 문제에 대한 해답을 제시한 것이 교육 산업과 오락 산업의 접목으로 탄생한 에듀테인먼트(edutainment) 산업이다. 에듀테인먼트 산업은 그 이름만큼이나 화려하게 등장해 현재 컴퓨터 산업에서 성공적으로 자리를 잡아가고 있다. 교육용 소프트웨어와 프로그램의 발달 덕분에 이전에는 학교 교실에 한정되던 교육 내용을 이제는 컴퓨터를 이용해 가정에서도 익힐 수 있게 된 것이다.

요즘은 심지어 서너 살의 어린 아이들도 가정에서 컴퓨터 소프트웨어를 이용한다. 예를 들어, 아이들은 간단한 명령어로 이루어진 '미키의 ABC공부'라는 프로그램을 통해 간단한 안전수칙과 알파벳 등을 배우고 음악적 소양을 키우기도 한다. 컴퓨터 화면을 켜면 미키 마우스가 잠들어 있는 모습이 나타난다. 어린이가 'V' 버튼을 누르면 미키 마우스가 일어나서 바이올린을 연주하기 시작한다. 'Q' 버튼을 누르면 미키 마우스가 가스오븐을 여는데 이때 만약 너무 가까이 서면 미키 마우스는 화상을 입게 된다. 이 프로그램의 장점은 무엇보다도, 미키 마우스의 모든 동작이 적절한 효과음과 말로 수행되기 때문에 아이들이 실질적으로 컴퓨터와 상호작용을 하며, 다시 말해서 '대화'를 나누며 내용을 익힌다는 것이다.

이와 비슷한 소프트웨어로 '리더 래빗(Reader Rabbit)'이 있는데 이 역시 같은 나이의 어린이를 대상으로 알파벳을 가르치는 프로그램이다. 만화 주인공 '로져 래빗(Roger Rabbit)'을 모방해 이름 붙인 이 프로그램에서는 이름 그대로 토끼가 나와 세 장의 다른 사진(이를테면 돼지, 여우, 사슴의 사진)을 보여준다. 그 세 동물의 이름으로 이루어진 알파벳이 뒤섞여 화면 하단에 나타나면 '리더 래빗'은 아이들이 그 알파벳을 제대로 정렬하여 동물 각각의 이름을 만들도록 도와 준다.

또, 나이와 지적 수준이 그보다 한 단계 높은 아이들을 대상으로 하는 프로그램으로 '카르멘 샌디에이고 시리즈(Carmen Sandiego Series)'가 있다. TV 시리즈물을 본뜬 이 프로그램은 컴퓨터와 사용자 사이의 실질적인 상호작용을 통해 어린이들이 지리학을 재미있게 배울 수 있도록 해준다. 유명한 도둑인 카르멘은 비행기를 타고 세계를 다니면서 법망을 피하려고 애쓴다. 화면의 각 단계에 나오는 지리와 관련된 방대한 질문에 답하는 과정을 통해 아이들은 그 도둑이 숨어 있는 곳을 찾아내야 한다. 아이들의 계산 능력을 키워주는 '매쓰 블래스터(Math Blaster)'라는 프로그램도 있다. 이것은 은하계에서 벌어지는 전투에 참가하여 상대방의 전투기를 격추시키는 놀이로, 정확하게 조준하는 능력 못지않게 수학 문제를 푸는 능력이 중요한 역할을 한다.

특히 학생들에게 유용한 프로그램은 캄튼(Compton)사가 제작한 '인터액티브 인사이클로피디어(Interactive Encyclopedia)'로서 그야말로 모든 주제와 관련된 내용을 찾아볼 수 있는 백과사전 프로그램이다. 이 프로그램은 문자 뿐만 아니라 콤팩트 디스크와 맞먹는 사운드, 동화상, 심지어 TV나 영화의 장면 등을 곁들여 정보의 이해를 돕는다. 또한 유명 배우들이 낭독하는 셰익스피어의 작품, 대작곡가들의 품격높은 음악 그리고 영상화한 유명한 그림 등은 이 프로그램의 장점이 더욱 돋보이는 부분이다. 이 프로그램을 접하는 학생들은 정보기술의 바다를 항해하는 셈이다.

가상 현실(Virtual Reality) 역시 에듀테인먼트 산업에 적극 활용되고 있다. 예를 들어, '바디 일러스트레이티드(Body Illustrated)'라는 프로그램은 생물학도들에게 인간의 신체 기능을 아주 세밀한 부분까지 자세히 파악할 수 있게 해준다. 가상 현실을 통해 근육이 어떻게 움직이는지, 심장에서 피가 어떻게 흘러 나오는지 등을 직접 눈으로 확인할 수 있는 것이다. 심지어 학생들은 '가상의 심장' 속에 들어가 심장 박동을 실제로 느낄 수도 있다. 가상 현실을 이용한 또 다른 프로그램인 '날리지 어드벤쳐(Knowledge Adventure)'는 바다 밑의 세계나 공룡이 살던 시대, 인체의 내부 등을 마치 학생들이 실제로 그곳에 있는 것처럼 생생하게 체험할 수 있도록 해준다.

우리의 아이들이 자라나는 현실 세계 또한 위와 같은 대화형 프로그램의 소재로 활용되고 있다. 맥시스(Maxis)사는 현실 세계의 여러 문제들을 해결해 나가는 시뮬레이션 프로그램인 "심 시티(Sim City)"를 개발해 절찬리에 판매 중이다. 이 프로그램 안에서 아이들은 직접 도시를 세우고 산업 시설, 주택, 공원, 소방서, 경찰서 등을 건설한다. 아이들은 시행착오를 거치면서 균형잡힌 예산과 낮은 세금, 행복한 유권자 등이 이상적으로 조합되어야 바람직한 도시가 건설됨을 배워나간다. 세금을 과다하게 부과하면 선거에서 유권자들의 지지를 얻지 못하고 반면 세금을 너무 낮게 책정하면 경찰서나 쓰레기 처리장을 지을 돈이 없게 된다. '심 시티'는 원래 어른들을 대상으로 만들어졌지만 오히려 청소년들 사이에서 대히트를 치고 있는 프로그램이다.

위에 언급한 프로그램들 대부분은 아이들에게 공부가 텔레비전 보는 것 만큼 재미있다는 생각을 심어주기 위해 제작된 것들이다. 하지만 모든 에듀테인먼트 프로그램이 교육을 강조하지는 않는다. 교육과 오락 두 가지를 균형있게 추구하는 것들이 있는 한편, 흥미 위주로 가는 프로그램도 있다. 예를 들어, 위싱턴 소재 휴멍거스 엔터테인먼트(Humongous Entertainment of Woodinville)사는 3세에서 8세 아동에게 비판적인 사고와 문제해결능력을 가르치는 "푸트푸트 달에 가다(Putt-Putt Goes to the Moon)"라는 프로그램을 출시 중이다.

이 프로그램의 주된 목적은 폭력으로 가득한 TV를 생각없이 지켜보는 아이들에게 보다 유익하고 재미있는 시간을 제공하려는데 있다. 휴멍거스 엔터테인먼트사의 제품과 소비자 접근방식을 보면 교육과 오락을 접목시키는데 원동력을 제공한 이 회사 창업자들의 배경을 읽을 수 있다. 1992년에 회사를 설립하기 전까지 그들은 영화감독 조지 루카스가 소유주인 루카스 아츠 엔터테인먼트(Lucas Arts Entertainment)사에서 일하면서 "스타워즈(Star Wars)"나 "인디아나 존스

(Indiana Jones)"같은 영화를 만드는데 참여했다.

에듀테인먼트 산업의 영웅, 소규모 소프트웨어 회사들

에듀테인먼트 산업에 가장 인상적인 영향을 미친 업체는 교육 프로그램에 오락을 접목시킨 소규모 소프트웨어 회사들이라 할 수 있다. 최근에 씨유씨 인터내셔널(CUC International)에 인수되기 전까지 데이비슨 앤드 어소시에이츠(Davidson and Associates)는 에듀테인먼트 소프트웨어 업계에서 가장 큰 독립 생산업체로, 95년도 한 해 1억 4,700만 달러에 달하는 총수입을 올리기도 했다. 매쓰 블래스터(Math Blaster)를 만든 데이비슨 앤드 어소시에이츠는 조이 데이비슨(Joy Davidson)이라는 전직 교사가 설립한 회사다.

12년간 학생들을 지도한 그녀는 처음에는 자기가 가르치는 학생들의 산수와 단어 공부를 돕기 위해 컴퓨터 프로그램을 개발하기 시작했다. 그리고 얼마 후 그녀는 자신의 프로그램에 대한 독자적인 공급자가 되었고, 그와 동시에 학교를 그만두고는 고작 3,000달러의 초기 자본으로 회사를 설립했다. 그 후 10여년 동안 이 회사는 안정적이긴 하지만 그저 그런 성장세를 보였을 뿐이다. 그러다가 1992년에 교육개혁 바람이 전미국을 휩쓸면서 질 좋은 에듀테인먼트 프로그램에 대한 수요가 폭발적으로 일어났고, 결과적으로 조이와 그녀의 동업자인 남편은 1993년 4월에 회사 주식을 공개할 수 있었으며 자본도 처음의 3,000달러에서 7억 달러로 늘릴 수 있었다.

데이비슨사의 예에서 볼 수 있듯이 에듀테인먼트 산업은 엄청난 속도로 성장하고 있으며 데이비슨사와 유사한 많은 소규모 회사들이 자신들의 차례를 기다리고 있다.

에듀테인먼트 산업에 뛰어드는 대기업들

에듀테인먼트 산업이 황금알을 낳는 거위라는 인식이 확산되면서 오락 산업 관련 대기업들 또한 많은 시간과 돈을 들여 회사 내에 전담 부서를 설치하는 등 적극적으로 개입하고 있다. 대표적인 예로, 마이크로소프트(Microsoft)와 닌텐도(Nintendo)는 현재 에듀테인먼트 부문에 막대한 자금을 투자하며 애쓰고 있다. 하지만 그들이 얼마나 성공을 거둘지는 아직 미지수다. 에듀테인먼트는 결코 만만하게 볼 수 없는 분야로 그 동안의 경험에 비추어보면 창조적이고 효과적인 교육 소프트웨어 제품은 주로 데이비슨 앤드 어소시에이츠 같은 소규모 회사에서 나온다는 것을 알 수 있다. 아이들과 직접 교류하며 아이들의 요구에 즉각적으로 반응할 수 있어야 하기 때문이다. 규모가 점점 커가고 있는 이 회사들이 성공의 원동력이었던 창의력을 계속 유지해 나갈 수 있을지는 두고 봐야 할 것이다.

브로더번드 소프트웨어

데이비슨 앤드 어소시에이츠와 비슷한 길을 걸어온 회사로 브로더번드 소프트웨어(Broderbund Software)가 있다. 1980년 두 형제가 설립한 이 회사는 1996년도 한 해 1억 8,600만 달러에 달하는 총수입을 내는 회사로 성장했고, 데이비슨사와는 달리 아직 대기업에 인수되지 않은 상태다. 그렇지만 이 회사는 부족한 창의력을 보완해 에듀테인먼트 소프트웨어 업계에 참여하길 갈망하는 대기업이 사들이기에 더할 나위없이 알맞은 회사다. 따라서 주식 투자의 대상으로 삼기에

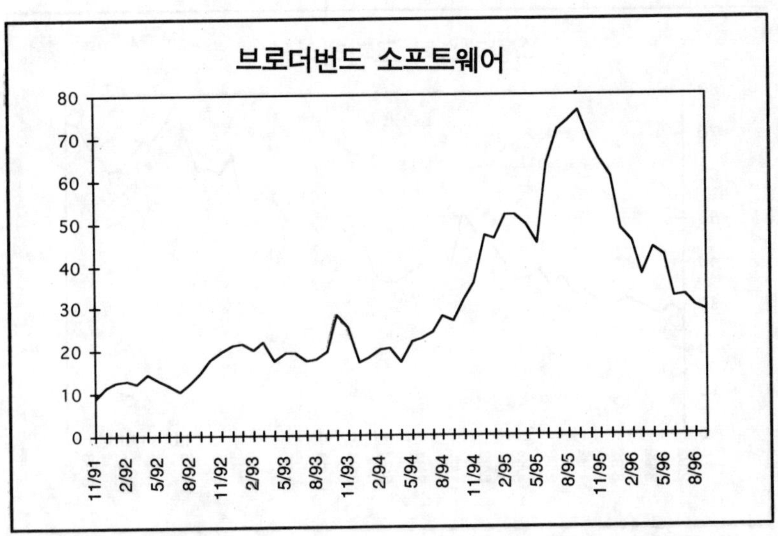

도 더할 나위없이 적절한 회사다. 성장 시장의 유망기업 주가가 아무리 높다 한들 대기업이 눈독을 들여 결국 합병하는 회사의 주가에 비하랴.

소규모 소프트웨어 회사의 성공 여부는 상당 부분 미국 가정의 구매력에 좌우된다. 대부분의 공립학교는 재정상 컴퓨터 구입과 같은 사치를 감당할 수 없는 실정이기 때문이다. 그렇지만 조만간 그러한 공립학교 시장도 문을 열고 새로운 기술을 받아들이게 된다면 에듀테인먼트 산업과 교육분야 모두에 있어 참으로 놀라운 결과가 도출될 것이다.

스칼레스틱사

스칼레스틱사(Scholastic corporation)는 그 어떤 시나리오로 살펴

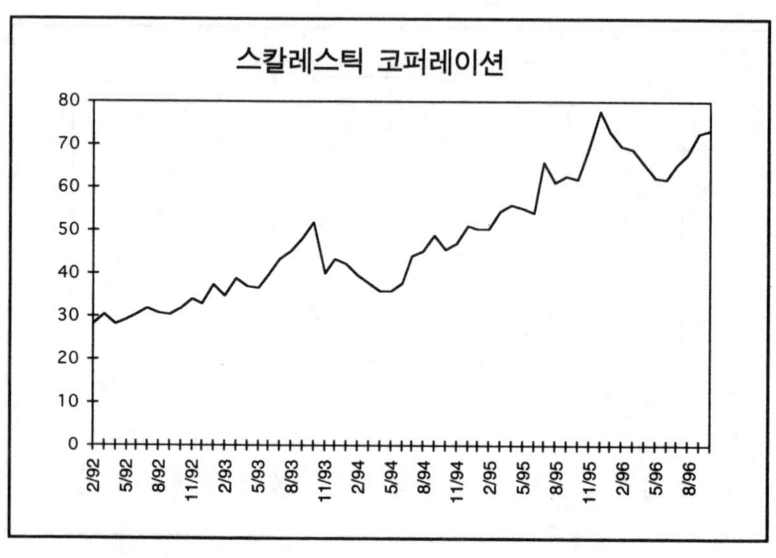

봐도 번창할 게 분명해 보이는 기업이다. 1920년 이후로 지금까지 이 회사는 미국내 각급 학교에 신문·잡지·서적을 공급해 왔을 뿐만 아니라 학생들이 학교 밖에서 재미있게 읽을 수 있는 여러 종류의 책을 출간해 왔다. 한 예로 이 회사에서 출간한 아동용 소설 "베이비 씨터 클럽(Baby Sitter's Club)" 시리즈는 그야 말로 엄청난 성공을 거두었다. 사실, 스칼레스틱사는 영어권 국가에서 청소년 도서를 가장 많이 출판하는 회사라 할 수 있다. 이 회사 역시 얼마 전에 에듀테인먼트 사업에 뛰어들었다. 97년 현재 이 회사의 에듀테인먼트 소프트웨어 시장점유율은 4%에 불과하지만, 학생들 사이의 오랜 인지도를 바탕으로 별 무리없이 프로그램 판매량을 늘려가고 있으며 따라서 앞으로 가장 괄목할 만한 성장세를 이룰 것으로 기대된다. 스칼레스틱사는 1992년에 주식을 공개했다.

하코트 제너럴

　에듀테인먼트 업계에서 주목할 만한 또 다른 기업은 하코트 제너럴 (Harcourt General)이다. 하코트 제너럴은 미국 내 31개 주에 1500개에 달하는 극장을 소유하고 있으며, 네이먼 마커스(Neiman Marcus)나 굿맨(Goodman)과 같은 체인점 뿐만 아니라 고급 의상, 보석, 가정용품을 파는 소매점 또한 운영하고 있다. 전도 양양한 소규모 소프트웨어 회사들을 사들이는데 열중하는 한편, 하코트 제너럴은 에듀테인먼트 사업과 관련해 출판력이라는 무기까지 갖추기 위해 최근에 출판사 하나를 매입해 하코트-브레이스-자바노비치(Harcourt-Brace-Jovanovich) 출판사를 출범시켰다. 이미 다수의 유망 소프트웨어 회사들을 자회사로 거느리고 있는 하코트 제너럴에게 있어서 이는 매우 주목할 만한 일이 아닐 수 없다.

인포매틱스 홀딩스

싱가포르의 가정에서는 화교 사회의 전통에 따라 교육을 매우 중시한다. 현재 싱가포르 정부 역시 국민들로 하여금 21세기 기술을 배우도록 장려하고 있다.

21세기 정보기술(Information Technology, 이하 IT)을 발전시키기 위한 싱가포르 정부의 노력이 어느 정도인지는 그것을 국책과제로 삼아 추진하고 있는 것을 보면 충분히 짐작할 수 있다. 싱가포르 정부의 IT 계획은 싱가포르를 저기술 제조업 국가에서 첨단기술 제품을 생산하는 고기술 국가로 변모시켜 상업·통신·교통 부문의 중심지로 만드는데 그 목적을 두고 있다.

IT 2000으로 명명된 싱가포르 정부의 야심찬 계획은 이미 21세기 초에 싱가포르를 고도의 기술국가로 탈바꿈시킬 준비를 갖추고 있다. IT 2000은 발전된 기술을 발판으로 삼아 광범위하게 통합된 국가 정보 인프라를 발전시켜 나가고자 하는 것이다. 싱가포르 컴퓨터 위원회(NCB)와 11개의 경제 각 분야 전문가 200여 명이 철저한 조사와 연구 끝에 세운 이 계획은 IT 인력, IT 문화, 정보통신 인프라, IT 응용, IT 산업, 창의력과 투자의욕을 고취시키는 분위기, 각 분야 간의 조화와 협동 등 일곱 가지 기본 골격을 고르게 육성 발전시킴으로써 달성될 예정이다.

한 발 앞선 싱가포르의 이런 노력은 다른 나라들이 그 중요성을 인식하고 유사한 계획을 세우게 만드는 촉매제 역할도 하고 있다. 싱가포르 정부는 또한 주요 IT 연구개발을 장려하는 차원으로 대학, 기술 전문학교, 관련 산업분야 등에 막대한 자금 지원을 하며 기술적 토대

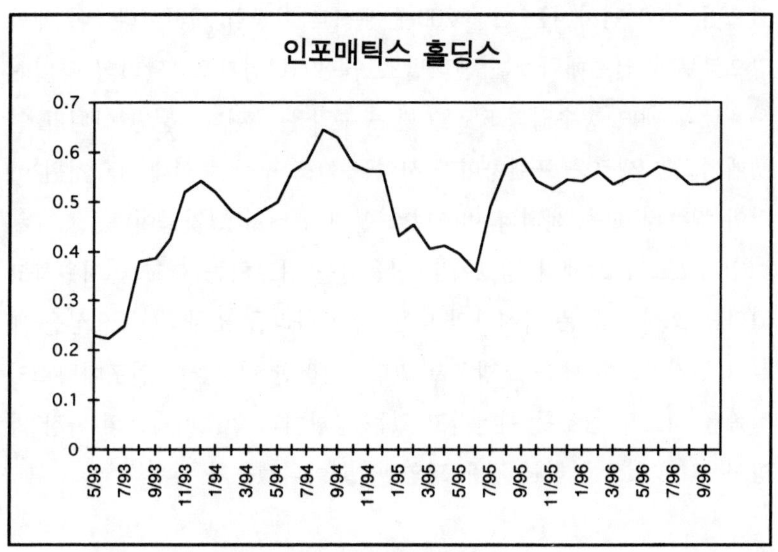

를 확충하는데 최선을 다하고 있다.

싱가포르의 이러한 풍토 속에서 자발적인 학생들에게 첨단기술을 교육시키며 이윤을 창출하고 있는 회사가 바로 인포매틱스 홀딩스(Informatics Holdings)다. 1983년에 설립된 인포매틱스 홀딩스는 "인포매틱스 고급 세미나 센터(Informatics Center for Advanced Seminars)"라는 컴퓨터 교육 체인망과 "인포매틱스 컴퓨터 스쿨(Informatics Computer School)"이라는 컴퓨터 학교를 운영하고 있다. 인포매틱스는 또한 자회사를 통해 컴퓨터와 주변기기의 유통, 교육용 잡지 발간과 유통, 광고 대행, 어린이 두뇌개발센터 운영, 단계별 컴퓨터 교육 프로그램 제공, 교육 관련 컨설팅 사업 등에 참여하고 있다.

인포매틱스는 현재 국내 뿐만 아니라 전세계 20여 나라 123개에 달하는 컴퓨터 교육센터 체인망에 독점적으로 프로그램을 제공하고 있으며, 2000년까지는 이를 200개 센터로 확장할 계획이다. 이 체인망으로부터 인포매틱스는 센터별로 연 30만 싱가포르달러의 영업권 사용료와 매년 총수입의 5%를 받는 수익을 올린다. 뿐만 아니라 인포매틱스는 새로운 프랜차이즈 사업들을 또 구상 중인데, IT 지원 어린이 컴퓨터 교육 센터와 비즈니스 훈련 센터가 그것들이다.

싱가포르가 21세기 정보기술 활용법을 가르치는 학교를 지원하고 있다는 소식을 들은 아시아의 다른 여러 나라들 또한 그 중요성을 깨닫고 싱가포르의 예를 모방하고 있다. 이러한 나라들이 인포매틱스와 접촉을 시도해 협조를 제안하고 있는 상황이니 인포매틱스의 확장 방향이 그 쪽으로 잡히는 것은 당연한 일 아니겠는가.

컴퓨터 소프트웨어 교육혁명

궁극적으로 부모는 자녀에게 교육을 제공할 책임이 있다. 가정 교육만을 말하는 게 아니다. 학교 교육에 대해서도 책임이 있다는 뜻이다. 이러한 의무를 인식하여 자녀들이 어릴 때부터 자녀 교육에 적극적으로 참여하는 사람들은 아이들에게 가치를 따질 수 없는 귀중한 인상을 남긴다.

이제 미국의 학부모와 교사는 모두 함께 미국의 교육 체계를 재정립하기 위해 힘을 모아야 한다. 어느 한 쪽에게 그 부담이 전가돼서는 안 된다. 절차나 따지는 행정 관리들에게 현재의 혼돈상태를 해결해 줄 것을 기대할 수도 없다. 그들은 학생들과 직접 접촉하지도 않을 뿐더러 학생들의 요구에 정확하게 부응할 능력도 없기 때문이다.

게다가 놀랍게도 교육혁명을 일으킬 컴퓨터 소프트웨어의 진보에 대해 저항의 움직임을 보이는 세력도 있다. 새로운 교수법의 도입을 종용하고 교사들에게 컴퓨터 사용을 요구하며 학교 당국에는 컴퓨터 구입을 강요하는 기술적 진보에 위협을 느끼는 기존의 교육 당국이 그들이다.

하지만, 기존의 교수법으로는 학생들의 학업 성취도 하락을 막을 수 없음이 입증된 지 오래다. 특히 작문력 부문은 더욱 그러하다. 이 부문을 컴퓨터 프로그램을 이용해 개선시킨 실례(實例)가 있다. 프로그램의 지시에 따라 작문을 하고 자신이 쓴 글을 직접 프린터로 뽑아본 학생들이 인쇄된 자신의 글에 자부심을 느꼈고, 결과적으로 많은 글을 더 잘 쓰려는 의욕을 갖게 된 것이다.

전적으로 다 그럴 수는 없겠지만 대부분의 교육용 프로그램이 장기적으로 위와 유사한 효과를 보일 것으로 기대된다. 이러한 프로그램이 적절히 이용되기만 하면 기존의 교수법은 설자리를 잃게 될 것이 분명하다. 교사의 진도 계획과 지시에만 의존해 배우던 학생들이 앞으로는 자신의 능력에 따라 진도를 나갈 수 있게 될 것이다. 학생들이 배움의 객체가 아니라 주체가 되고 교사는 학생들을 옆에서 돕는 코치가 되는 것이다. 우리 교육 체계의 전반적 수준을 향상시키려면 반드시 전국의 모든 교실에서 컴퓨터 프로그램에 의한 교육을 도입해야 한다. 하지만 불행히도 현재 미국의 학교들은 컴퓨터 구입 경비보다는 교내 청원경찰이나 금속탐지기를 위한 경비를 더 쉽게 조달하는 실정이다. 발전된 기술을 교육에 이용할 기회를 놓치면 바로 우리의 교사와 학생들이 고통 받게 되고, 아울러 교육체계의 개혁 또한 요원한 일이 된다. 어떤가. 학부모와 교사 양자가 합심해서 교육체계 재정립에 노력해야 할 시점이라는 주장에 여전히 반감이 가는가.

투자자의 한 사람으로서 여러분은 브로더번드같은 유망한 신규 회사에 투자할 수도 있고 업계에서 공고한 입지를 다져나가고 있는 하코트같은 보다 규모있는 기업의 주식을 살 수도 있다. 어느 쪽을 선택하든 여러분은 투자 이익을 얻게 되는 한편, 우리 아이들의 교육 발전에 참여하는 기회도 갖게 되는 것이다.

제 4 장

전성기를 구가하는 오락산업

　　최근들어 헐리우드는 점토 모형이나 스톱모션 동영상을 팽개치고
무한한 잠재력을 갖춘 컴퓨터 그래픽에 매달리는 경향을 보이고 있
다. 헐리우드의 이러한 추세에 발맞춰 성장한 대표적 기업이 바로 실
리콘 그래픽스(Silicon Graphics, 이하 SGI)다. 1995년 2월 소프트웨
어 디자인 회사를 두 개 합병하면서 SGI는 헐리우드에서 선두를 달리
는 그래픽 디자인 회사가 되었다. '스타워즈'나 '주라기 공원'같은
영화에서 컴퓨터를 이용한 첨단 특수효과를 완벽하게 구사한 SGI는
이제 헐리우드에서 영화계의 '편의점'으로 통한다. 상상을 현실로 옮
겨 놓을 수 있는 기술만 있으면 관객은 얼마든지 모을 수 있다는 게
헐리우드의 지론이다. 상황이 실로 그러하다면, 그러한 경이를 화면
에 옮겨 놓을 수 있는 기술 기업의 대성공은 보장된 것이나 다름없다.
　　현재, 오락산업 내부에서도 중요한 변화의 물결이 일고 있다. 갖가
지 정보매체의 기존 기술에 새 기술이 도입되면서 곧 방대한 정보 세

계가 대중 앞에 펼쳐질 전망이다. '요금'을 내는 사람은 누구나 컴퓨터, 전화, TV, 광섬유 등을 통해 확장일로의 '정보고속도로'에 올라 경주를 즐길 수 있는 날이 멀지 않은 것이다.

정보고속도로

정보고속도로를 규정하는 세 가지 기본요소는 컨텐트(content)와 디스트리뷰션(distribution), 컴퓨팅(computing)이다. 컨텐트란 정보고속도로를 운행하는 운송수단 즉 정보상품 그 자체를 의미하고, 디스트리뷰션은 컨텐트의 '비트(bit, 정보 전달의 최소 단위)'들을 TV와 컴퓨터로 전달하는 배급을 뜻하며, 컴퓨팅은 디스트리뷰션을 통해 우리 가정에 들어온 비트들을 목적에 맞는 형태로 전환시키는 과정을 말한다.

정보고속도로에 관해 이미 들어 본 사람이 많을 것으로 생각된다. 이는 우리에게 가히 혁명적인 미래를 약속하는 개념이 아닐 수 없다. 실로 놀라운 기술진보 덕분에 예전에는 공상 정도로 치부되던 일들이 이제는 가능할 뿐만 아니라 달성할 수 있는 현실이 되어 가고 있다. 이제 TV만 있으면 누구나 정보 교환에 참여해 넘쳐나는 통신망을 넘나들며 무한한 외부의 정보자원을 이용할 수 있게 될 것이다. 이렇게 기술적 신화가 현실화되고 있다하더라도, 정보산업에 뛰어드는 모든 기업이 성공하는 것은 아니다. 상대적으로 극소수만이 빛을 볼 것이다. 원래 이러한 분야에서의 새로운 진보는 많은 것을 약속해 주지만, 그 진보가 제대로 실생활에 정착될 무렵에는 그러한 발전을 이루는데 가장 큰 몫을 한 초기 기업들은 종종 사라지고 없기 마련이다.

따라서, 실속있는 투자를 하려면 다음 사항을 기억해 두는 것이 좋다. 이 분야에서 지속적으로 성장이 가능한 회사는 처음에는 잘 보이지 않을지도 모른다. 하지만 다른 회사들이 도중하차할 때 꾸준히 세를 넓혀나가는 회사가 있다면 그 회사는 틀림없다.

정보고속도로와 관계 있는 다음 몇 가지를 더 살펴보자.

이동전화업계의 성공사례

이동전화사업이 처음 일반인들의 관심을 끌 무렵, 이미 다수의 대형 판매조직은 전화기를 공급할 준비를 끝내 놓은 상태였다. 그러나 그들 대부분이 시장 점유율을 높이기 위해 사투를 벌이는 동안 정작 재미를 본 기업은 휴대폰 자체를 공급하는 회사들 뿐이었다. 그 중에서도 특히 휴대폰 하드웨어를 공급한 모토롤라(Motorola)와 거기에 소프트웨어 기술을 제공한 맥코이(McCaw)는 처음부터 순탄한 성공의 길을 걸었다. 미리부터 전담 분야를 결정해 시장에 뛰어든 이 두 회사는 제품 개발에 필요한 자본도 충분히 갖추고 있었다. 결국, 유통만을 목적으로 한 회사들이나 경쟁력이 뒤떨어지는 다른 제조업체들이 뒤로 쳐지는 동안 이들은 지속적인 성장세를 누릴 수 있었다.

각기 전담 분야를 맡아 서로 힘을 모은 모토롤라와 맥코이는 이제 우수한 품질과 신속한 보급 체계로 이동전화사업 분야에서 독점적 지위를 누리고 있다. 휴대폰의 질과 가격 면에서 뿐만 아니라 유통망에 있어서도 타의 추종을 불허하는 것이다.

새로운 기술에 적응하고 있는 오락산업

이동전화사업과 관련된 기술은 발빠른 성장을 하고 있는 정보고속도로의 한 축을 차지하게 되었다. 마찬가지로 그러한 최신기술을 이용하는 오락산업 또한 이동전화사업과 비슷한 속도로 모양을 갖추고 정보고속도로에 합류할 것이다. 이렇게 되면 소비자들은 그 '경주'에 참여하기 위해 고성능의 '운송수단'을 필요로 할 것임에 틀림없다. 텔레비전을 예로 들어보자. 머지않아 무려 500개의 채널이 안방 극장을 공략하기 위해 공세를 펼칠 전망이다(물론 그렇다고 해서 양이 늘어난 것에만 만족할 시청자들이 아니다. 시청자들은 그 채널들을 채우는 프로그램의 질적 향상 또한 요구할 것이다). 기술의 진보는 텔레비전 생산에서부터 프로그램 개발에 이르기까지 텔레비전 산업 전반에 엄청난 영향을 줄 것이다. 광섬유를 이용한 새로운 텔레비전 전송방법은 정보를 놀라울 정도로 신속하게 전달할 것이고, 컴퓨터까지 결합된 텔레비전은 그 활용범위가 무한한 경지에 다다를 것이다. 그야말로 텔레비전이 있는 사람은 누구나 그것을 통신 '운송수단'으로 삼아 정보고속도로를 질주할 수 있게 되는 것이다.

제2차 세계대전이 발발할 무렵 개발된 이후로 지금까지 텔레비전 방송은 변함없이 안테나나 케이블을 통해 전파를 보내는 방식을 고수해왔다. 텔레비전에 수신된 전파가 아날로그 신호라고 불리는 전자로 바뀌고 이어서 전자가 브라운관으로 퍼져들어가는 식이다. 이러한 아날로그 체계는 그 자체로는 아무 문제없이 온전한 역할을 수행해 왔지만 새로운 기술이 개발되면서 설 자리를 잃어가게 되었다. 새로운 기술을 효율적으로 통합 수용할 수 없었던 것이다. 이를 극복하기 위해 개발된 것이 바로, 아날로그 체계 보다 더 많은 채널을 더 선명한 화질로 즐길 수 있게 해주는 디지털 체계다. 디지털 체계를 이용하면 한 시간 분량의 비디오 내용을 단 몇 초만에 전송할 수 있을 뿐만 아니라 시청자들에게 텔레비전 프로그램에 대한 선택권과 통제권을 부여할 수도 있다.

디지털 체계에서 모든 정보는 1과 0의 두 종류 비트로 전송된다. 이는 모르스 신호의 "스(·)"나 "다(−)"와 같다. 이러한 정보 비트는 조작을 통해 하나의 정확한 신호로 전환된다. 또한 그것들을 압축하면 같은 전송 용량에 더 많은 정보를 수용할 수도 있다. 이러한 전송 용량을 전문용어로는 대역폭(bandwidth, 통신에 사용되는 주파수 범위)이라고 부른다.

과거에는 대역폭의 한계 때문에 텔레비전 채널이 몇 개로 한정될 수밖에 없었고, 시청자들은 방영되는 것을 선택의 여지 없이 수동적인 입장에서 볼 수밖에 없었다. 하지만 이제는 정보전달방법의 변화로 대역폭이 확대되어 그러한 제한이 없어지고 있다. 신호전달수단도 과거의 구리 전선보다 15만 배나 많은 정보를 수용할 수 있는 광섬유로 대체되고 있다.

0과 1의 비트는 오페라라건 마돈나건, 셰익스피어건 내셔널 인콰이어러건, 레오나르도 다빈치건 버트 심슨이건, 전달하고자 하는 미디어의 종류를 가리지 않는다. 음악·문학·미술 등 그 장르를 가리지 않고 모두 같은 정보고속도로를 달리게 하는 것이다. 결국 궁극적으로는 서적, 텔레비전, 라디오, 신문, 개봉영화 등으로 구분되던 전통적인 유통 라인들마저 통합되는 셈이다.

메시지를 전달하는 컴퓨터

정보고속도로를 달리는 방대한 정보를 이용하려면 사람들은 신호를 해석하고 그것의 메시지를 풀이해 주는 컴퓨터를 필요로 하게 될 것이다. 우선은 케이블 박스처럼 신호를 받아 텔레비전 화면으로 보내주는 셋톱박스(set-top box)가 그 역할을 수행할 것이다. 그러나 결국에는 컴퓨터가 텔레비전에 장착될 것이고, 그러한 대화형 텔레비전이 우리 생활의 필수품으로 자리잡게 될 것이다. 우리의 가정용 텔레비전이 하나의 정보 전자제품이 되어 상호작용 미디어의 '운송수단'과 정보고속도로의 종착역이 되는 것이다. 또한 광섬유 전화선이 소리 뿐만 아니라 문자와 그림까지 텔레비전으로 전송해 줄 것이다. 이러한 텔레비전에 키보드와 프린터만 설치하면 우리는 무한한 정보의 세계를 누비며 외부와 소통할 수 있게 되는 것이다.

컨텐트를 전달하는 인터넷

정보고속도로를 구성하는 3가지 중 가장 중요한 동시에 가장 큰 미래적 가치를 지니는 요소가 바로 컨텐트다. 컨텐트가 없으면 다른 두 가지 요소인 디스트리뷰션과 컴퓨팅은 아무 쓸모가 없기 때문이다. 이렇게 볼 때, 인터넷이야 말로 가장 효율적인 컨텐트 전달체계라 할 수 있다. 미국 국방성이 처음 개발해낸 인터넷은 한마디로 세계에서 가장 효율적이고 가장 풍부한 정보의 원천인 동시에, 수초 안에 아무런 장애없이 세계 어디로든 정보를 보낼 수 있는 궁극적인 정보고속도로이기도 하다. 이러한 컨텐트 제공자, 인터넷에 대한 수요는 가입자 수가 매년 100%씩 증가할 정도로 폭발적이다. 가능성을 눈치채고 일찌감치 승선한 컴퓨서브(Compuserve), 타임워너 케이블 인터액티브(Time Warner Cable Interactive), 아메리카 온라인(America On-line)과 같은 인터넷 회사들은 현재 인터넷 이용자들에게 자사의 특별 서비스는 물론이고 방대한 정보를 효율적으로 제공하며 번창하고 있다. 이 회사들이 지금 정보고속도로를 달리고 있는 가장 중요한 차량

들인 셈이다.

아메리카 온라인

아메리카 온라인(America Online)은 현재 미국에서 선두를 달리는 컴퓨터 온라인 서비스 공급업체다. 이 회사는 전자우편, 컴퓨터 화상 회의, 컴퓨팅 지원, 소프트웨어, 전자 잡지와 신문 등의 서비스를 제공할 뿐만 아니라 컴퓨터 온라인을 통한 교육에도 참여하고 있다. 이 회사의 서비스를 이용하는 미국 회원은 1993년 1월에 60만 명, 1996년 12월에는 700만 명을 넘어섰다. 그리고 머지않아 매달 25만 명씩 증가할 것으로 예상된다. 국외 서비스 부문에서는 현재 300만 명의 가입자를 둔 컴퓨서브(Compuserve)가 1위 자리를 차지하고 있지만, 아메리카 온라인 역시 일본과 유럽을 중심으로 세계 시장 공략에 나서고 있어 곧 컴퓨서브의 해외시장 점유율을 위협할 전망이다.

아메리카 온라인의 해외시장 공략은 미국에 확고한 위치를 구축한 독일 미디어 회사 베르텔스만(Bertelsman)과 합작하여 유럽인들의 개인용 컴퓨터에 정보와 통신 서비스를 제공하는 것으로 시작됐다. 97년 말 현재 아메리카 온라인의 유럽 가입자 수는 100만 명이다. 아메리카 온라인이 이렇게 국내외적으로 가입자 수를 급속히 늘릴 수 있었던 주요 요인으로는 공격적인 마케팅과 무료 시범 패키지, 상대적으로 간편한 사용법, 사용자를 인터넷과 연결시켜 주는 전략 등을 들 수 있다.

아메리카 온라인의 가입자 수가 빠르게 증가한 것과 마찬가지로 이 회사의 주가도 빠르게 상승했다. 1993년 1월, 2억 2,000만 달러로 평가되던 시장 가격이 1997년 1월에는 3억 6,000만 달러로 늘어난 것이다. 매출이익은 1994년에서 1996년 사이에 1,300% 나 증가했으며 향후 2년간 매년 40% 이상 성장할 것으로 기대되고 있다. 지금까지 이 회사 주식에 투자한 사람들이 큰 이익을 본 것은 물론이다.

오락산업에서 확고한 위치를 차지하려는 컴퓨터 회사들 앞에는 많은 시련이 기다리고 있다. 그 대표적인 것이 TV 수상기에 온라인 기술을 도입하려는 회사간의 선두 다툼이다. 이 싸움은 먼저, 정보 비트를 직접 텔레비전에 전달하는 미니 컴퓨터인 셋톱박스의 개발을 둘어싸고 벌어질 것이다. 지난 몇 년 동안에도 컴퓨터 업계는 가격과 배급권을 둘러싸고 작은 전쟁을 벌여왔다. 예상과 달리 시장 규모가 작은 데다 가격 경쟁도 치열해서 몇몇 업체들은 번영은 고사하고 그저 살아 남기 위해 고군분투해온 실정이다. 이러한 상황에서 대부분의 컴퓨터 회사들은 셋톱박스를 그야말로 잠재적인 구세주로 여기고 새로운 광섬유 네트워크를 위한 시스템 개발에 총력을 기울이고 있는 것이다.

하지만, 문제는 호환성이다. 각 회사들이 저마다 최고라 주장하며 내놓을 시스템들이 서로 접속이 원할치 않아 결과적으로 서로 다른 시스템을 이용하는 가입자 사이의 통신에 제약이 생기리라는 것이 커다란 문제다. 현재 정보고속도로에 올라 있는 아메리카 온라인과 컴퓨서브 시스템, 그리고 기타 경쟁 시스템 역시 똑같은 문제에 직면해 있다. 이렇게 서로 통신이 불가능하다면 결론은 하나다. 가장 효율적인 시스템(이를 테면, 아메리카 온라인 시스템)이 서비스 제공과 가입자 수를 늘려 점차 상대적인 경쟁우위를 점유하길 기다리는 것이다. 결국, 오락산업에서는 곧 개발 시스템 대부분은 아니라도 상당수가 길가로 낙오되는 상황이 전개될 전망이다.

현재 이 분야에서 직 간접적으로 경쟁하고 있는 회사들은 모두 그

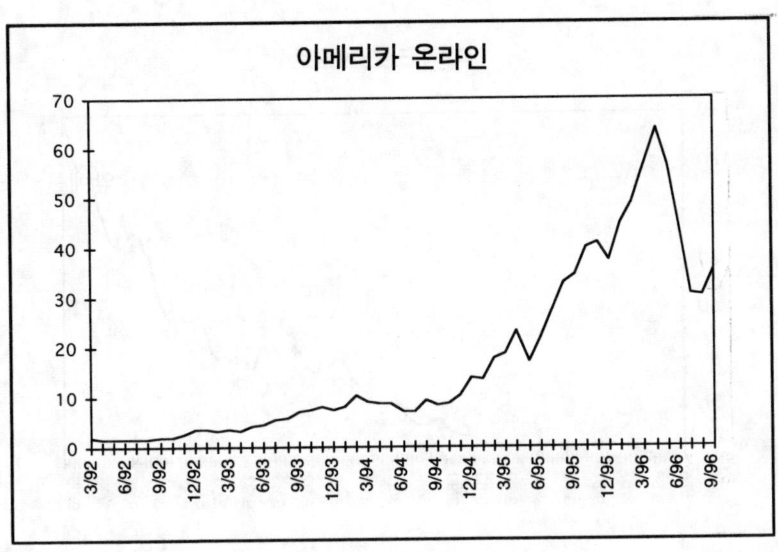

명성과 전통에 있어 쟁쟁한 회사들이다. 전통적인 컴퓨터 업체로는 애플 컴퓨터(Apple Computer), 인텔(Intel), 실리콘 그래픽스(Silicon Graphics), IBM, 선 마이크로시스템(Sun Microsystem) 등이 전투에 참여하고 있고, 여기에 전자업체인 마쓰시타(Matsushita), 필립스(Philips), 소니, 그리고 비디오 게임기 업계의 거물인 세가(Sega), 닌텐도(Nintendo), 쓰리디오(3DO)가 가세하고 있다. 물론, 이들 대기업 보다 지명도가 떨어지는 상당수의 기업들 또한 셋톱박스 시장을 지배할 꿈에 부풀어 있다.

마이크로소프트

셋톱박스 시장 쟁탈전의 가장 유력한 우승 후보는 이미 오늘날의 컴퓨터 산업 전반을 지배하고 있는 마이크로소프트(Microsoft)라 하

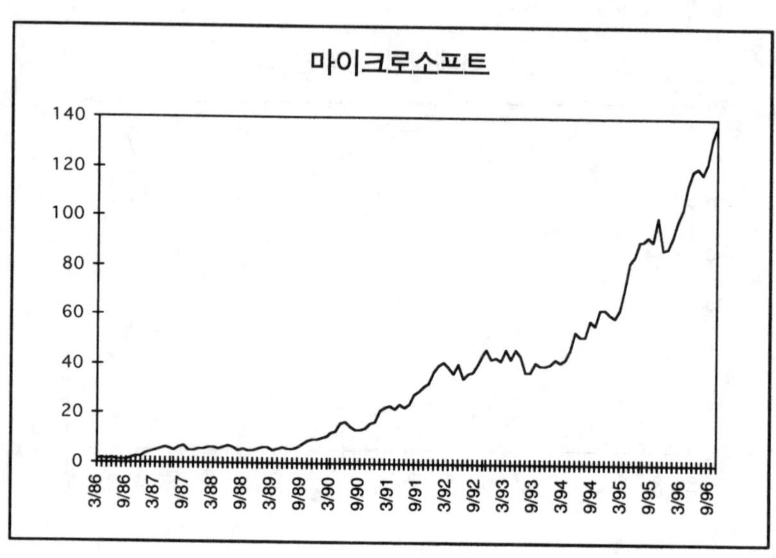

겠다. 그러나 마이크로소프트의 이러한 지위를 경쟁사들은 두려워한다. 그들은 마이크로소프트가 컴퓨터 전쟁의 새로운 한판 승부에서 또 승리를 거머쥔다면 그것으로 모든 게 끝이라고 생각한다. 그러한 파국을 막기 위해 경쟁사들은 서로 힘을 모아 마이크로소프트의 승리를 방해하려는 움직임을 보이고 있다. 만약 그들의 이러한 단결 노력이 성공한다면 여러 다른 시스템을 연결하여 호환성을 증대시키고 정보 교환의 폭 또한 넓히는 복합 연계 시스템이 개발될 가능성이 크다.

컴퓨터 전쟁에 감도는 이러한 불확실성을 고려하건대, 투자자들은 확실한 윤곽이 드러날 때까지 잠시 비켜 서서 추이를 지켜보는 것이 좋다. 현재로서는 투자자가 유력한 후보를 선택해 이익을 볼 방도가 전혀 없다고 봐야 한다. 또한, 소 발에 쥐 밟히는 식으로 일찌감치 점 찍은 후보가 승자가 되어 큰 이익을 안겨주는 경우를 제외하고는, 이번 컴퓨터 전쟁에서 개인 투자자가 큰 돈을 만질 공산은 거의 없다는 것도 알아야 한다. 전체 시장에 승자의 윤곽이 확연히 드러날 무렵이면 업계 내부에서 이미 주가를 크게 상승시켜 놓았을 게 뻔하기 때문이다.

결국 컴퓨터 전쟁의 승자 알아 맞추기 게임은 일찍 참여해서 제대로 점 찍기만 하면 큰 돈을 거머쥘 수 있는 기회인 동시에 전혀 예측할 수 없는 위험한 놀이인 셈이다. 그렇지만 어쨌든 마이크로소프트는 끝까지 주의깊게 지켜봐야 할 회사다. 컴퓨팅 부문의 독보적인 지위와는 별도로, 현재 컨텐트 메이커로서의 입지 또한 공고히 다져나가고 있기 때문이다. 컴퓨팅과 컨텐트 양 분야에 한 발씩 담그고 있겠다는 매우 영리한 전략이 아닐 수 없다.

비아콤

TV가 가정 컴퓨터 시스템의 중심이 되면 인터넷과 같은 서비스나 질 좋은 프로그램을 제공하는 회사들이 더욱 유리한 입지를 점하게 될 것이다. 현재로서는 비아콤(Viacom)이 그러한 컨텐트 부문의 일인자다. 이 사실만으로도 투자자들은 관심을 가져볼 만하다. 비아콤은 모든 세대를 대상으로 양질의 프로그램을 공급하지만, 전반적인 주력 분야는 어린이 오락 프로그램이다. 케이블 TV로 하루종일 어린이 오락 프로그램을 방영하는 비아콤의 니켈로데온 채널은 현재 어린 자녀가 있는 미국 가정에서 시청율 1위다. 비아콤은 또한 청소년과 대학생들에게 인기 높은 MTV와 VH-1 방송을 실질적으로 소유하고 있다. 뿐만 아니라 베이비 붐 세대(물론 불면증환자도 포함해서)는 50년대와 60년대의 고전적인 TV 쇼를 연상시키는 니켈로데온의 "닉

앳 나이트(Nick at Nite)"에 푹 빠져 있다. 비아콤 제국의 신화는 여기서 끝나지 않는다. 비아콤은 코미디 센트럴 채널과 올 뉴스 채널은 물론이고 라이프타임 채널의 주식도 소유하고 있으며, 현재 이 소유권을 보다 특화된 시청자를 대상으로 하는 여러 전문 채널로 분산 투자할 계획을 갖고 있다.

비아콤은 쇼타임과 무비 채널도 소유하고 있다. 이러한 채널을 통해 비아콤은 "로잔느"와 "코스비 쇼"같은 TV 역사상 공전의 히트를 기록한 프로그램을 독점 공급하고 있으며, 그 밖에도 "매트락"이나 "몬텔 윌리암스 쇼"같은 성공적인 프로그램도 제작 공급하고 있다. 끝으로, 비아콤은 자사의 무비 채널에 방영할 영화를 만들기도 한다. 1994년에 파라마운트 정보통신과 블록버스터 엔터테인먼트를 사들임으로써 비아콤은 자신들의 거대한 TV/ 비디오 도서관에 수많은 영화들까지 합세시킨 것이다. 이제 비아콤은 7, 8개의 네트워크를 자사의 인기있는 프로그램으로 채울 능력을 갖추었을 뿐만 아니라 그 프로그램들을 편집하여 만든 비디오나 블록버스터사가 배급한 영화의 비디오 판에 대한 판매권 또한 독점하고 있다.

비아콤은 이렇게 컨텐트 사업에서 확고한 발판을 다져왔으며 이제는 명실상부한 선두 회사다. 그리고 비아콤의 회장 섬너 레드스톤(Sumner Redstone)이 1994년 초에 밝힌 것처럼 '비아콤의 새롭고 역동적인 성장은 이제부터 시작일 뿐이다'. 그 해의 놀라운 매출액(93년 5억 3,000만 달러에서 94년 27억 달러로 성장)조차 파라마운트 정보통신과 블록버스터의 인수 효과는 반영하지도 않은 것이었다(그 운영 효과가 반영된 1995년 총수입은 117억 달러). 1992년부터 서서히 성장하기 시작한 비아콤은, 1994년과 1995년의 성장세 그리고 160억 달러로 추정되는 1996년도 총수입을 고려하건대, 앞으로도

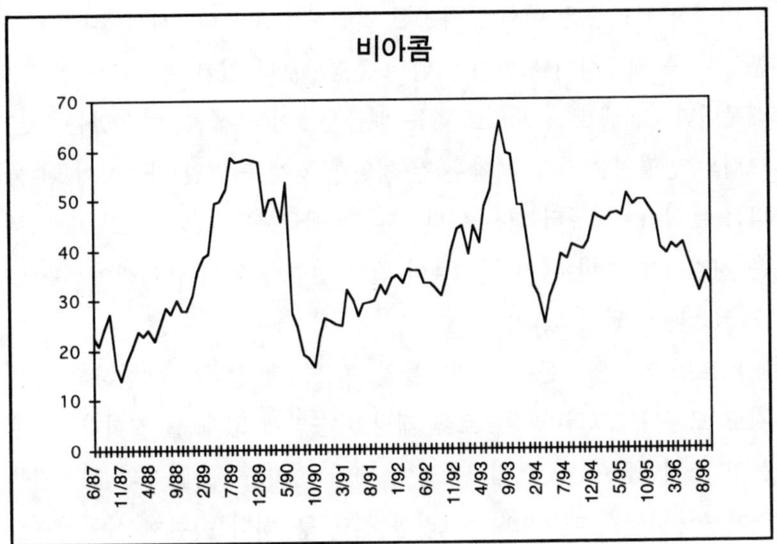

한동안 성장 가도를 달릴 회사임에 틀림없다.

앞으로 네트워크 운영사들은 정보고속도로가 모양새를 갖춤과 동시에 엄청난 힘을 갖게 될 것이다. 물론 그때 쯤이면 셋톱 박스 운용체계를 갖추는 컴퓨터도 결정이 난다. 컨텐트 회사들은 이를 대중이 보는 것을 통제하려는 네트워크사들의 시도로 보고 있다. 1994년 2월 12일자 이코노미스트(the Economist)지는 이 분야의 흐름을 대략 다음과 같이 지적했다.

"비아콤 같은 거대한 컨텐트 회사들조차도 네트워크 운영사들을 두려워하고 있다. 네트워크 운영사들이 소유권의 기준을 정해 컨텐트 회사들의 안방 접근을 제한할 우려가 있기 때문이다. 다시 말해서, 네트워크 운영사들이 셋톱박스를 하나의 '요금 징수기'로 만들어 계약을 맺은 컨텐트 회사들의 프로그램만 자사의 서버를 통과할 수 있게 만들 가능성이 높다는 것이다."

이러한 두려움은 어쩌면 과장된 것인지도 모른다. 사실, 네트워크 운영사 즉 배급사의 위치가 컨텐트 운영사보다 훨씬 취약해질 것이기 때문이다. 컨텐트를 필요로 하는 배급사들이 오히려 인기 있는 프로그램의 방영권을 놓고 사활을 건 치열한 경쟁을 벌일 가능성이 더 높다는 뜻이다. 컴퓨터 회사 뿐만 아니라 배급사들의 성공 여부도 새로운 시스템에 소비자(시청자)들이 얼마 만큼을 얼마나 기꺼이 투자할 수 있느냐에 달려 있다.

네트워크 운영사들은 소비자들의 프로그램 접근을 제한하고 싶을지도 모른다. 그러나 접근로를 개방할 수밖에 없게 될 것이다. 대부분의 소비자들이 정보 접근방법에 대해 적어도 두세 개의 선택권을 쥐게 될 것이기 때문이다. 그러한 선택 중 하나는 현재 성공적으로 운영되고 있는 다이렉 TV(DirecTV)일 가능성이 매우 높다. 다이렉 TV는 자사 소유의 두 인공위성을 통해서 디지털 텔레비전 수상기에 최대 150개에 달하는 채널 서비스를 이름 그대로 '직접' 제공하는 회사다. 조만간 소비자들은 지금처럼 커다란 위성 방송용 접시 안테나 대신에 훨씬 저렴한 18인치 안테나로 다이렉 TV의 모든 채널을 수신할 수 있게 될 것이다.

네트워크 운영사들은 모두 다이렉 TV와 경쟁해야만 할 것이다. 그러나 다이렉 TV가 지역적 독점권을 행사할 가능성은 적다. 다이렉 TV가 유일한 컨텐트 공급자로 어떤 한 지역을 차지한다고 해도 정부가 나서서 모든 컨텐트 제공업자에게 문을 개방하도록 강요할 것이기 때문이다. 대역폭 혁명으로 인해 수백 개의 채널이 생기고 누구나 재미있는 프로그램을 제공할 수 있는 공간이 마련되어 있는 상태에서 다이렉 TV는 정부의 강권을 거부할 변명 거리가 없을 것이다.

결국, 대부분의 지역에서 다이렉 TV를 포함해 두 개 이상의 배급

사들이 경쟁을 벌일 것이다. 그리고 이러한 치열한 경쟁에서 살아남
는 가장 좋은 방법은 가격경쟁 아니면 물량경쟁 밖에 없을 것이다.
따라서 네트워크 운영사들은 컨텐트를 비축하는 경향을 보일 것이다.

투자자의 입장에서 보자면 컨텐트 분야와 디스트리뷰션(배급) 분
야 양쪽에 한 발씩 담그고 있는 회사를 선택하는 것이 유리하다.
즉, 프로그램을 만들면서 배급까지 맡고 있는 회사에 투자해야 한다
는 뜻이다. 현재, 퍼시픽 벨(Pacific bell), 사우스웨스턴 벨(South-
western Bell), 휴즈 에어크래프트(Hughes Aircraft)같은 대기업들은
경쟁을 겪고 있지 않다. 이 전화 회사들과 휴즈사(다이렉 TV 위성
소유사)가 아직까지는 독점 배급권을 누리고 있는 것이다. 그러나 작
금의 경쟁적인 분위기는 오락산업에 관련된 많은 회사들의 입지 강화
를 촉구하고 있다.

요즘은 어떤 것이건 신문·텔레비전·영화·라디오 가릴 것 없이
어느 한 분야에서 대중의 흥미를 끌면 즉시 다른 미디어의 포맷에 사
용되는 세상이다. 평면적이고 단순한 신문 지면도 멀티미디어와 결합
하면서 '생명력'을 얻고 '정보고속도로'에서 독자들과 상호 대화가
가능한 것이다. 계속되는 사업확장과 인수합병, 미디어간의 고유영역
파괴를 겪으면서 이제 기업들은 '고객 만족'이라는 목표를 촉진시키
는데 서로가 반드시 필요한 존재라는 것을 깨닫고 있다. 예를 들어,
AT & T는 최근에 첨단기술 컴퓨터와 개인용 컴퓨터 생산업체인 NCR과
휴대폰 제작사인 맥코이(McCaw)를 인수했다. 치열한 경쟁이 있을
것으로 예상되는 상황에서 AT & T는 디스트리뷰션과 컴퓨팅 양 분야
의 최고 경쟁력을 갖춘 회사로 그 위치를 공고히 한 것이다. 마찬가
지로 비아콤도 파라마운트와 블록버스터를 인수하여 실질적으로 자급
자족하는 컨텐트·디스트리뷰션 시스템을 구축했다. 다시 말하지

만, 이렇게 양 다리를 걸친 회사들은 이미 마라톤 경주에서 선두그룹을 형성했다고 볼 수 있다.

투자자들은 이미 컨텐트 사업에 참여하고 있는 배급사들을 면밀히 주시할 필요가 있다. 여기에는 ABC, CBS, NBC, 타임 워너(Time Warner) 등이 있다. 이들 중 CBS가 가장 흥미로운 회사다. CBS는 텔레비전 네트워크의 전성기였던 50년대와 60년대에 선두를 달렸던 기업으로, 신기하게도 새로운 기술을 도입해 벌이는 이번 경쟁에서도 우위를 점할 전망이다.

ABC가 1996년에 디즈니사에 인수된 것 역시 흥미롭다. 디즈니는 헐리우드에 남은 마지막 독립 영화사다. 워너 브라더스는 타임 워너가 소유하고 있고, 파라마운트는 비아콤과 QVC에 넘어간 상태다. 디즈니의 방송사 인수 의도는 컨텐트 배급을 더욱 원활히 하기 위해서다. 현재 가장 훌륭한 컨텐트 제작업체인 디즈니가 다른 기업으로 넘어갈 가능성은 희박하다. 사실상, 재정상태가 튼튼하기 때문에 보다 원활한 배급망이 필요했던 것이다. 이렇게 영화사들이 제작품을 배급할 방송 네트워크를 구축하려고 애쓰는 것도 하나의 추세라 하겠다.

파라마운트와 워너 브라더스는 이러한 합병 추세를 주도하는 회사로서 독립 방송사들을 자신의 네트워크에 연결시켜 경쟁을 준비하고 있다. 디즈니가 인수 대상을 결정할 당시 미국에는 고작 280개의 독립 방송국이 남아 있었다. 그런 상황에서 디즈니가 지국만해도 수 백개가 넘는 ABC 방송사를 사들이기로 결정한 것은 어찌보면 당연한 일이다. 그 자체로 견실한 컨텐트 제작업체인 동시에 거대한 배급사인 ABC가 자연히 인수 대상 1위일 수밖에 없었을 것이다. 남아 있는 다른 독립 네트워크들에도 같은 일은 얼마든지 일어날 수 있다.

뉴스 코퍼레이션

오락산업은 현재 전세계적인 변화를 겪고 있다. 그러나 미국 제품의 압도적인 우세 분위기가 달라지는 것은 아니다. 사실 오락산업은 변함없는 미국 최고의 수출 분야라 할 수 있다. 루퍼트 머독의 뉴스 코퍼페이션(News corporation)과 같은 외국 회사들도 미국의 컨텐트에 의존하고 있다.

뉴스 코퍼레이션은 그간 여러 가지 기록을 경신하며 성장한, 세계에서 가장 큰 미디어 회사 가운데 하나다. 이 회사는 이미 미국의 유명한 폭스 네트워크(Fox network)를 인수해 운영 중이고, 유럽의 스카이 텔레비전(Sky Television)과 아시아의 스타 TV도 소유하고 있다. 호주에 본사를 두고 있기 때문에 상대적으로 아시아 시장에 접근하기가 용이한 뉴스 코퍼레이션은 급격한 성장세를 보이고 있는 아시아 시장과 특히 강력한 연대를 맺고 있다.

뉴스 코퍼레이션은 또한 20세기 폭스 영화사도 소유하고 있다. 그리고 미디어의 본류라 할 언론 분야에서는 호주와 영국의 신문사 다수, 미국의 TV 가이드사, 하퍼콜린스 출판사 등을 운영하고 있다. 전통적인 오락산업으로 평가되는 이러한 자회사들도 모기업의 영향을 받아 요즘은 새로운 변혁을 시도한다. 예를 들어, 하퍼콜린스는 최근에 수화 사전 CD-ROM 디스크 등을 제작하는 혁신적인 생산라인을 선보였다. 5개국 언어로 사용할 수 있는 하퍼콜린스 수화사전 CD-ROM은 단어를 입력하면 그에 해당하는 수화 동작이 나오는 방식이다. 이렇게 특정 시장을 겨냥하는 상품은 수익에 있어 안정성이 보장된다. 그러나 큰 돈을 벌 수 있는 곳은 역시 매스 미디어 분야다. 이

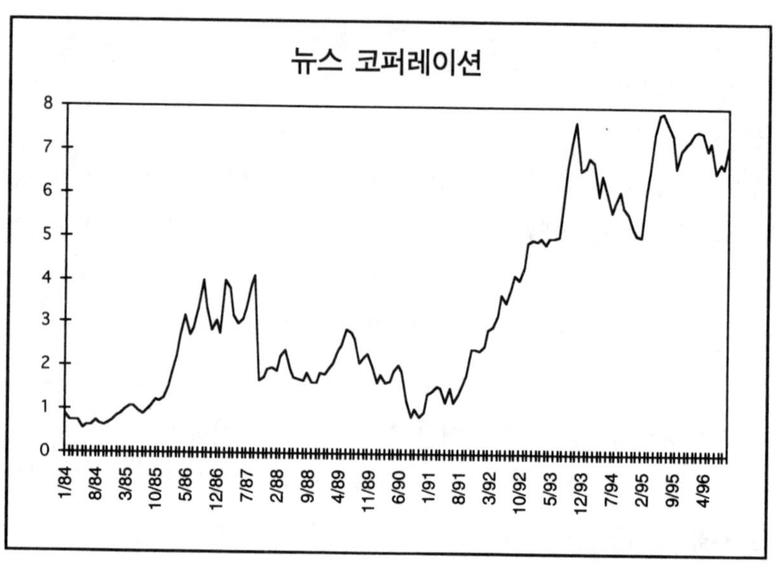

점에 있어서 아시아는 그 성장 잠재력이 매우 큰 시장이다.

아시아 석권을 노리는 뉴스 코퍼레이션의 스타 TV는 현재 5개 채널을 통해 아시아 53개국에 방송된다. 그렇지만 스타 TV의 아시아 침투는 주로 중국과 인도에 집중되는 경향이 있다. 이는 그곳 시장의 성장 가능성이 매우 크기 때문이다. 특히 세계에서 인구가 가장 조밀한 지역이자 빠른 경제성장을 보이고 있는 인도는 아시아에서 잠재력이 가장 큰 나라라고 할 수 있다.

1995년 1월에 있었던 엡스타-2 인공위성 로켓의 폭발은 많은 스타 TV 경쟁사들에게 큰 실망을 안겨주었다. MTV도 그 중 하나였다. 만일 그 로켓이 제대로 발사되었다면, 스타 TV는 영어가 통하는 인도 시장에 대한 지배권을 상당 부분 상실하고 커다란 타격을 입었을 것이다. 그 이후 스타 TV 경쟁사들은 덜 효과적인 다른 대안을 찾아야 했다. 하지만, 불행한 사건을 계기로 한숨 돌릴 시간을 번 스타 TV

는 그 사이 새로운 프로그램을 개발하여 여타 경쟁사의 공격에 버틸 수 있는 힘을 기르게 되었다. 스포츠·음악·영화가 결합된 새로운 채널을 만들어 동남아 시장 석권에 나선 것이다.

여러분이 미국의 폭스 네트워크에 대해 잘 안다면 폭스는 고품격 영화로 많은 상을 수상할 영화사는 아니라는 것 또한 잘 알 것이다. 폭스는 스타 네트워크와 마찬가지로 대중에게 재미를 공급하는 것을 목적으로 하는 네트워크다. 세계 대부분의 나라들은, 심지어 비영어권 국가들조차도, 영어로 제작된 미국 오락물을 애타게 찾는 경향을 보이고 있다. 현재의 이런 상황을 변화시킬 만한 대안은 아직 없다. 따라서, 그러한 컨텐트와 그에 대한 디스트리뷰션이 제자리를 지키는 한 그 결과물을 즐기려는 사람은 세계적으로 계속 늘 것이 분명하다.

텔레비전 브로드캐스츠사

텔레비전 브로드캐스츠(Television Broadcasts Ltd, 이하 TVB)는 홍콩에서 가장 큰 방송사다. 홍콩에서 두 개의 텔레비전 방송국을 운영하는데, 하나는 영어 방송인 펄(Pearl)이고 다른 하나는 중국 광둥어[廣東語] 방송인 제이드(Jade)다. 프로그램 제작과 방송 관련 사업도 하는 TVB는 중국어 프로그램 공급의 선두주자다. 자회사를 통해서는 주식 투자와 만화영화 제작에도 참여하고 있다. 1993년, TVB는 대만 지역에 대해서도 위성방송 서비스를 개시했다. 1993년 9월에 방송을 시작한 이래 TVBS1 채널은 대만에서 생기는 총수입의 95 %를 챙기게 되었고, 이어서 개설한 TVBS2 채널도 10만 명의 가입자를 확보하게 되었다.

TVB가 스타 TV와 다른 점은, 스타 TV가 홍콩 시민의 40 %인 가입자에게만 서비스를 제공하는 반면 TVB는 홍콩 시민 모두에게 방송 서비스를 제공하고 있다는 것이다. 홍콩의 160만 가구를 대상으로 하는 이러한 공중파 방송(98% 점유율)에서 TVB의 강력한 힘이 나온다. 특히, 홍콩의 프라임타임에 가장 많은 중국인 시청자를 확보하는 제이드는 지역내 중국어 방송 광고수입의 84%를 차지한다. TVB는 현재 8만 시간 방영분에 해당하는 프로그램을 비축하고 있고, 이는 매년 5,000시간 분량씩 늘어날 전망이다. 더욱이 비축량 중 60%는 지속적인 수요를 창출할 정도로 잘 알려진 프로그램들이어서 재방송을 통한 그 활용가치가 매우 높다.

하루 15시간씩 방송하는 TVB의 위성채널 TVBS1은 현재 대만의 50개 케이블 운영사를 통해 대만의 약 120만 가구에 전송된다. TVBS1의 수입원은 광고 시간대와 케이블 운영사 선정권이다.

1993년 말, TVB 터너 브로드캐스팅, HBO, ESPN 아시아, 디스커버리 커뮤니케이션을 포함하는 대규모 컨소시엄이 형성되었다. 이들은 이어서 1994 앱스타-1 위성의 트랜스폰드 9개를 공동으로 임차했는데, 이는 잠재적인 시청자를 더욱 많이 확보하기 위한 방편이었다. TVB의 제작부장인 풍(S.K. Fung)은 "이 컨소시엄을 구성한 회사들은 프로그램 제작부터 송출, 배급, 마케팅에 이르기까지 모든 분야에 걸쳐 협력하기로 합의했다"고 밝혔다. 이들은 이렇게 강력한 협력체제를 구성, 이 지역 위성방송 경쟁사인 루퍼트 머독의 스타 위성방송과 치열한 선두 경쟁에 돌입했다.

12억의 인구가 2억 8,800만의 가구를 이루고 있는 중국은 총인구의 34.7%, 다시 말해서 약 1억의 가구가 텔레비전을 보유하고 있다. 현재 TVB가 얻는 이익의 80%는 홍콩에서 나오지만 1999년이 되면 대만과 중국에서 그 이익의 절반 가까이가 나올 것으로 예상된

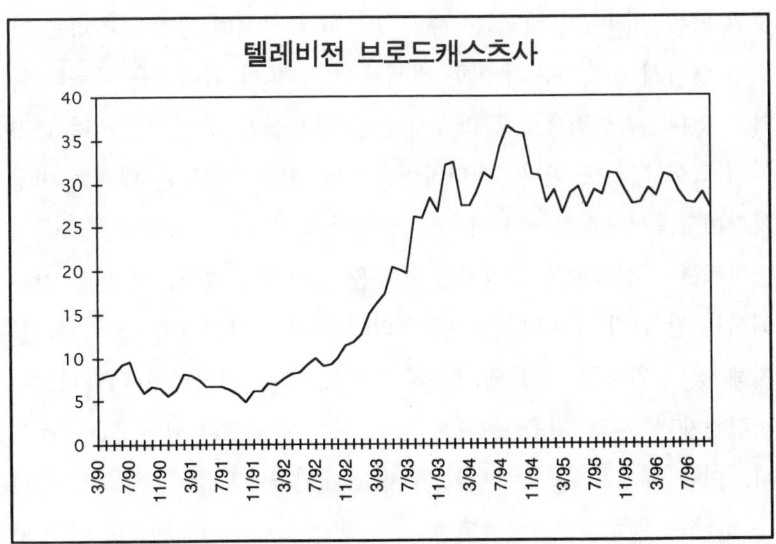

다. 일부 분석가들은 1999년 무렵 중국의 텔레비전 광고 매출액이 연간 약 28억 달러에 달할 것으로 보고 있다. 중국 텔레비전 광고시장의 일부만 점유한다 해도 그 수입은 상당하다고 할 수 있다. 모든 회사들이 중국 시장에 눈독을 들이는 것이 당연하다.

중국 전역이 TV 가시청 권역에 들게 된 것은 1994년에 TVB가 앱스타-1 위성을 발사하면서부터다. 방송망 확장에 관심이 많은 중국 정부는 현재, TVB를 중국 주요 도시에 있는 정부 산하 케이블 운영사와 연결시키기 위해 노력하고 있다. 중국 정부가 이렇게 본토에 케이블 시스템 확장을 장려하는 것은, 방송에 대한 효율적인 통제수단으로 케이블 방송이 적격이라고 보고 있기 때문이다. 이에 대해 TVB는 장기적인 안목으로 먼저 중국 정부의 의도에 따라 국영 네트워크와 연합한 다음, 중국에 국제적인 광고시장을 구축할 생각인 것 같다.

중국에 진출하는 미디어 회사들이 겪는 가장 큰 어려움은 중국 정부의 방송 검열이다. TVB는 중국 정부에 비판적인 입장을 취하는 방송은 알아서 자제하는 유연한 자세를 취하며 이 어려움을 극복해 나가고 있다. 역설적으로 들리겠지만 중국의 심한 검열은 오히려 TVB에게 득이 되기도 한다. 왜냐하면 TVB의 프로그램들은 대체로 비정치적이고, 서구적인 색채 또한 덜 풍기기 때문이다. 하지만 중국이 전반적으로 점차 자본주의적인 경향을 띠어가고 있다는 사실을 간과해서는 안 된다. 2000년간 자본주의에 근거한 상업사회 분위기를 유지해 왔던 역사에 비해 공산주의 체제는 고작 50년밖에 더 되는가. 시장경제가 자리 잡을 문화적 분위기는 이미 조성되어 있는 것이다. 이는 세계를 무대로 뛰는 투자 중개인들에게 좋은 뉴스가 아닐 수 없다.

버자야 레저

말레이시아 경제는 이미 저비용 공산품을 생산할 수 있는 놀라운 능력으로 빠른 성장세를 보인 바 있다. 서구의 기준으로 보면 저임금을 받으며 일하는 말레이시아의 근로자들은 이러한 눈부신 경제 성장 속에서 지난 20년 동안 물질적 생활 수준의 급상승을 경험해 왔다.

이런 가운데, 새로이 형성된 경제적 부를 바탕으로 레저를 즐기는 사람들이 늘기 시작했다. 이런 말레이시아 사람들이 가장 좋아하는 오락은 도박이다. 특히 미국의 로토(lotto, 빙고 게임 형식의 숫자 카드 맞추기 게임)와 같은 숫자 맞추기 도박은 남녀노소 구분없이 참여하는 국민적 오락이다. 현재 말레이시아의 합법적인 로토 산업의 연간 매출액은 무려 20억 달러에 달한다.

증가 일로에 있는 말레이시아의 로토산업과 레저산업에 투자해 이

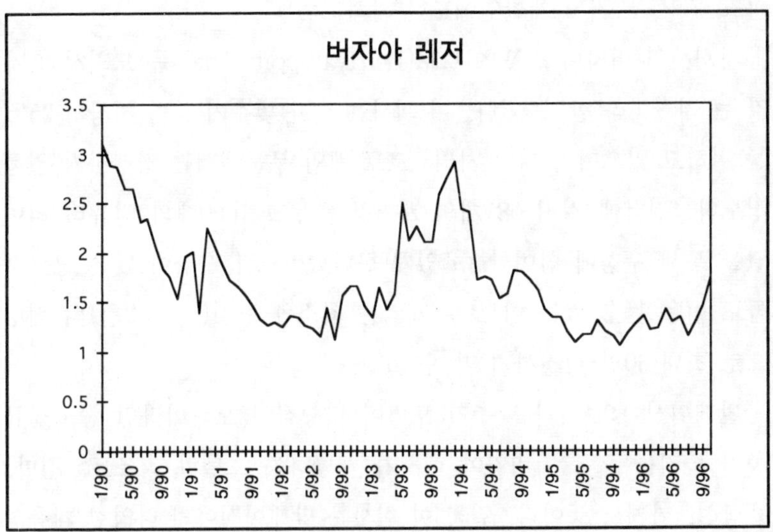

익을 보려면 바로 이 회사, 버자야 레저(Berjaya Leisure)를 잡아야
한다. 버자야 레저와 그 자회사들, 그리고 연합 회사들은 모두 다음
네 부문에 걸쳐 운영된다.

　1) 부동산 투자 및 개발

　2) 호텔, 리조트 등의 레저산업

　3) 주식 투자

　4) 도박 산업

　좀더 세부적으로 들어가서, 버자야 레저가 자회사를 통해 참여하는
부문을 살펴보면, 네 자리에서 여섯 자리 숫자까지 베팅할 수 있는
토토 베팅(Toto betting, 버자야 레저가 운영하는 로토 도박의 명
칭), 부동산 개발과 투자, 호텔 및 리조트 개발과 운영, 내구성 소비
재의 마케팅과 무역, 가정용품의 제조와 판매, 선박·항공·카지노
운영 등이다. 또, 연합 회사들을 통해서는 정기 연락선 운항과 테마

파크 운영, 카지노 개발업에도 투자하고 있다.

자회사인 버자야 스포츠 토토(Berjaya Sports Toto)는 모회사의 가장 큰 자산이라 할 수 있다. 이 회사는 숫자 맞추기 도박 시장의 25%를 점하고 있으며, '여섯 자리' 로토 게임 부문에서는 경쟁사가 없을 정도다. 전국에 걸쳐 681개의 게임장을 두고 1600개의 컴퓨터 터미널을 통해 추첨에 참여할 수 있게 한다. 비교적 수입이 낮은 근로자들도 이용할 수 있는 이 로토 게임은 최소 1 링깃(약 500원)의 베팅으로 최대 30만 링깃까지 딸 수 있다.

말레이시아의 숫자 맞추기 도박이 대중적인 오락이라면 중·상류층이 즐기는 오락은 버자야 레저가 제공하는 호텔과 리조트, 경마, 유람선, 카지노 등이다. 결국 이 회사는 말레이시아의 다양한 계층의 구미를 모두 충족시키면서 경제성장과 국민적 관심사(레저)를 이용해 호황을 누리고 있는 것이다.

소니

1946년 5월, 소니(Sony)사는 도쿄 츠우신 코교(도쿄 통신 엔지니어링 주식회사)라는 이름으로 창립되었다. 창립이래 지금까지 소니는 수많은 혁신적인 제품들을 내놓았다. 이러한 소니 제품으로는 비디오, 오디오, 텔레비전, 디스플레이어, 반도체, 전자 콤퍼넌트, 컴퓨터 주변기기, 통신 장비 등이 있다. 뿐만 아니라 소니는 소니 뮤직과 소니 픽쳐스 엔터테인먼트를 통해서 세계의 음악시장과 컴퓨터 영상 소프트웨어 산업으로 그 영역을 넓혀가고 있다. 소비재 및 공산재 전자제품 시장과 오락산업 부문에서 세계 정상급의 기업인 셈이다. 또한, 소니는 아날로그 방식을 디지털 방식으로 전환하는 과정에서 입중된 바와 같이 첨단기술 개발에서도 선두를 달리는 기업이다. 현재 해외시장 확장에 보다 공격적인 방식을 취하고 있는 소니는 제품의 개발과 제조에만 치중하지 않고 자사의 제품이 팔리는 모든 곳에서 신속한 소비자 서비스를 제공하기 위해서도 애쓰고 있다.

소니 그룹 중 특히, 미국 전역에 자회사를 두고 있는 소니 아메리카(Sony Corporation of America)는 오디오와 비디오 하드웨어 제조부문의 선두주자이자 세계에서 가장 포괄적인 오락산업을 운영하는 기업이다. 소니 아메리카에 속한 회사들의 면면과 주요 담당 분야를 살펴보면 다음과 같다.

* 소니 전자 - 전자제품과 레코드 관련 제품의 생산, 판매, 마케팅

* 소니 뉴 테크놀러지 - 미국내 소니 계열사들을 총괄, 새로운 사업 창출 및 기회 제공

* 기타 소니 소프트웨어 회사들

　소니 뮤직

　소니 픽쳐스 엔터테인먼트

　소니 리테일 엔터테인먼트 - 미국내 소니 극장 관할 및 오락 센터 개발

　사이그노시스 - 비디오게임 개발 및 판매

　SW 네트워크 - 전통적인 방송망과 인터넷을 통해 프로그램을 공급하는 멀티미디어 라디오 네트워크

　소니 시그내쳐스 - 판촉 및 각종 인허가

현재 진행되고 있는 오락산업 기술혁명의 한 예로 디스크 기술의 최신 형식을 들 수 있다. 물론 여기에 소니가 빠질 리 없다. 필립스 일렉트로닉스(Philips Electronics N. V.)와 합작투자를 통해 최근 12

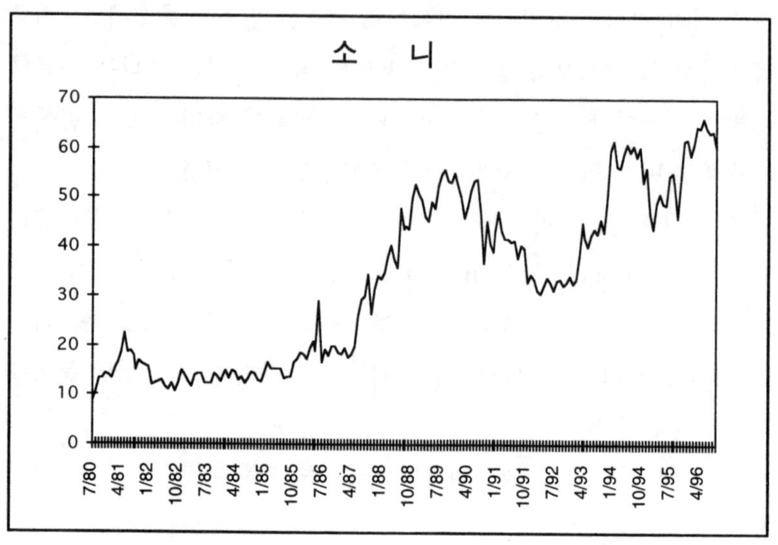

센티미터 광학 디스크를 채택하는 멀티미디어 CD를 개발한 것이다. 소니와 필립스는 이 기술로 다가오는 멀티미디어 시대에 새로운 시장을 개척하길 희망하고 있다. 그들이 개발한 디스크 기술은 이미 디지털 비디오 디스크(DVD) 시스템의 개발 및 상업화에 이용되고 있다. 이 시스템은 (양면을 이용하던 종전과 달리) 디스크 단면에 더블 레이어 방식을 채택, 생산단가를 낮추는 동시에 사용자 편의를 높인 것이 특징이다. DVD는 기존의 CD와 크기는 같지만 최고 4시간 반까지 연속해서 오디오 및 비디오 재생이 가능하다. 또한 기존의 컴퓨터 CD-롬을 그대로 이용할 수 있어 차세대 컴퓨터 응용분야의 첨병이라고 할 수 있다.

소니의 하드웨어 기술과 축적된 오락 부문 컨텐트를 결합한 또 하나의 혁신적인 기술이 곧 인터넷을 통해 선보일 예정이다. 소니 아메리카는 최근에 비자(VISA)와 다년 계약을 체결해 월드 와이드 웹

(World Wide Web)에 사상 처음으로 다각적인 오락, 정보, 소비자 트랜잭션(transaction, 데이터 파일의 내용에 영향을 미치는 모든 거래) 환경을 제공하기로 합의했다. 소니 스테이션(Sony Station)이라 불리는 이 웹사이트(1996년 가을에 출범)는 온라인 가입자들에게 가상 현실 속의 '걸어 다니는' 오락센터에 들어가 재미있고 혁신적인 프로그램을 즐기게 한다. 최초의 온라인 오락센터인 소니 스테이션은 다양한 주제의 '전시관'을 통해 소니 아메리카에서 제공하는 여러 가지 프로그램과 제품, 서비스 등을 소개하기도 한다. 물론 여기에는 위에 언급한 소니 회사들의 인기 품목들이 모두 나온다.

끝으로, 오락산업 전장(戰場)에서 소니의 '무용담'을 한 가지 더 소개하면, 소니 컴퓨터 엔터테인먼트사의 32비트 플레이스테이션 비디오 게임기가 1997년 한 해에 일본에서만도 500만 개, 전세계적으로는 1,100만 개 이상이나 팔렸다는 것이다.

빌리지 로드쇼

호주에 본사를 둔 빌리지 로드쇼(Village Roadshow)와 그 자회사들은 극장 운영, 영화 제작, 영화 배급, 테마파크 운영, FM 라디오 방송사 운영, 레저센터 운영 등에 참여하고 있다.

극장업으로 첫 발을 내딛은 빌리지 로드쇼는 호주의 50대 기업이자 국제적인 '연예 오락' 복합 기업으로 성장했다. 빌리지 로드쇼는 현재 호주 극장업의 40%를 점유하고 있으며 계속해서 대형 스크린을 갖춘 복합 영화관을 건립 중이다. 이 회사는 합작 투자를 통해 아시아 시장에도 근거지를 마련하고 있으며, 현재 전세계적으로 600개에 이르는 극장을 특히 아시아와 동유럽 시장을 중점으로 삼아 2000년까

지 2400개로 늘릴 계획이다. 그렇게 되면 빌리지 로드쇼는 호주, 뉴질랜드, 싱가포르, 말레이시아, 태국, 대만, 홍콩/중국, 인도, 한국, 피지, 이탈리아, 그리스, 헝가리, 체코 등 14개국을 잇는 강력한 홍행망을 구축하게 되는 것이다. 이들 지역 사람들의 영화비 지출이 급상승하고 있는 추세를 보건대, 빌리지 로드쇼의 급성장은 실로 명약관화하다 하겠다.

뿐만 아니라 빌리지 로드쇼는 사람들이 집에서도 오락산업을 즐기길 원한다는 것을 인식하고, 호주와 아시아 권역에 대한 가정용 비디오 판권과 배급권을 확보하는 등 비디오 산업에도 손을 뻗치고 있다. 한편, 빌리지 로드쇼의 호주 라디오 네트워크는 미국을 제외하면 세계에서 가장 큰 방송사로서 현재 아시아 시장으로의 진출을 꾀하고 있다.

빌리지 로드쇼는 또한 텔레비전 프로그램 제작과 극장용 영화 제작에도 관여하고 있다. 특히 라디오와 텔레비전 프로그램 제작 및 배급은 빌리지 로드쇼의 한 협력 벤처기업이 맡아 대략 35개국에 판매하고 있다.

호주의 주요 테마파크 세 곳도 빌리지 로드쇼 소유다.

1) 씨월드(Sea World) – 호주 제1의 해양 공원, 골드 코스트에 위치

2) 웨튼 와일드(Wet'n Wild) – 호주 최고의 수상 놀이공원, 서퍼스 파라다이스(Surfers Paradise)에서 북쪽으로 15분 거리에 위치

3) 워너 브라더스 무비 월드(Warner Bros. Movie World) – 1991년 6월 3일 개장된 호주의 새로운 관광 명소, 개장이래 이곳을 찾은 인원은 96년 말 현재 600만 명.

다양한 분야의 오락산업에 투자하고 있는 빌리지 로드쇼는 가장 빠르게 성장하고 있는 지역에서 가장 빠르게 성장하는 산업에 주력하는 경영 방침을 지니고 있다. 21세기형 투자 대상으로 빌리지 로드쇼를 고려해 볼 것을 강하게 권유하는 바이다.

'보험 정책'을 견지하라

벨 애틀랜틱(Bell Atlantic)의 회장인 레이몬드 스미스(Raymond Smith)는 사려깊은 예언으로 오락산업 혁명의 진수를 잘 표현했다.

"우리는 현재 지적 혁명의 폭발기에 접어들고 있다. 이것은 새로운 르네상스로 발명가, 기업가, 해커, 예술가, 몽상가들의 창조적 에너지를 촉발시킬 것이다."

이렇게 성장 잠재력이 막대한 분야에 들어설 때는 무엇보다도 신중

한 자세를 취하는 것이 가장 중요하다. 성장 가능성이 아무리 확실해 보인다 하더라도, 생각대로 안되는 경우에도 괜찮을 투자정책을 취하는 것이 현명하다는 뜻이다. 예를 들어, 대화형 텔레비전이나 전반적인 정보혁명은 우리가 오락을 즐기는 방법을 혁명적으로 개선시킬 것이 거의 확실하다. 그러나 이러한 새로운 서비스에 대한 수요가 예상보다 적을 수도 있고, 그것을 얻기 위해 정보고속도로를 달리는 "통행료"가 만만치 않을 수도 있다. 또한, 정보고속도로 운용이 제 궤도에 오르려면 계획보다 몇 년은 더 걸릴지도 모른다. 그러므로 현명한 투자자라면 예측할 수 없는 불상사를 대비해 '보험 정책'을 견지해야 한다. 영리한 투자자라면 누구나 알고 있는, 분산투자를 해야 한다는 얘기다. 눈앞에 이익이 빤히 보일지라도 오랫동안 그리고 열심히 지켜본 후에 장에 뛰어들어야 한다. 적절한 선택을 위한 충분한 정보만 갖춰지면, 오락산업이야말로 다음 10년을 넘기는 최적의 투자 부문이 될 것이다.

제 5 장

환경산업의 양면성을 고려한 투자

    최근 환경에 대한 관심이 증폭되면서 글로벌 경제 공동체를 살아가는 각 나라의 산업은 기회와 장애를 동시에 마주하게 되었다. 이는 자연에 미치는 산업의 영향이 세간의 관심사로 부각되자 법안 제정자들에게 공해 억제와 환경보호에 좀더 강경한 입장을 취할 것을 촉구하는 사람들이 늘어난데 기인한다. 이에 따라 미국을 위시한 선진국 정부들은 자국의 몇몇 산업체에 대해 변화를 강요하거나 아예 폐쇄 조치하고, 그도 아니면 새로운 환경법에 적응할 것을 종용하고 있다. 결국 변화를 받아들여 새로운 법에 적응하는 기업만이 살아 남게 된 것이다. 마치 환경에 적응하기 위해 생물들이 이동하거나 진화하고, 경우에 따라 멸종하는 모습과 별반 다를 게 없다. 새로운 기준에 맞춰 체질을 개선해 생산성을 높여가는 기업들은 환경 정화에 참여하는 기업들과 더불어 성장할 것이지만 변화에 적응하지 못하는 기업들은 도태되고 말 것이다. 후자의 경우, 같은 분야에서 선진국 기업들

과 경쟁을 벌이던 비선진국 기업들은 상대적으로 이득을 볼 것이 분
명하다.

정부 규제의 양면성

어떤 산업에 대한 정부의 간섭은 보통 과다한 세금과 지나친 규제
로 나타난다. 그러면 자칫 개별 산업, 더 나아가 경제 전부문이 휘청
거리거나 때로는 파괴될 수도 있다. 환경에 대한 관심 증대가 새삼
환경문제에 대한 정부 규제의 양면성을 부각시키고 있다.

최근에는 환경보호와 조금의 관련이라도 있으면 법제정을 추진하
는 것이 정치적으로 유행하고 있다. 따라서 오염물질을 정화할 좋은
방법을 제시하는 회사들이 정부의 비호 아래 탄탄대로를 걸으리라는
것은 자명하다. 반면, 환경보호에 대한 지나친 열성이 정부의 적극적
인 공격으로 나타나 특정 회사들을 이전이나 정리의 대상으로 삼는
일 또한 비일비재할 것이다. 게다가, 정부의 이러한 교정 작업이 항
상 공정하게 이뤄지는 것도 아니다. 실예로, 미국 정부는 최근에 연
안과 호수에 독성 물질을 버리는 기업에 적절한 조치를 취하는 대신
수산업계에만 제재를 가해 어로를 제한하거나 금지시킨 일이 있다.
따라서 현명한 투자자라면 이러한 양면성을 꼼꼼히 검토해봐야 할 것
이다.

군비 축소의 결과

냉전시대에 군사력 증강을 위해 천문학적인 돈을 쏟아붓던 미국은
현재 방위산업의 구조조정을 단행하고 있다. 냉전시대가 막을 내리고

핵전쟁의 공포나 공산주의의 민주주의 전복 위험도 줄어든 지금, 부족한 재원으로 거대한 군사력을 유지해 나갈 타당성을 찾기 어려운 것이다. 그 결과 대부분의 방위산업체는 규모가 축소되고 있으며 이러한 추세는 앞으로도 지속될 전망이다. 뿐만 아니라 군비 지출 덕분에 빛을 보았던 군부대 주변 지역경제 또한 내리막을 걷게 될 것이다.

그리고 조만간 전세계에 흩어져 있는 미군기지 대부분도 폐쇄될 예정이다. 문제는 이 미군기지들 대부분이 주둔지의 일정 지역을 심하게 오염시킨 상태라는 것이다. 이는 수십 년 간에 걸친 화학무기 실험과 오폐수 처리시설 부재의 결과로 그것의 정화작업이 그리 쉽지 않을 전망이다. 그나마 다행스러운 것은 각 기지 관할 군단이 부대 주둔지나 기타 실험장소의 정화를 책임지고 있다는 사실이다. 이러한 정화작업에는 이미 폐쇄되었거나 현재의 시행 계획에 따라 폐쇄될 예정인 300에서 400여 개에 이르는 기지는 물론이고 아직 폐쇄 계획에 들지 않은 부대도 포함된다. 현재, 총 2만여 곳에 이르는 부대나 기타 군 관련시설이 국방부 환경 재건 프로그램에 선정되어 있으며 이 숫자는 앞으로도 늘어날 것이다.

미 국방부는 엄청난 비용이 예상되는 이 정화계획의 초기 프로그램에 이미 수십억 달러를 투여, 1993년 한 해에만도 민간 환경정화 회사들과 계약하는데 20억 달러의 돈을 썼다. 1991년에 미 국방부가 의회에 보고한 정화계획 총 소요비용은 대략 250억 달러 정도. 그러나 2012년까지 계속되는 이 프로그램에서 예산의 대부분이 1990년대에 소모되고 있는 상황이라 실제 비용은 훨씬 더 늘어날 전망이다.

OHM

보다 현명한 예산 지출을 원하는 정부라면 당연히 비용이 효율적으로 집행되고 일처리가 신속한 기업을 찾게 마련이다. 뉴욕 주식시장에 상장된 환경정화 전문기업 OHM(OHM Corporation)이 바로 정부가 원하는 조건과 실적을 갖춘 기업이다. OHM은 특히 국방부의 관심을 끄는 기술을 가진 기업으로, 1996년 10월에는 국방부로부터 환경재건 우수기업 표창을 받기도 했다.

그렇다고 미 국방부가 OHM의 유일한 거래처라는 뜻은 아니다. OHM은 국방부와의 계약으로 앞으로 수년간 안정된 수익을 보장받았을 뿐만 아니라 현재 연방정부의 다른 부처와도 일을 같이 하며 예산을 받아쓰고 있다. 오염지역 정화와 그 비용의 공제를 목적으로 법제화된 기금인 수퍼펀드로부터 지원을 받고 있는 것이다. 수퍼펀드의 기금은 세금 및 각종 수수료, 오염에 책임이 있는 당사자로부터 거두는 벌금 등으로 조성된다.

주제에서 벗어나는 것일지도 모르겠지만, 여기서 잠시 이 수퍼펀드 법안의 문제점을 짚고 넘어가자. 그간 이 법안의 '오염 책임'에 관한 규정은 포괄적으로 해석되어 왔다. 예를 들어 사유지 오염 문제도 마찬가지다. 미 환경보호위원회(Environmental Protection Agency, 이하 EPA)는 특정 지역의 오염 책임에 대해 실질적 과실을 입증할 필요가 없다. 그저 혐의자가 해당 오염지역에 관여했다는 것만 입증하면 된다. 쓰레기를 만들어 냈거나 투기한 당사자는 물론이고 과거에 해당 지역을 소유했거나 관리했던 사람도 포함되는 것이다. 또한 이 법안은 소급 적용되기 때문에 행위 당시에는 합법적으로 그 지역에서 활동했던 사람도 오염에 대한 책임을 면하기 어렵다. 따라서, 소위 '잠재적 책임 당사자(PRPs)'에게까지 오염의 책임을 묻는 수퍼펀드 소송이 수퍼펀드 본래의 취지를 흐리고 그 활동마저 답보상태에 빠뜨리고 있는 현실이 어찌보면 당연하다 하겠다.

실상, 1980년에 이 법안이 만들어진 이후 지금까지 EPA가 만족할 정도로 정화된 지역은 두세 곳에 불과하다. 하지만 그 대가로 미국시민은 10억 달러나 되는 세금을 납부했다. 게다가, PRP들이 보험회사를 통해 지불하고 있는 연간 5억 달러의 법정 비용이면 적어도 매년 15곳의 오염지역을 정화할 수도 있다. 수퍼펀드 법안 덕택에 변호사와 보험회사만 횡재하고 있는 셈이다.

다시 본론으로 돌아와서, 미국 정부의 환경정화 프로그램의 또 다른 자금원은 에너지부(Department of Energy)로서, 조만간 가장 규모가 큰 자금원으로 부상할 것으로 예상된다. 에너지부가 환경정화 프로그램 관련 업무를 시작한 것은 1991년의 일이지만, 프로그램을 운영하는 가장 효율적인 방법에 대한 자기들끼리의 의견 대립으로 아직 완전한 활동에 들어가지는 못하고 있다. 그러나 일단 의견이 모아지면, 에너지부는 향후 50년에서 75년에 걸쳐 약 2,000억 달러에서 3,500억 달러에 달하는 예산을 환경보호 및 정화에 쓸 것으로 보인다.

1969년에 창립된 OHM은 그동안 1만 6,000개가 넘는 오염정화 프로젝트에 참여해 왔다. 여기에는 9에이커나 되는 채석장에서 각종 노폐물을 제거하는 1,770만 달러짜리 프로젝트와 저농도 방사능 폐기물을 처리하는 900만 달러 상당의 프로젝트 등이 포함된다. 1984년 이후로 OHM은 주로 정부가 추진하는 사업을 맡아왔으며 그간의 능력을 인정받아 민주당과 공화당 모두로부터 좋은 평가를 받고 있다.

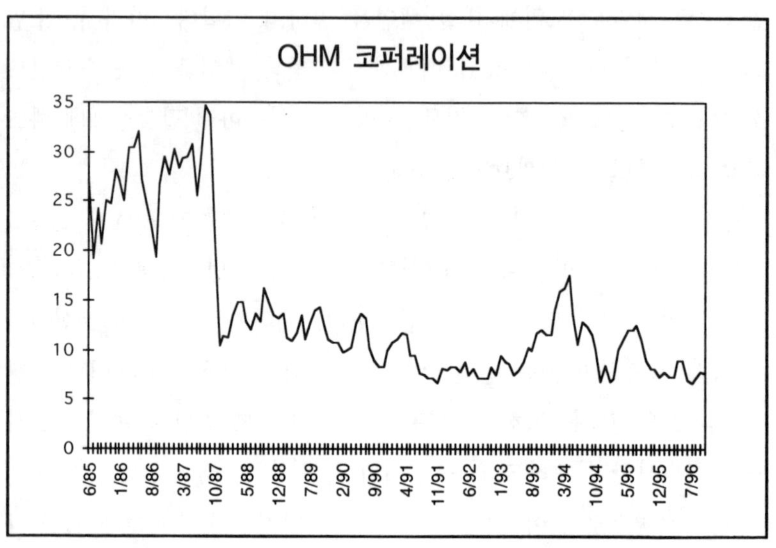

1996년 2/4분기 현재, OHM이 맡고 있는 사업의 90%가 정부 도급 프로젝트이며, 그 금액은 19억 달러에 이른다. 이렇게 많은 정부 도급 프로젝트를 진행 중이면서도 OHM은 계속해서 정부 입찰에 참여해 낙찰 퍼센티지를 늘려 나가고 있다. 1984년에서 1992년까지의 낙찰률은 25%에서 30% 정도였으나 그 이후로는 40%에서 45% 정도로 늘었다.

OHM은 기업합병에도 발 빠르게 움직여 석면 제거, 위험물 처리, 기름오염 방지, 재활용 등의 분야에 전문기술을 확충하는 등, 환경산업의 모든 분야에서 확고한 위치를 다져 나가고 있다. OHM은 가까운 장래에 최소 5억 달러에 달하는 연간 수익을 올리는 회사로 성장할 것으로 기대된다. 이는 총 시장 자본이 2억 달러도 채 안되는 회사로서는 보기 드문 경우라 하겠다.

퓨어텍

환경 트렌드의 긍정적인 면을 이용해 이익을 올리고 있는 또 다른 기업은 퓨어텍(PureTec)이다. 뉴저지주에 본사를 둔 퓨어텍은 폐플라스틱 용기의 재활용 공정을 개발하고, 개발된 공정을 판매하는 것을 주업으로 한다. 퓨어텍의 무공해 재활용 기술은 주로 청량음료, 표백제, 세척제, 쥬스 등을 담는 플라스틱 용기에 적용된다.

원래 재활용은 비용이 많이 들고 이윤이 많이 남는 사업도 아니다. 그럼에도 불구하고 퓨어텍이 흑자를 내는 이유는 독창적인 기술 개발과 끊임없는 경영혁신 덕분이다. 그 단적인 예가 바로 이 회사가 개발한 역(逆) 플라스틱 자판기다. 재활용 가능한 폐플라스틱을 넣으면 돈이 나오는 기발한 자판기다. 시험 설치를 해본 결과 소비자들의 반응이 너무 좋아 퓨어텍은 자판기 생산을 계속 늘릴 계획이다.

이러한 발상의 전환이 웨이스트 매니지먼트사(Waste Management Inc.)같은 경쟁사들을 제치고 퓨어텍이 앞서 나가는 비결이다. 이에 반해 웨이스트 매니지먼트사는 재활용으로 돈만 날리고 있다고 불평만 해댄다. 폐플라스틱 1톤을 길에서 수거하거나 쓰레기에서 분리하는 비용이 150달러에서 200달러인데 비해 그것을 팔면 40달러밖에 벌지 못하며, 재활용을 통해 매립 비용 30달러밖에 아끼지 못한다고 주장하는 것이다.

그러나 퓨어텍은 특허까지 받은 플라스틱 자판기로 폐플라스틱을 수집 분류하는데 드는 비용을 줄이고 있다. 또한, 퓨어텍은 폐플라스틱 수거 비용을 시에 부담시키는 방법이나 끄집어내 결국 재활용 비용을 납세자에게 전가시키려는 웨이스트 매니지먼트사와는 달리 시민

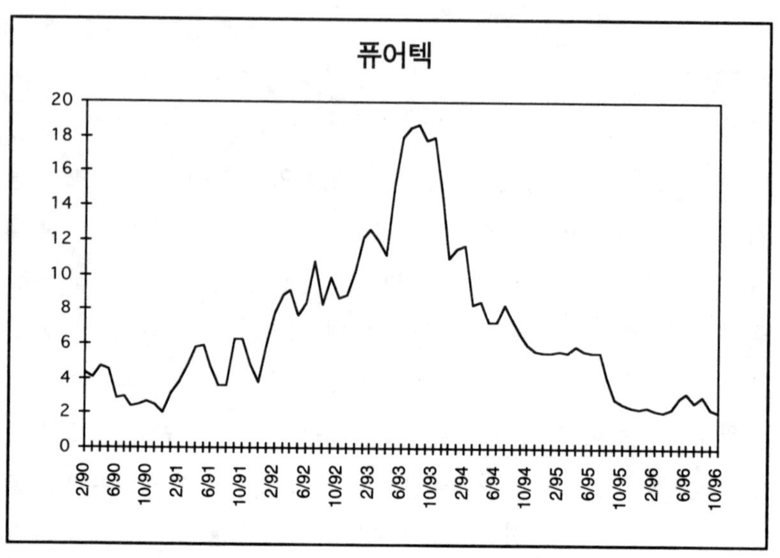

들의 폐플라스틱 처리 및 쓰레기 분리수거에 큰 편의를 제공하고 있는 것이다.

　퓨어텍은 또한 병원에서 쓰는 튜브와 플라스틱 제품, 필기구의 잉크관과 스프레이 분사기, 정원에서 사용하는 플라스틱 제품 등의 최대 생산업체이며, 각종 특수 비닐과 재생 플라스틱 제품 생산에서도 선두를 달리고 있다.

　한편, 퓨어텍은 재활용 사업을 보다 효율적으로 할 수 있는 지역을 물색 중이다. 이러한 움직임의 한 예가 바로, 최근에 캘리포니아에 세운 베이커스필드 공장이다. 이 공장은 약 2만 평방피트에 달하는 규모로, 유리섬유 생산업체인 슐러 인터내셔널(Schuller International)의 폭주하는 주문량을 주로 소화하기 위해 세운 것이다. 이는 퓨어텍이 얼마 전 유리섬유의 중요한 재료인 유리가루를, 폐병을 갈아 만드는 저렴하면서도 효율적인 공정으로 특허를 낸 결과이기도하다. 퓨어텍은 현재 이 공장에서 하루 400톤의 유리가루를 만들어 내고 있다. 퓨어텍이 신설 공장부지로 폐기물 재생과 환경오염방지를 위해 엄격한 법안을 두고 있는 캘리포니아주를 택한 것은 결코 우연이 아니다. 주에서 생산되는 모든 용기에 반드시 일정량의 재생 소재를 쓰도록 법으로 규정하고 있는 캘리포니아는 매력적이고 안전한 사업지가 아닐 수 없다. 미 동부를 벗어난 최초의 모험인 베이커스필드 공장이 성공한다면, 퓨어텍은 계속해서 미 서부지역(캘리포니아)으로 사업을 확장할 것으로 보인다. 부단없이 혁신을 도모하는 기업, 퓨어텍의 21세기 성장 가능성은 무한하다고 할 수 있다.

OHM과 퓨어텍은 미국이 환경문제에 지대한 관심을 기울이면서 흑자를 내고 있는 좋은 본보기지만 앞서도 밝혔듯이 환경 트렌드의 양면성 때문에 고전을 면치 못하는 경우도 많다. 그 대표적인 경우가 광업이다. 환경오염에 대한 정부규제가 심해지면서 탄광업은 거의 황폐화되다시피 했다. 한때는 미국에서 잘 나가던 많은 탄광이 환경오염 소송에 걸려 운영을 중단한 상태다. 설혹 그들이 지난날의 책임을 면제받는다 하더라도 다시 채탄을 시작하려면 심한 규제에 묶일 판이다. 탄광 회사들은 이러한 일련의 상황을 통해, 환경에 대한 일반의 염려와 저조한 수익성 때문에 광업은 더이상 돈벌이가 되는 사업이 아니라는 점을 절실히 깨닫고 있다.

이렇듯, 미국에서는 광업과 관련된 생산활동이 전반적으로 감소하고 있지만, 엄격한 환경보호정책보다는 경제성장을 우선시하는 국가에서는 오히려 광산업이 성장세를 타고 있다. 특히 동남아시아에서는 광업이 이제 막 눈을 뜨고 있는 상태다. 전세계 제조업의 기반으로 등장하기 전부터 아시아는 광물자원의 보고로 생각되었는데, 그 생각이 틀리지 않은 것이다. 아시아와 지리적으로 가깝고 이미 광업이 성

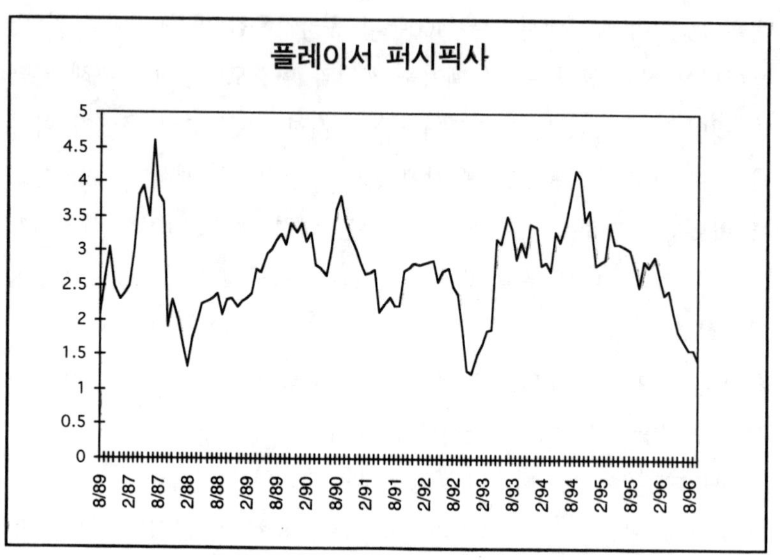

했던 호주가 아시아 광업 확산의 기지 역할을 하고 있다.

플레이서 퍼시픽사

플레이서 퍼시픽(Placer Pacific Ltd.)은 호주에 구축해 놓은 강력한 기반을 발판으로 서서히 아시아 시장으로 진출해 나가고 있는 호주 최대의 금 생산업체다. 플레이서 퍼시픽이 소유와 경영을 맡고 있는 호주 노스 퀸즈랜드 소재 키드스톤광산은 금 생산량이 연간 25만 트로이 온스에 달하며, 호주 주식시장에 상장될 만큼 그 규모가 크다. 금 생산량만을 놓고 보면 플레이서는 세계에서 15번째지만 저렴한 채굴비용 투입으로 그 생산성은 다섯 손가락 안에 드는 회사다. 플레이서가 금 생산에 주력하는 까닭은 다른 어느 금속보다 부가가치가 높기 때문이다. 플레이서가 가까운 파푸아 뉴기니에 있는 채산성

높은 금광을 탐내고, 금을 캐기 위해 중국·인도네시아·필리핀 등
으로 진출하고 있는 것도 이와 무관하지 않다. 그렇다고, 플레이서가
금만 채굴하는 것은 아니다. 호주 전역, 남서 태평양, 동남아시아 등
지에서 구리광 개발에도 참여하고 있다.

그동안 이 회사와 거래해 본 아시아 국가들은 아시아인에 대한 플
레이서의 사업태도를 칭찬해마지 않는다. 현지 직원을 고용하고 그들
에 대한 배려를 아끼지 않기 때문에 플레이서는 아시아 각국의 광산
개발 허가를 따내거나 자사의 권리를 관철시킬 때 별 어려움을 겪지
않는다. 좋은 환경 속에서 광범위한 지역으로 투자를 확대하고 있는
플레이서를 투자자들은 눈여겨 볼 필요가 있다.

웨이스트 매니지먼트 인터내셔널

웨이스트 매니지먼트 인터내셔널(Waste Management International,
이하 WMI)은 북미를 제외한 전세계에 폐기물 처리 및 관련 서비스를
제공하는 회사다. 이 회사의 사업영역은 폐기물의 수집·수송·저
장·처리·재활용·폐기 등 고체 및 독성 쓰레기 처리 전분야를 망
라한다. 또한 WMI는 폐기물을 에너지로 바꾸는 시설을 운영하고 있
을 뿐만 아니라 하수와 오염수 처리 시설도 개발해 운영하고 있으며
이와 관련된 용역도 제공하고 있다. 현재 21개국에서 사업을 추진중
인 WMI는 1993년에는 영국·프랑스·네덜란드·독일·덴마크·이
탈리아·스웨덴·오스트리아·호주·뉴질랜드·대만 등지에서 48개
의 크고 작은 사업을 수주받은 바 있다.

기술 개발도 게을리 하지 않고 있는 WMI는 특별히 고안된 펌프를

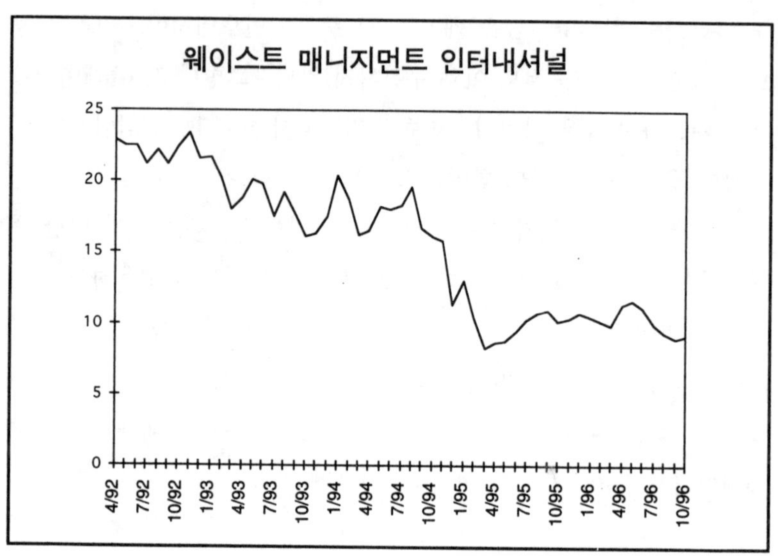

이용해 오래된 쓰레기 매립지에서 용해된 오염물질을 처리하기도 했으며 기름 찌꺼기를 재사용 가능한 기름과 깨끗한 물, 고체로 분리해내는 기술을 선보이기도 했다.

WMI의 주요 사업기반이라고 할 수 있는 유럽에서는 점점 더 환경기준이 강화되고 있다. 특히 유럽연합(EU)이 인준한 규정에는 가정이나 공장에서 나오는 하수를 두 차례에 걸쳐 정화하도록 되어 있다. 게다가 이 규정은 하수배출 자체에도 엄격한 제한을 두어 일정 수준 이상되는 경우에는 의무적으로 보고하도록 명문화하고 있다. 이는 무분별한 폐수 방류로 호수나 하천 바닥에 슬러지(침전 찌꺼기)가 축적되는 것을 막기 위해서다. 슬러지는 WMI같은 전문업체만이 할 수 있는 특별한 처리가 요구되기 때문이다. 유럽연합은 현재, 정치적 사회적으로 고조된 환경에 대한 관심에 부응코자 전유럽에 적용되는 환경법안 마련을 회원국들에게 강력히 촉구하고 있다.

유럽 밖은 어떠한가. 특히 새로이 부상하는 많은 시장에서 빠른 산업화 과정과 인구 폭발, 도시화 등으로 인해 환경오염이 심화되고 있다. 하지만 그들도 이제 누적된 환경문제 해결이 경제성장 기조를 유지하는 것 이상으로 중요하다는 사실을 깨닫고 환경오염 방지를 위한 기반시설에 투자를 계속적으로 늘리고 있다. 특히 동남아시아 국가들은 다른 어떤 지역보다 이 부문에 신경을 곤두세우고 있으며, WMI와 합작투자회사를 설립한 태국의 경우 광범위하게 적용되는 환경오염방지 법안을 도입해 직면한 환경문제를 해결하고 개선하는데 노력을 아끼지 않고 있으며 이미 상당한 실효를 거둔 상태다. 인도네시아와 말레이시아도 폐기물 처리에 관한 기존 규정을 뜯어 고치는 등 오염방지 법안의 틀을 실정에 맞게 개선하고 있는 중이다.

사실상, 폐기물 처리에 대한 각국 정부의 이러한 규제 정책이 바로 WMI의 전반적인 수입원이다. 비용이 많이 들어가는 환경보호 산업에서 보다 나은 기술과 경험을 보유한 기업을 찾고 있는 현실을 보건대, 이미 필요한 두 가지를 확실하게 갖추고 있는 WMI의 앞날은 밝을 수밖에 없을 것이다.

현명한 투자방법

미국 내에서, 환경보호에 대한 요구는 앞으로도 계속 증가할 것이 틀림없다. 제조업의 기반(광업을 포함해서)이 계속 외국으로 이동해서 평균적인 생활 수준이 다소 떨어지게 되더라도 이 추세만은 변함이 없을 것으로 확신한다. 환경문제 해결을 촉구하는 로비가 거셀 뿐만 아니라 엄격한 환경법안이 모두의 생활에 도움을 준다는 확신이 대다수 미국인들 사이에 퍼져 있기 때문에 하는 말이다.

　이러한 상황을 고려해 볼 때, 양면성을 지닌 환경분야에 투자하는 가장 좋은 방법은 이중성을 띠는 것이다. 우선은 미국내 기업을 살펴보라. 혁신적인 기술을 보유하고 있는지, 비용과 효율 면에서 경쟁력을 갖추고 있는지 알아보라. 그러는 한편, 미국 밖의 기업도 살펴봐야 한다. 이는 미국의 산업이 환경우선 정책으로 불운한 영향을 받을 때 오히려 이익을 볼 수 있는 기업을 찾아보라는 뜻이다.

제 6 장

범죄예방산업에 대한 투자

오늘날, 미국 사회는 어디에 와 있는가. 미 전역의 텔레비전 방송사들은 오 제이 심슨(O. J. Simpson) 재판의 전개 상황을 스포츠 행사라도 되는 양 해설까지 덧붙이며 흥미진진하게 방송했다. 또한, 뉴스 시간에는 저마다 주택가에서 발생한 폭력 범죄를 심도있게 조명한다. 다섯 살 난 꼬마가 총을 지닌 채 유치원에 가기도 한다. 폭력이 난무하는 영화 "펄프 픽션(Pulp Fiction)"은 90년대 최고의 흥행작 가운데 하나로 손꼽힌다. 100만 명이 넘는 범죄자들이 감옥에서 '편안한' 생활을 하는데 들어가는 예산이 매년 220억 달러에 달한다. 5초에 한 대씩 자동차가 도난당하고, 20초에 한 명씩 여성이 강간당한다. 청소년 갱들이 도심 한복판에서 살인극을 일삼는다. 매일 수십억 달러 상당의 마약이 국경을 넘어 들어와 청소년의 손으로 흘러 들어간다. 이게 바로 미국 사회의 현주소다.

모든 사람이 피해자

미국 사회를 마비시키는 가장 큰 장애물이 무엇인지 알아보기 위해 시장조사를 하거나 학문 연구까지 할 필요는 없다. 상식이 있는 사람이라면 누구나 그것이 '범죄'라는 것을 알고 있기 때문이다. 오늘날의 놀라운 통계 수치가 말해 주듯이, 이제 범죄는 모든 사람의 일상에 영향을 미치고 있다. 미국의 범죄율은 지난 30년간 3배나 증가했고, 그 규모나 유형 또한 충격적이다. 도심과 교외를 가리지 않고 갱단이 증가하고 있으며, 대부분이 청소년들로 구성된 그러한 갱들에 의해 흉악한 범죄가 저질러지고 있다. 범죄 연령은 갈수록 낮아지고 강간·살인·린치·폭행을 저지른 청소년들은 반성의 기미조차 보이지 않는다. 그런데, 우리 사회는 한 발 물러나 범죄를 방치하고 있다. 이렇게 미국 사회의 도덕적 부패가 계속되듯이 범죄 또한 계속될 것이고 스스로를 보호하여 희생자가 되지 않으려는 대중의 욕구 역시 증대할 것이다.

현안으로 떠오른 신변 보호

신변 위협이 가중됨에 따라 사람들은 안전을 위해 많은 희생을 감수해야 하는 처지가 되고 있다. 다시 말해서, 범죄와 범죄에 대한 두려움 때문에 편의와 욕구에 반하는 결정을 내려야 하는 불행한 사태가 벌어지고 있는 것이다. 도시를 떠나거나 직장에서 멀리 떨어진 곳에서 통근하는 사람들이 느는 것이 그 예다. 최근들어 이렇게 장거리를 운전해 출퇴근하는 직장인들이 그 어느 때보다 늘어나는 현상은 교외에 살면 도심에 살고 있는 동료들보다 자신과 가족을 좀더 안전하게 지킬 수 있다는 생각에 기인하는 것이다. 뿐만 아니라, 자녀를 안심하고 학교에 보내기 위해 많은 부모들은 고생해서 번 돈을 사립학교 공납금으로 납부하고 있다. 교내 범죄가 늘어나고 있는 공립학교와는 달리 사립학교에서는 범죄가 거의 발생하지 않아 아이들이 안정감을 느끼며 공부할 수 있기 때문이다. 원하든 원치 않든 범죄는 이제 많은 미국인들의 현실이 된 것이다.

머니(Money)지는 매년 '미국에서 가장 살기 좋은 곳'이란 주제를 놓고 설문조사를 실시한다. 1996년에도 여느 해와 마찬가지로 독자들에게 거주지 선택시 첫번째 고려 대상이 무엇인가 질문했다. 80년대 말부터 90년대 초까지만 해도 '깨끗한 물'이라는 대답이 가장 많이 나왔다. 하지만 1996년에는 전혀 다른 결과가 나왔다. '낮은 범죄율'을 가장 중요한 조건으로 꼽은 것이다. 깨끗한 환경 역시 여전히 상위권에 속하긴 했지만 건강에 대한 염려보다 범죄에 대한 두려움이 미국인들에게 더 절실한 문제라는 사실을 보여준 것이다. 또한 이 설문에 응한 사람들은 이사를 자주 하고 집과 자신을 중무장시켜서라도 범죄로부터 스스로를 지키겠다는 의지를 표명했다. 돈과 시간을 효율적으로 쓰기 위해 세세한 부분에까지 집착하는 미국인들이 범죄 예방과 대처에 들어가는 비용만큼은 아끼지 않을 각오다.

사설 경비 관련 업체들

안전을 위해서라면 지출을 아끼지 않는 사람들이 늘어남에 따라 그러한 욕구를 충족시켜 주는 회사들이 이익을 얻을 전망이다. 여기에는 경보 장치, 잠금 장치, 옥외 감지기, 전자봉 등을 생산 판매하는 회사들도 포함된다. 그리고, 점점 더 많은 관련 업체들이 불안전한 세상에 안전을 제공하겠다며 '범죄 트렌드'라는 밴드 마차에 오를 기회를 노리고 있는 추세다. 따라서 투자자들은 이 책에 조명된 기업들에만 연연할 필요가 없다. 확실한 투자 대상을 찾는 것이 그저 시간 문제이기 때문이다. 주가는 낮으면서도 보다 바람직하고 효과적인 방법을 들고 범죄와의 전쟁에 나설 기업들이 많아질 테니까 말이다.

사설 경비 사업에 참여하고 있는 회사는 여러 종류다. 단순 범죄에 초점을 맞추고 첨단기술이 필요없는 제품을 생산하는 회사가 있고, 최첨단 경보 장치 등을 판매하는 회사가 있으며, 경비 용역을 제공하는 회사도 있다. 다이볼드사(Diebold, Inc)는 첫번째 경우로 자물쇠와 금고 생산으로 유명한 회사다. 작금의 범죄 양상과 추이를 살펴보건대 성장 가능성이 확실한 부문이라고 할 수 있다. 경호원과 수사요원을 양성, 수요자에게 파견하는 핑커톤 시큐리티 앤드 인베스티게이션(Pinkerton Security and Investigation) 역시 현재 잘 나가고 있는 범죄예방회사 중 하나다. 무장 자동차로 유명한 브링크스 홈 시큐리티(Brink's Home Security)는 최근에 가정에 설치하는 안전 경보 시스템 사업에도 진출했다.

앞서 밝혔듯이, 증가 일로에 있는 범죄로부터 시민의 안전을 보장해 주는 사업이 성장 산업이 되리라는 점은 확실하다. 하지만 문제는 투자자들이 이 분야에만 투자하고 있는 '믿을 만한' 우량주를 발견하는 게 쉽지 않다는 데 있다. 브링크스만 하더라도 경비산업 말고도 여러 분야에 손을 대고 있는 피츤사(Pittston Company)의 자회사 격이다. 결국 브링크스에 관심있는 투자자는 피츤사의 주식에 투자해야 한다는 논리다. 게다가, 이 분야만을 고집해온 전통있는 기업들은 최신 기술이 뒤쳐져 경쟁력이 떨어진다는 평을 듣고 있는 상황이다. 결

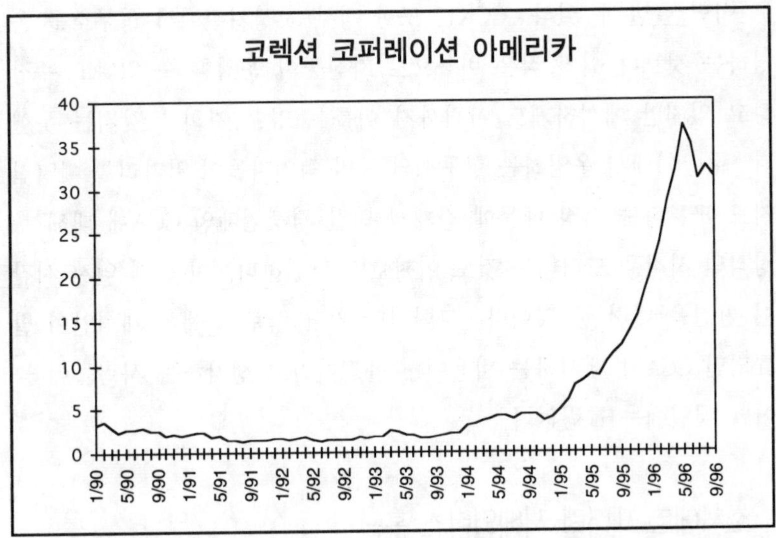

론적으로 말하자면, 이 분야의 초석을 다진 기업들이 앞으로 어떤 식으로 경쟁에 참여할지는 시간이 지나봐야 알 수 있다. 하지만 그들 모두 공격적으로 뛰어들 것이라는 사실만은 분명하다.

코렉션 코퍼레이션 아메리카

조금 다른 분야이긴 하지만 최근 주목을 받고 있는 미국 기업 하나를 소개하겠다. 교도소 건축 전문회사인 코렉션 코퍼레이션 아메리카 (Corrections Corporation of America, 이하 CCA)가 그 주인공이다. 교도소 건축의 외길을 걸어온 CCA는 현재 교도소 건설을 독점하고 있는 정부 도급자들 보다 자신들이 훨씬 효율적이고 비용도 훨씬 덜 든다고 주장한다. 이들의 주장이 틀리지는 않다. 사실 정부 도급자가 형무소 하나를 건설하는데는 보통 2년에서 5년이 걸리지만 CCA는

1년이면 끝낼 수 있다. CCA는 또한 정부 교정기관에서 형무소를 운영하는 것보다 훨씬 적은 비용으로 자신들이 운영할 수 있다고 주장하고 있지만 애석하게도 아직까지 이를 증명할 기회를 갖지는 못했다. 주(州)에서 운영하는 형무소의 관리 책임자들이 일자리를 빼앗길지도 모른다는 걱정 때문에 잠재적 민간 경쟁업체인 CCA에 대해 부정적인 시각을 드러내는 것도 어찌보면 당연하다. 이 문제 역시 시간이 판결을 내려 줄 것이다. 그렇지만 일단 정부의 예산 개혁안이 발효되면 CCA가 제시하는 비용이 효율적이라고 생각하는 사람들이 늘어날 것임에는 틀림없다.

소시에트 제너럴 서베일런스 홀딩

불행한 일이지만 범죄로 고민하지 않는 나라가 없는 것 같다. 그래선지 미국 밖에도 흥미로운 범죄 예방 기술을 보유한 관련 기업들이 많이 있다. 스위스 제네바에 본사를 둔 소시에트 제너럴 서베일런스 홀딩(Societe Generrale de Surveillance Holding)은 수출입 상품의 검사와 테스트, 검증 분야에서 세계 제일의 기업이다. 서베일런스는 사기 행위나 부정 수단에 골머리를 앓고 있는 고객(주로 각국 정부와 대기업)들의 요구에 따라 각기 상황에 맞는 개별 프로그램을 만들어 그들의 고민을 해결해 준다.

상품의 수입과 수출 과정에는 사기와 협잡이 개입해 분쟁이 발생하는 경우가 많다. 서베일런스는 각종 검증 기술을 제공해 세관원들이 부정행위를 밝혀내고 분쟁의 소지를 미연에 방지하는데 도움을 준다. 서베일런스는 또한 다소 생소한 분야에 대한 개척에도 놀라운 수완을 발휘해 왔다. 예를 들어, 종종 보험 사기로 피해를 입는 보험회

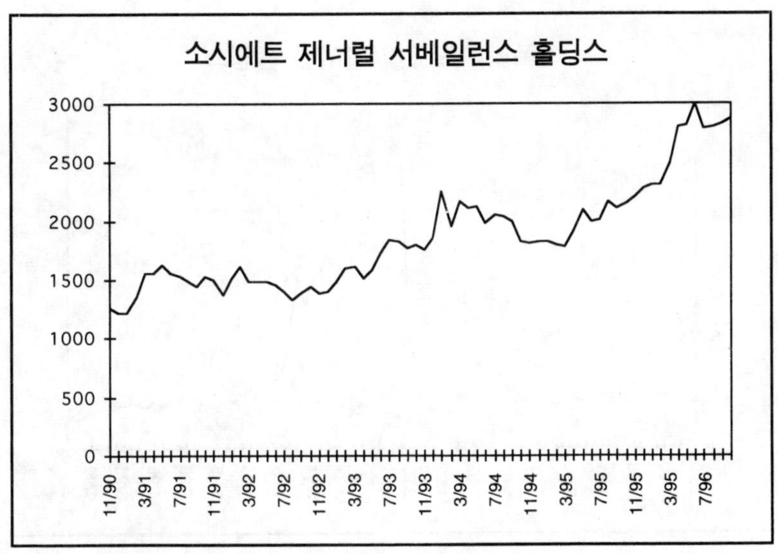

사를 위해 손실 조정 서비스를 개발, 제공해온 것이 그것이다.

산업 전반에 사기 행각이 눈에 띄게 늘고 있는 요즈음, 서베일런스의 사업은 더욱 다각적인 활기를 띠고 있다. 원자재(원유나 석유화학 제품 등), 공산재 및 소비재, 농업, 환경 및 보건 서비스 등 각종 분쟁이 일어날 수 있는 모든 부문에 전문 부서를 두고 원활한 무역 및 선적을 돕고 있는 것. 현재 세계 140국에 274개 지사, 1150개의 사무소에 291개의 시험소까지 갖춘 서베일런스는 직원이 3만 명에 이르는 거대 기업으로 성장했지만 아직도 고객 유치에는 만족을 모른다. 1996년 가을에만도 인도네시아, 이디오피아, 콩고 정부와 계약을 체결했다. 이 회사의 주식은 취리히 주식시장에서 거래된다. 미국 주식시장에 상장할 계획은 아직 없다고 한다.

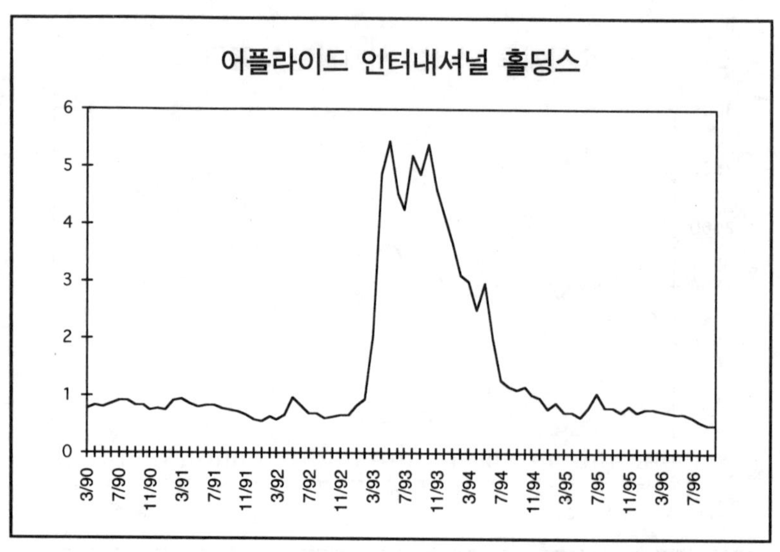

어플라이드 인터내셔널 홀딩스

홍콩으로 눈을 돌리면 투자자들의 구미를 당기는 또 하나의 기업을 만나게 된다. 바로 어플라이드 인터내셔널 홀딩스(Applied International Holdings)다. 주택과 자동차 경보장치, 전자식 개인 보안장치 생산을 주력으로 하는 어플라이드는 이들 제품 외에도 문 걸쇠(창문에도 사용 가능)같은 전통적인 안전장치도 만들어내며 가정용 직물에 대한 불연처리 기술도 제공하고 있다. 또한, 이들이 구상하고 있는 새로운 프로젝트에는 목소리로 작동되는 전화기, 자동차 따위의 움직임을 추적하는 전자추적장치 등이 있다. 어플라이드 인터내셔널의 장점은 중국에서 제품을 생산하기 때문에 가격 경쟁력이 높다는 점이다. 설립된 지 얼마 되지 않아 아직 이렇다 할 실적은 없지만 수요가 계속 늘고 있는 고기술 안전장비를 저렴한 가격으로 생산한다는 점을

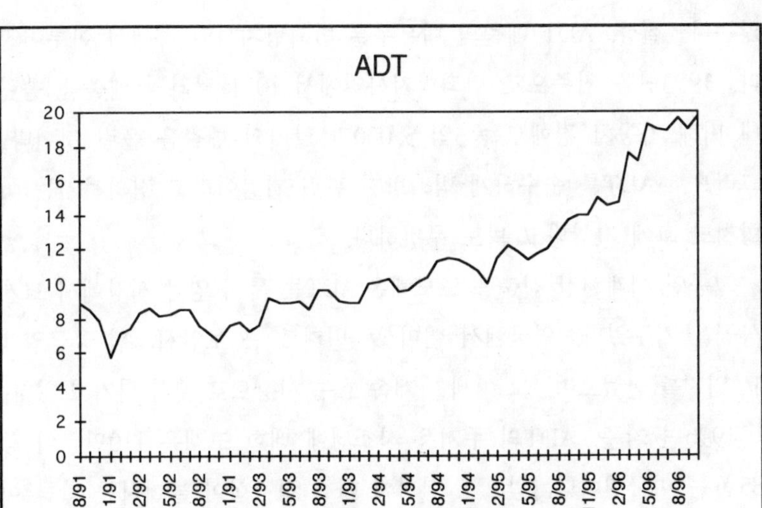

고려할 때 이 회사의 전도는 매우 유망하다 하겠다. 홍콩 주식시장에 들어가면 이 회사를 만날 수 있다.

ADT

북미에서 전자식 보안장치를 만드는 가장 큰 기업이라면 플로리다 보카 래톤에 본사를 둔 ADT를 들 수 있다. ADT 주식은 뉴욕시장에서 거래되기 때문에 앞서 언급한 두 기업보다는 미국 투자자들이 수월하게 접근할 수 있다. 이 장 처음에 소개한 단순경비장치를 생산하는 회사들과 마찬가지로, ADT도 범죄방지분야로만 진출하지는 않았다. ADT의 다른 독립 부서는 자동차 경매서비스 분야에서 북아메리카 2위를 달리고 있다. 재정적인 측면으로 보면 ADT의 이런 시스템은 오히려 회사의 안전성을 증가시킬 뿐, 범죄방지사업을 방해하지는 않는다. 실상, ADT 매출의 대부분은 범죄방지사업 쪽에서 이루어진다. 1993년을 기준으로 범죄방지사업에서 10억 달러의 매출을 올린데 비해 자동차 경매로는 3억 5,000만 달러의 매출을 올린 것이다. 그러므로 ADT를 순수하게 범죄방지 관련 기업이라고 정의하기는 어렵지만 그에 가깝다고 봐도 무방하다.

그동안 세계시장 진출을 도모해온 ADT는 특히 영국 시장에서 크게 성공을 거두었다. 영국에서 이미 두 번째로 큰 보안시스템 공급업체로 입지를 굳혔으며, 그 여세를 계속 호주 시장으로 넓혀 나가고 있다.

1996년 기준, ADT의 주거용 시스템에 대한 고객은 110만, 이 중 85%는 미국인이다. 앞으로 범죄에 대한 경각심이 늘어나는 만큼 이 숫자도 증가할 것으로 예상된다.

안전을 지켜주는 사업은 앞으로도 계속 호황을 누리고 관련 기업도 증가할 것으로 예상되므로 투자자들은 여기에 뛰어드는 새로운 기업들도 눈여겨 볼 필요가 있다.

제 7 장

생물공학에 대한 투자

　21세기의 문턱에서 세계가 직면한 가장 중요한 문제 중 하나는 인류를 먹이고 돌보는 일이다. 기하급수적으로 증가하는 세계 인구는 앞으로 채 100년도 되기 전에 현재의 갑절로 늘어날 전망이다. 게다가 이러한 인구 증가 대부분이 후진국에서 발생할 것이니 문제가 아닐 수 없다. 식량 공급에 관한 한 인류는 심각한 도전에 직면해 있는 셈이다. 결국, 방법은 하나다. 현재의 식량생산을 획기적으로 늘리는 방안을 찾아야 하는 것이다. 아울러 인류는 새로운 질병을 물리칠 저렴하고 효능있는 약을 개발해야 할 숙제도 안고 있다. 물론 이것은 제약회사의 몫이다. 다행히도, 이러한 위기를 극복하기 위한 노력이 두 기술 분야에서 꾸준히 진행되어 왔다. 바로 생물공학과 농생물공학 분야다. 이 분야의 과학자들 덕에 생명의 형질을 변화시키는 20세기 말의 가장 흥미로운 트렌드 하나가 서서히 그 모습을 갖춰가고 있는 것이다.

개선되는 농작물과 의약품

인류의 식량문제 및 약품문제를 해결해 줄 새로운 기술은 바로 동식물의 화학 구조를 재배열하는 유전자 조작 기술이다. 일반인들에게는 기괴한 생물체 아니면 프랑켄슈타인이나 떠올리게 하는 이 유전자 조작 기술, 다시 말해 유전공학은 이미 수십 년 전에 막이 올랐지만 실생활에 적용되기 시작한 것은 최근의 일이다. 하지만 사실, 기본적인 유전공학기술은 이미 우리의 일상생활에 이용되고 있었다. 이를테면, 효모를 발효시켜 빵, 요구르트, 버터, 와인, 치즈, 피클 등을 만드는 과정 또한 살아 있는 유기체(효모)를 다른 음식에 결합시킨다는 점에서 유전공학과 그 맥을 같이 하는 것이다.

과일과 야채를 포함해 모든 생물에 존재하는 유전자를 조작해 식량을 늘리는 발상은 사실 새로운 것이 아니다. 농부들은 이미 수천 년 전부터 품종을 개량하고 생산을 늘리기 위해, 어설프나마 양질의 식물 종자를 찾아 교배시키는 등 유전자를 이용해 왔다. 여담 한마디 하자면, 자연이야말로 가장 훌륭한 유전공학자가 아닌가 한다. 동 식물들이 살아 남기 위해 새로운 환경에 적응하고 변화하는 모습을 보면 말이다.

농생물공학을 통한 수확량 증대

농생물공학이란 한마디로 농작물의 형질을 개선시켜 부패병이나 질병 등, 여러 환경 장애요소에 견딜 수 있도록 도와주는 기술이며, 그 궁극적 목표는 생산량을 늘리는데 있다. 유전공학은 현재 최첨단

기술을 이용해 미세한 유전자 한 개를 식물에 주입해 작물 전체의 형질 변화를 유도할 수 있는 단계에 이르러 있다. 이 경우, 주입된 유전자는 나쁜 형질(쉽게 썩는 것)을 없애기 위한 것일 수도 있고 좋은 형질(좋은 향기)을 부여하기 위한 것일 수도 있다. 오늘날의 과학자들은 식물의 화학 구조를 바꿔 우량 품종을 만들어 내는 데까지 성공했다. 궁극적으로 그들은 그러한 기술을 더욱 발전시키고 보급시켜 미래의 기아 문제를 해결하길 바라고 있다.

가격과 품질 두 가지 측면에서 유전자 연구와 유전공학으로부터 궁정적인 영향을 받고 있는 대표적인 부문은 바로 토마토 산업이다. 미국은 1인당 토마토 소비량이 다른 어떤 작물보다 높은 반면, 토마토에 대한 소비자들의 불평이 그칠 줄 모르는 나라다. 토마토의 맛 때문이다. 1993년 미국 농무부(Department of Agriculture) 조사에 의하면, 맛을 기준으로 한 31개 농작물 평가에서 소비자들은 토마토를 꼴찌에 올려 놓았다. 연간 40억 달러나 되는 시장을 형성하고 있음에도 이처럼 소비자들은 한결같이 토마토는 맛이 없다고 생각한다. 꾸준히 토마토를 구입하는 소비자들은 여름에 생산되는 즙이 많고 맛좋은 토마토와 다른 계절의 밋밋하고 별 향이 없는 토마토를 비교하며 연중 많은 시간을 입맛을 다시며 보낸다. 과학자들이 8월의 토마토를 연중 생산할 수 있는 기술을 개발한다면 토마토는 진열대에 올려 놓을 새도 없이 팔려 나가게 될 것이다.

캘진

맛있고 품질 좋은 토마토를 만들어 내기 위해 노력 중인 캘진(Calgene)은 캘리포니아 소재 기업으로 그 규모는 작지만 농생물공

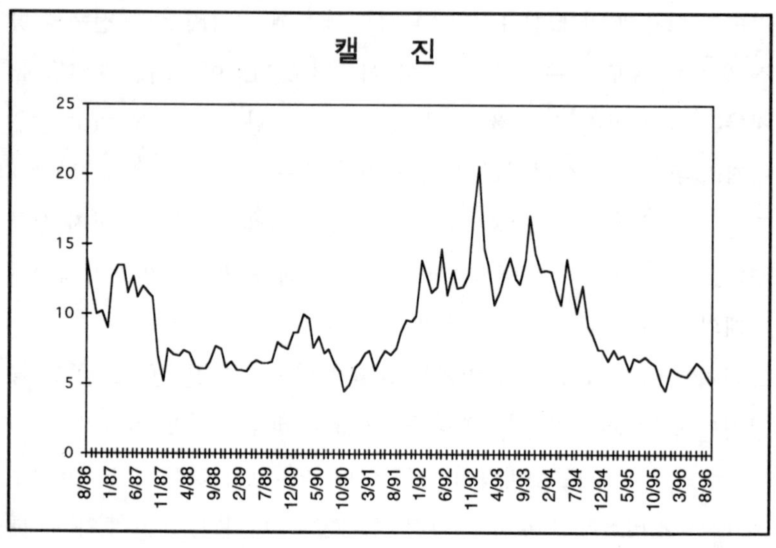

학 분야의 선두주자 중 하나다. 캘진이 전세계적인 주목을 받기 시작한 것은 1994년, 유전공학으로 탄생한 캘진의 토마토 '플라브 사브(Flavr Savr)'가 미국 식품의약국(FDA)의 승인을 받으면서부터다. 이 토마토는 밭에서 수확한 보통 토마토에 비해 두 배나 긴 시간을 진열대에 올려 놓아도 맛이 변하지 않았고 따로 냉장저장할 필요도 없었다. 사상 초유로 유전공학 토마토를 시판하게 된 과정을 조금 더 살펴보자. 캠벨 수프사(Campbell Soup Company)가 제공한 연구 자금과 자체 개발한 안티센스(Antisense, RNA 또는 상보적 DNA에서 유래하는 유전인자) 특허기술을 통해 캘진의 과학자들은 토마토를 무르게 하여 맛을 달아나게 하는 유전자를 분리 추출하는데 성공했다. 그런 다음 그들은 그 유전자의 방향을 바꿔 다시 집어넣었고, 그러자 토마토의 물러짐이 확연히 감소된 것이다.

1994년 5월 FDA의 승인을 받은 이후 플라브 사브는 3000개가 넘는 도매점에서 팔리고 있다. 또 다른 히트작의 '복제'를 꿈꾸며 캘진은 몇 가지 상품을 더 개발했다. 잎병에 강한 목화, 저지방 카놀라 오일 등이 그것으로 이 역시 성공과 함께 캘진의 매출액 증가에 기여할 것으로 예상된다. 플라브 사브의 성공과 함께 캘진은 예산이 많이 들어가는 연구인력은 축소하고 수익이 남는 토마토 생산에 더욱 주력하는 구조조정을 단행했고, 그 이후로 재정이 한결 탄탄해졌다.

캘진은 또한 1996년 12월에 식물 색소체의 고단위 외래 유전자 발현에 관한 기술로 세 번째 특허를 받았다. 이 색소체 변형기술은 의약품 원자재 생산을 비롯해 '분해가능한' 플라스틱 생산, 해충과 잎병에 강한 식물 개발, 식물의 녹말과 종자유(種子油) 조절 등에 응용될 수 있다.

그럼에도 불구하고 캘진 주식은 여전히 지난 12개월 동안의 저가를 맴돌고 있어(1996년 7월 24일 현재 4달러 25센트) 더욱 매력적이다. 현재 캘진 주식을 소유하고 있는 사람들은 주당 15달러 하던 1994년 5월 수준으로 주가가 회복되기를 바라고 있으며 곧 그렇게 되리라는 예상이 지배적이다.

노보 노디스크

미국의 캘진과 DNAP가 짧은 역사의 소규모 신생기업이라면 유럽의 노보 노디스크(Novo Nordisk)는 전통과 관록을 보유한 우량기업이라 할 수 있다. 그러면서도 노보는 캘진이나 DNAP와 마찬가지로 농생물공학 분야의 최신 기술을 보유하고 있다. 현재, 노보의 주가는 앞의 두 기업보다 높게 형성되어 있지만 리스크는 상대적으로 낮아 사나운 바다에 비유될 만큼 혼란스러운 이 분야에서는 꽤 안정적인 투자감이라 할만 하다.

노보라는 이름이 낯설지 않은 사람이 있다면 그것은 아마 인슐린(췌장 호르몬, 당뇨병의 특효약) 때문일 것이다. 인슐린이 처음 발견되고 당뇨병 치료에 효과가 있다고 알려진 직후인 1925년부터 노보는 인슐린을 생산해 왔으며 현재는 세계 시장의 약 3분의 1을 점유하고 있다. 노보 인더스트리는 두 덴마크 의사 페데르손 형제의 지하 실험실에서 출발했다. 토론토에서 인슐린을 처음으로 발견해 노벨상을 탄 어느 덴마크 과학자의 충고를 바탕으로 형제가 함께 '노보 인슐린'을 생산하기 시작한 것이다.

처음부터 노보사는 연구개발을 가장 중요시했다. 동식물 실험을 통한 이들의 연구 성과는 전세계 수백만 명의 생명을 구하고 연장시키는 결과로 나타났다. 만약 여러분이 제2차 세계대전 때 부상을 입었거나 1938년에서 1950년 사이에 외상을 입었다면 '장선(腸線, cat-gut)'이라 불리는 실로 상처를 봉합했을 가능성이 높다. 이 역시 노보의 작품으로 양의 내장을 멸균소독한 뒤 외과 시술에 이용한 것이다. 제2차 세계대전 중에 노보는 동물의 내분비선에서 효소를 추출해 수많은 제품을 만들기도 했다. 현재도 노보는 효소를 이용한 의약품 생산에서 세계 제일로 군림하며 전세계 시장의 절반을 석권하고 있다.

노보사에 가장 큰 성공을 가져다 준 것은 뭐니뭐니해도 페니실린이다. 페니실린이 박테리아 형태로 존재하는 것이 과학계에 알려지면서 노보의 연구진은 이 기적의 약을 추출하기 위해 손대지 않은 것이 없을 정도였다. 심지어 스키 부츠나 젤리 항아리도 연구진의 실험 대상이었다. 페니실린 발견의 성공과 더불어 노보라는 이름은 페니실린을 상업적으로 생산한 첫번째 회사로 남게 되었다. 세계 의약품 시장의

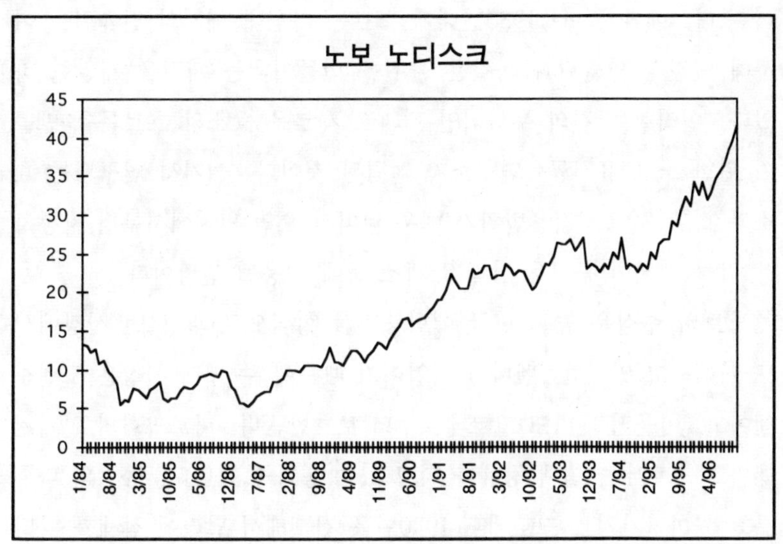

주요 생산업체로서 노보는 여전히 확장을 거듭하고 있으며 요즘은 특히 소위 차세대 항생제로 불리는 제품 생산에 몰두하고 있다. 이 항생제는 페니실린에 알레르기 반응을 일으키는 환자들을 위해 개발 중이며 또한 페니실린에 저항력이 생긴 신종 박테리아 퇴치에도 이용될 전망이다. 노보는 또한 간에서 혈액의 응고를 방지하는 헤파린에 대한 제조 특허도 보유하고 있다.

노보의 약품들 모두가 동물의 기관을 이용해 만들어지는 것은 아니다. 사실, 산업용 효소와 같은 최근의 성공작들은 식물성 미생물을 발효시키는 방법을 이용하고 있다. 현재, 이 효소는 세척제에서 직물에 이르는 많은 제품에 사용되고 있다. 노보사의 직물로 짜여진 옷을 노보사의 세척제로 빨래하는 셈이다.

다시 인슐린 애기를 해 보자. 노보의 변함없는 개발 대상이자 주력상품인 인슐린은 그간 품질향상이 거듭되며 세계 의학계의 주목을 끌어 왔다. 예를 들어, 1980년대에 노보는 마침내 돼지의 인슐린을 이용해 인간의 인슐린과 똑같은 물질을 만들어내는 과정을 개발한 바 있다. 이러한 발견의 부차적인 결과로 새로운 효소와 호르몬을 만들기 위한 노보 유전공학연구소가 설립된 것이다. 여기서 연구되는 효소와 호르몬은 그 적용범위가 매우 넓어서 오염 방지에서부터 자동차용 알콜 엔진이나 식용 단백질 제조 등에 이용될 전망이다.

노보의 주식은 뉴욕(미국 예탁증권의 형식으로)과 런던 시장에서도 거래되고 있지만, 덴마크 기업이기 때문에 주 거래 시장은 코펜하겐이고, 아울러 덴마크 크로네로부터 보호받는다. 마르크화와 연계된 덴마크 크로네는 현재 강세를 띠고 있는 통화중 하나다. 유럽의 다른 통화와 마찬가지로 크로네도 1970년을 전후해서 달러에 강세를 나타내기 시작했다. 그 결과, 노보의 주가는 달러로 환산할 경우 지난 10년간 5배나 증가했다. 따라서 이 회사주식을 소유하면 달러의 평가절하에 대한 좋은 대비책도 될 수 있다. 물론 강세를 보이는 다른 통화의 주식을 구입해도 마찬가지겠지만. 어쨌든, 매력있는 농생물공학 분야로 포트폴리오를 다양화하려는 투자자는 노보를 빼놓으면 후회할 것이다. 캘진이나 DNAP처럼 급격한 주가 상승은 기대할 수 없을지 몰라도 노보는 지난 70년간 풍요로운 내일을 위한 기술개발을 선도해왔으며 아직도 그 추진력이 변함없어 보이는 기업이다.

마이크로사이드 제약회사

다음은 1992년에 설립된 마이크로사이드 제약회사(Microcide Pharmaceuticals)에 대해 알아보자. 생물공학을 이용해 약을 제조하는 이 기업은 새로운 항생제 개발과 그 상업화에 노력하고 있다. 특히 심한 박테리아 감염을 치료하는 항생제 개발에 주력하는 마이크로사이드는 박테리아의 약물 내성 문제를 해결하기 위해 자체적으로 두 가지 프로그램을 추진하고 있다. "타깃 앤티바이오틱(Targeted Antibiotics)"과 "타깃 게노믹스(Targeted Genomics)"가 그것으로, 전자는 항생제 개발이 목적이고, 후자는 박테리아 유전학 연구를 통해 박테리아성 질병에 대한 새로운 차원의 항생제를 찾아내고 새로운 치료법을 개발하는 것이 목표다.

박테리아는 항생제에 저항하기 위해 자신의 유전자나 다른 박테리아 유전자를 이용해 변이하는 특성이 있다. 따라서 박테리아가 항생제에 내성을 갖게 되는 것은 언제나 시간 문제다. 예를 들어, 1940년대에 페니실린이 발견되자 그것에 내성을 보이는 박테리아도 바로 나타난 바 있다. 또 최근에는 의사들의 항생제 과다 처방으로 항생제에 저항력을 나타내는 박테리아가 증가하는 추세에 있다. 특히 독성 포도상구균의 경우 항생제 치료가 불가능한 시대가 올 것이라는 불길한 전망마저 나오고 있다.

항생제는 전세계 제약 부문에서 세 번째로 규모가 큰 시장으로 1995년에는 총 매출이 229억 달러에 달했다. 더욱이 항생제에 견디는 박테리아가 늘어나고 의학계에 위기감이 조성되면서 항생제 시장은 더 한층 중요해지고 있다. 미국만 보더라도 박테리아로 인해 환자들이 병원에 머무르는 추가 시간이 연간 총 800만 일에 달하며 그에 따른 추가의료비용도 40억 달러나 된다. 마이크로사이드가 연구 대상으로 삼고 있는 문제성 박테리아들도 매년 병원에서 발생하는 약 200만 건의 박테리아 감염의 44%에 대해서만 책임이 있을 뿐이다.

그동안 제약업계는 약물치료를 너무 과신하고 내성을 가진 박테리아의 분자 생물학적 측면을 이해하는데 소홀히 해왔다. 결국, 이런

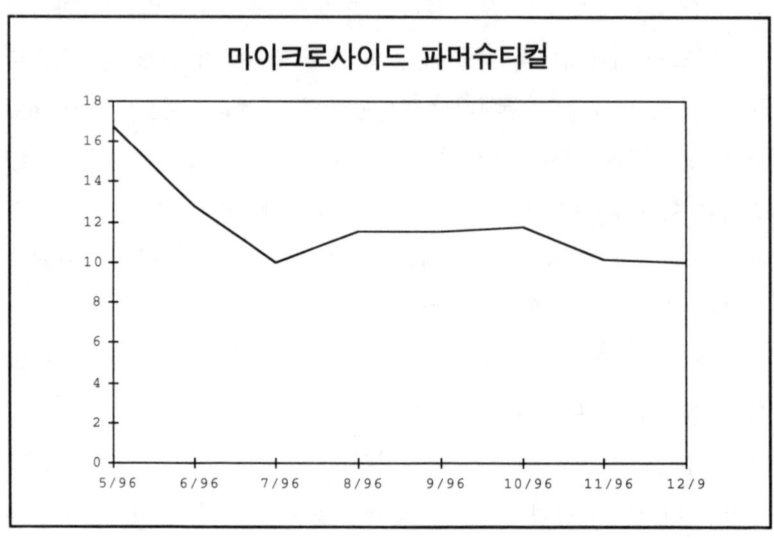

문제점을 인식한 마이크로사이드 설립자가 5,000만 달러의 자본과 세 법인 파트너, 80명의 인력으로 2001년까지 새로운 항생제를 개발하기 위한 회사를 설립한 것이다.

필수 유전자 프로그램(Essential Genes Program)을 통해 마이크로사이드는 이미 80여 개의 필수 유전자를 밝혀내 새로운 항생제 개발을 위한 실험에 이용하고 있다. 마이크로사이드는 이 프로그램 외에도 새로운 분자 유전학 기술을 이용한 약품개발 프로그램도 운용하고 있다.

뿐만 아니라 마이크로사이드는 주요 제약회사들과 공동 연구에 합의하여 각종 약품개발 프로젝트를 진행중이다. 오쏘(Ortho Pharmaceuticals), 존슨 앤 존슨(Johnson & Johnson)과 기술 협력을 통해 새로운 종류의 항생제와 박테리아 반응 억제제를 개발하고 있는 중이며, 다이이치(Daiichi Pharmaceuticals)와는 또다른 종류의 박테리아 반응 억제재 개발에 참여하고 있다. 이외에도 마이크로사이드는 화이저(Pfizer)에 필수 유전자 및 다중 검사 시스템을 실험 도구로 제공해 새로운 항생제 개발을 돕고 있다.

1996년에 상장된 마이크로사이드는 현재 제품개발 단계에 있는 관계로 21세기에 가서나 흑자를 낼 것으로 예상된다. 오늘이라도 투자를 한다면 생물공학을 이용한 제약 트렌드에서 기회를 잡을 초석을 다지는 셈이 될 것이다.

모두에게 이로운 산업

생물공학이나 농생물공학 분야가 눈길을 끄는 이유가 있다. 그로부터 모든 사람이 이익을 얻을 수 있기 때문이다. 현재 진행중인 기술 개발로 농업에서는 혁명이 일어날 것이다. 생산량 증가, 우량 품종 개발, 곡물의 장기 저장 등은 이미 현실로 다가왔으며 이에 따라 농작물의 가격은 점차 합리성을 찾아가고 있다. 현재는 비록 걸음마 단계에 있지만 농생물공학의 궁극적 목적은 질병과 해충에 강하고 (환경에 해를 끼치는) 농약이 필요없는 농작물을 대량생산하는 것이다. 이와 같은 견지에서, 유기 의약품 및 직물을 지속적으로 개발해내는 노보같은 기업도 환경과 삶의 질을 개선하는데 기여하는 바가 크다 하겠다. 노보 외에도 ADM, 파이오니아 하이브리드(Pioneer Hybrid), 듀퐁(DuPont), 다우 케미컬(Dow Chemical) 등이 생물공학 연구와 개발에 참여하고 있는 회사들이다.

생물공학과 농생물공학 산업은 참으로 매력적이다. 신기술 개발은 앞으로도 계속 이어질 것이며 아울러 새로운 기업들도 급속히 늘어날 것이다.

제 8 장

호황을 누리는 통신산업에 대한 투자

먼저, 유명한 작가이자 여행가인 폴 써록스(Paul Theroux)의 여행담 두 가지를 소개하고자 한다. 이 장의 전반적인 내용을 이해하는데 도움이 될 것이다. 두 이야기 모두 써록스가 중국의 가장 부산스러운 지방을 여행하고 나서 1993년 하퍼 매거진(Harper's Magazine)에 기고한 글에서 뽑았다.

금 도금 보석공장을 방문했을 때의 일이다. 버섯 모양의 금 장식을 중국 근로자가 열심히 닦고 문지르는 모습을 지켜보고 있을 때 웨일즈 출신의 공장장이 다가와 말했다. "잘해야 한 시간에 다섯 개 정도 광낼 수 있죠. 그래도 유럽에서는 택도 없는 일입니다." 유럽에서 임금이 가장 낮은 나라에 속하는 아일랜드 노동자도 그 일을 맡기려면 1시간에 25달러를 줘야 하는데 중국에서는 시간 당 50센트만 주면 된다는 설명이었다.

이 얘기를 듣고 나서 여러분은 무엇을 느끼는가? 중국인들은 유럽인 임금의 2%만 주면 일을 마다 않는다. 다시 말해서 중국 기술자를 쓰면 1달러 당 생산성이 50배나 늘어난다. 여러분이 만약 제품을 만든다면 어디로 가겠는가? 써록스의 이 짧은 얘기는 세계 제조업 생산기지가 동양으로 이동하고 있는 이유를 극명하게 보여 주고 있다.

그의 또 다른 이야기는 포르투갈령 마카오의 국경 도시 주하이[珠海]가 배경이다. 써록스의 얘기를 들어 보자.

"몇 년 전만 하더라도 그 곳은 쥐죽은 듯이 조용한 도시였죠. 하지만 지금은 완전히 틀려요. 모든 식당과 술집에서 중국인들이 핸드폰으로 전화를 하더군요. 어떤 때는 내 주변의 6개 테이블에서 사람들이 전화에 대고 얘기하는 경우도 있었어요. 5년 전만 해도 거기에 있는 특급호텔에서도 외부에 전화하기가 쉽지 않았는데 말이에요. 통신산업의 열기만 보고도 중국 경제의 기적을 느낄 수 있었어요. 심지어 호텔 주변을 서성거리는 직업여성들도 삐삐를 차고 있더라구요."

그는 주하이와 같은 국경도시인 센젠[深圳]에서도 통신산업의 열기를 느낄 수 있었다고 한다. 하지만 이 두 도시는 중국전체 인구와 땅덩어리의 1%도 되지 않는다. 중국 본토의 오지에 있는 사람들까지 전화기를 들고 다니는 모습을 한 번 상상해 보자.

중국은 자국민들이 쓰고 있는 전화기 대부분을 자체 생산하고 있으며 상당량은 수출도 하고 있다. 금 도금 공장 노동자들과 마찬가지로 전화기 공장 노동자들도 주 7일(가끔씩 쉬기는 하지만)을 아침부터 밤늦게까지 일하면서 대만의 전화회사에 제품을 납품한다. 한 달에 35달러 정도의 급료를 받고 말이다.

전화기만 있으면 통신산업이 해결되는 것이 아니다. 케이블, 전화선, 전화 교환국 등이 갖춰져야 비로소 통신산업이 제 모습을 갖추게 된다. 중국의 경우 노동력은 자체적으로 댈 수 있을지 몰라도 자본과 전문인력은 이 지역의 시장성을 보고 투자할 수 있는 통찰력 있는 외국기업에서 제공해야 한다. 그러한 투자로부터 발생하는 이익은 궁극적으로 그들의 손으로 들어갈 것이다.

세계 대부분의 나라에서 호황을 누리고 있는 통신산업

중국 곳곳에서 일고 있는 통신산업 붐이 세계의 다른 나라라고 예외일 수는 없다. 물론 선진국은 제외하고 말이다. 선진국에는 이미 필요한 전화가 다 설치된 상태다. 미국은 100명당 55회선, 스위스는 65회선, 스웨덴의 경우는 70회선이나 보급되어 있는 상태다. 하지만 기타 많은 나라들은 아직도 의외로 전화 보급률이 낮다. 인구 6,300만의 필리핀은 100명당 1.3회선이고, 세계 인구의 30% 이상이 살고 있는 중국과 인도의 전화 보급률은 100명당 1회선도 채 못되는 상태다.

이렇게 볼 때 통신산업의 성장 가능성은 무한하다고 할 수 있다. 특히 역동적인 경제를 발판으로 매년 두 자리수의 경제 성장률을 보이는 중국에서는 폭발적으로 증가할 것임에 틀림없다. 중국정부는 2000년까지 전화보급률을 지금의 4배로 늘릴 계획이다. 이 계획이 성사되면 현재 2,000만 회선이 8,000만 회선으로 늘어나게 된다. 이 증가분이 실감나지 않는가? 6,000만 회선이면 현재 영국 전화 보급 회선의 세 배나 되는 수치다. 하지만 더욱 놀라운 일은 이 계획이 충실히 진행된다 해도 21세기초 중국의 전화 보급률은 100명당 4회선 정도에 불과하다. 물론 인구 증가는 계산에 넣지도 않았다. 100명당 44회선이 보급된 현재의 영국과 2000년도의 중국을 비교해도 영국이

10배는 앞서는 셈이다.

하지만 홍콩은 상황이 다르다. 같은 중국이라도 홍콩의 경우에는 100명당 49회선이 보급되어 있다. 앞서 예로 든 영국을 능가하는 수준이다. 만약 중국이 자국의 일부인 홍콩과 같은 수준으로 전화 회선의 비율을 늘린다면 그 수요는 무려 6억 회선에 달하는 엄청난 규모가 될 것이다.

통신시대에 발맞추기 위해 애쓰는 중국은 현재 경제 호황을 누리고 있는 지역(대체로 홍콩 인접 지역)의 통신 발전을 위해 홍콩 텔레콤(Hong Kong Telecom)의 도움을 받고 있다. 중국 정부는 간접적이나마 홍콩 텔레콤 지분 17.5%를 소유하고 있다. 그렇지만 중국과의 줄이 없더라도 홍콩 텔레콤은 이미 타기업의 부러움을 살 만한 위치에 서 있다. 1995년까지 홍콩의 전화 서비스를 독점해왔을 뿐만 아니라 2006년 9월 30일까지 홍콩과 다른 나라 사이의 국제전화 서비스 운영권을 가지고 있기 때문이다.

케이블 앤드 와이어리스

홍콩 텔레콤의 지분 일부를 소유하고 금세기 가장 활발한 활동을 벌인 기업이 있다. 다름아닌 케이블 & 와이어리스(Cable & Wireless 이하 CWP)로 1872년 설립 이래 통신 사업에만 전념하며 대영제국이 손을 뻗치는 곳이면 어디나 따라나선 기업이다. 현재 CWP는 전세계 50개국에 통신서비스를 제공하고 있으며 이들 대부분 국가에서 손꼽히는 자리를 차지하고 있다. 홍콩 텔레콤을 통한 사업 확장을 제외하더라도 CWP는 이미 중국 진출을 위한 교두보를 마련해 놓은 상태다. 이는 CWP가 하야잉 난하이 오일 텔레커뮤니케이션 서비스

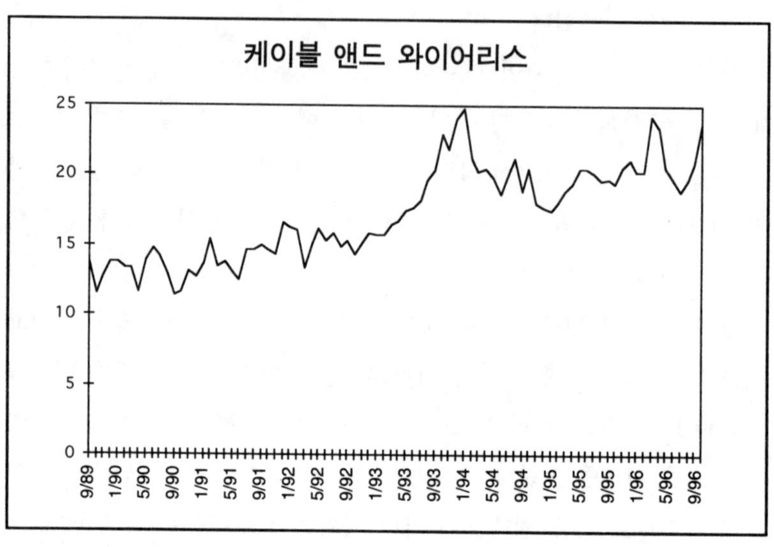

(Hyaying Nanhai Oil Telecommunication Service)의 지분 49%를 소유하고 있기 때문에 하는 말이다.

중국외에 필리핀과 말레이시아도 통신산업 확장에 많은 노력을 기울이고 있어 CWP의 역할은 더욱 확대될 것으로 보인다. 이 뿐만 아니다. CWP는 대만에서 정부가 독점하고 있는 이동전화 사업권을 양도받을 가장 강력한 후보이고, 일본에서는 두 번째로 큰 국제전화회사 주식의 17%를 보유하고 있다.

CWP는 또한 아시아 밖에서도 중요한 통신 사업자로 활동하고 있다. 자국 시장인 영국에서는 가장 큰 핸드폰 공급업체이며 미국의 장거리 전화 서비스 시장에서는 AT & T, MCI, 스프린트(Sprint) 다음으로 시장 점유율이 높은 사업자다.

라틴 아메리카도 아시아처럼 세계 경제의 새로운 중심지로 부상하고 있다. 특히 브라질은 라틴 아메리카의 중국이라 할 정도로 국토가

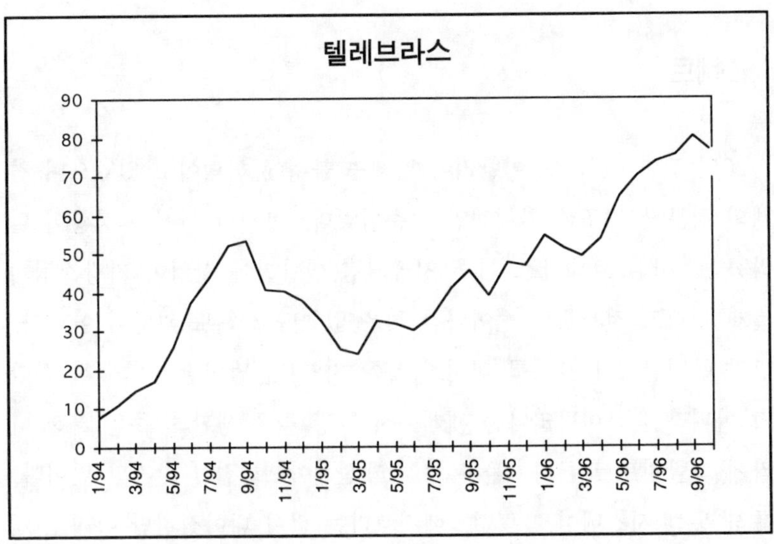

넓고 인구가 많으며 성장 잠재력이 큰 국가다. 텔레브라스는 바로 이 브라질에서 모든 전화 통화 서비스를 독점하고 있는 회사다.

브라질은 1억 6,000만의 인구 중 단지 6.7%만이 전화를 소유하고 있는 나라다. 이 비율은 이웃한 아르헨티나와 칠레의 절반에도 못 미치는 수준이며 멕시코보다도 낮은 수치다. 그러나 브라질은 남미의 다른 모든 나라들을 합친 것보다 규모가 큰 경제를 운용하고 있으며 생산만으로 따진다면 세계 10대 경제국에 속한다.

텔레브라스 주식의 57%는 현재 브라질 정부가 소유하고 있기 때문에 일반 투자자가 접근할 수 있는 부분은 나머지 43% 뿐이다. 텔레브라스의 운영이 곧 전면 민영화된다는 소문도 무성하지만 아직은 알 수 없는 일이다. 하지만 텔레브라스는 세계에서 가장 주가가 싼 통신회사중 하나라는 사실은 분명하다. 더욱이 현재의 수입에 근거해서 보면 훨씬 더 싼 편이다.

스테트

20년 전만하더라도 이탈리아 경제는 불황에 허덕이고 있었으며 경제의 하부구조 또한 원시적인 수준이었다. 하지만 이제는 상황이 달라졌다. 사실 르네상스 이후 지금처럼 이탈리아 산업이 자랑스럽게 날개를 펴고 전세계로 뻗어나간 적은 없었다고 해도 과언이 아니다. 만약 북이탈리아(로마를 위시한 북쪽 지역)가 남이탈리아와 한 나라가 아니라면 북이탈리아는 세계에서 가장 높은 생활 수준을 가진 나라에 속할지도 모른다. 물론 아직 개선해야 할 점이 많지만 말이다. 특히 통신 시스템이 그렇다. 예전보다는 많이 나아졌지만 아직도 개선, 즉 성장의 여지가 곳곳에 남아 있다. 새로운 부의 축적으로 북부에서는 전화·팩스·핸드폰에 대한 수요가 거세게 일고 있지만, 반면에 시대에 뒤떨어져 대대적인 수술이 필요한 통신회사가 하나 있을 뿐인 남부의 통신 시스템은 신흥시장과 비슷한 수준이다.

스태트(Societa Finanziaria Telefonica SpA 이하 STET)는 종전에 모든 이탈리아 국영 산업에 대한 지주회사였던 IRI의 통신산업 부문을 맡아 재정적인 지주회사 역할을 하는 기업이다. STET의 운영은 83개의 자회사와 16개의 계열사를 통해 이루어진다. 이 중 텔레콤 이탈리아(Telecom Italia)가 가장 큰 자회사로 1994년 7월 기존의 SIP, 이탈케이블(Italcable), 텔레스파지오(Telespazio), IRITEL, SIRM 등을 통합해서 세운 회사다.

지금까지 이탈리아의 통신산업은 지주회사와 경영회사의 복잡한 구조를 통해 국가소유로 운영되고 있다. 국영 산업 지주회사인 IRI가 통신 부문 지주회사인 STET의 주식을 52% 소유하고 있으며, STET

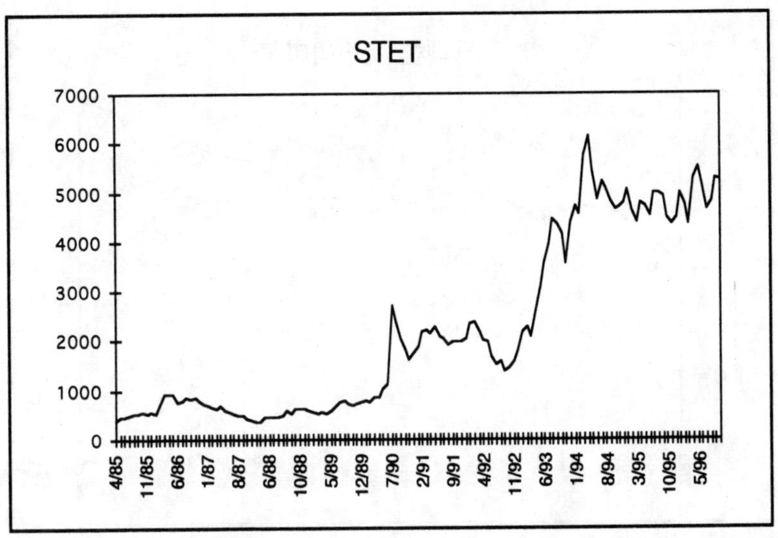

역시 네트워크 서비스나 전화기 제조 등 여타 관련 기업들의 대주주
역할을 맡고 있는 것이다. 여기에 통신산업에 대한 허가와 규제는 정
부 부처인 우편통신부가 맡고 있다. 한편, 정치 경제적 환경변화로
통신산업부문에도 변화와 함께 개혁이 진행되어 그동안 여러 기업이
담당해 왔던 네트워크 서비스를 단일 기업에 집중하게 되었고, 그렇
게 해서 탄생한 기업이 바로 텔레콤 이탈리아다. 앞으로 텔레콤 이탈
리아가 제 궤도에 오르면 IRI는 STET에 대한 주식 지분을 점차 축소
해 종국에는 통신산업부문에서 손을 뗄 계획이다. 결국 통신산업의
민영화가 이루어지는 것이다. 그렇게 되면 STET가 통신산업 최대의
지주회사로 떠올라 이탈리아 통신산업의 모든 부문, 즉 네트워크 운
영과 전화기 제조부터 무선통신 및 위성통신 서비스에다 전화번호부
발행까지 맡게 될 것이다.

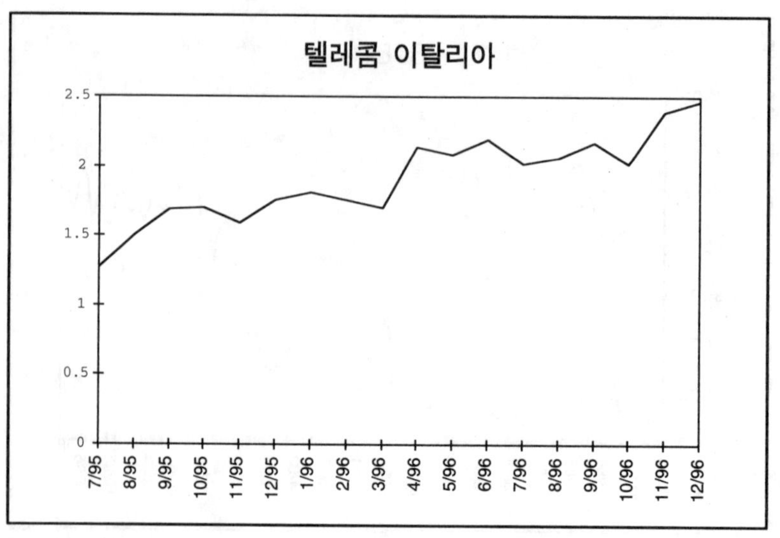

텔레콤 이탈리아

STET가 61.5%의 지분을 소유하고 있는 텔레콤 이탈리아(Telecom Italia)는 앞서 밝힌대로 이탈리아 네트워크 운영사들을 하나로 통합해 만든 기업이다. 그 덕분에 텔레콤 이탈리아는 탄생과 동시에 세계에서 여섯 번째로 큰 통신회사로 부상했다. 텔레콤 이탈리아를 구성한 5개 업체의 면면을 잠시 살펴보자. 이탈리아 국내통신과 이동전화 서비스를 맡았던 SIP, 유럽외 국가와 일부 아프리카 국가의 국제통신을 담당했던 이타케이블(Itacable), 이탈리아로 송수신되는 위성통신 서비스와 위성을 이용한 폐쇄 사용자 시스템을 운영했던 텔레스파지오, 해양 무선통신을 담당했던 SIRM, 이탈리아, 유럽, 북아메리카를 연결하는 국제통신을 독점했던 IRITEL 등이다.

이렇듯 분산된 서비스가 텔레콤 이탈리아 하나로 통합되면서 몇 가지 이점이 나타났다. 고객 본위 서비스에 의한 매출 증가, 중복 인력 감소를 통한 가격 경쟁력 강화, 효율적인 자본투자 등이 그것이다. 이외에도 구조조정을 통한 경영 합리화가 곧 실효를 발휘하여 전화보급률과 사용량에 있어서 유럽 평균을 넘어 설 전망이다.

이탈리아는 또한 그동안 정부 명령을 통해 일방적으로 책정하던 통신요금을 연간 소비자 물가지수의 인상폭 보다 일정 수준 낮게 결정하는 조치를 취할 것으로 보인다. 이러한 조치가 발효되면, 구조조정의 혜택이 매출액 증대와 일정한 이익 수준 형성에 기여하는 계기가 마련될 것이고, 나아가 경영측면에서도 보다 효율적인 예측과 계획이 가능해질 것이다.

STET는 여전히 텔레콤 이탈리아의 경영에 중요한 역할을 담당할 것이다. 특히 예산 부문과 자금 집행 부문에서는 더욱 그렇다. STET는 또한 STET 인터내셔널(STET International)을 통해 해외사업 확장 정책에도 계속해서 결정권을 행사할 것이다(한 가지 예로, STET는 텔레콤 아르헨티나(Telecom Argentina)의 지분 약 20％를 소유하고 있다). STET의 통신장비 제조부문 또한 독일의 대기업 지멘스 AG(Siemens AG)의 이탈리아 제조업자인 이탈텔(Italtel)과 전략적으로 합병함으로써 더욱 공고해질 전망이다.

피티 인도샛

피. 티. 인도네시안 새틀라이트사(P. T. Indonesian Satellite Corporation), 즉 인도샛은 인도네시아와 전세계 약 215개국을 연결하는 인도네시아 최대의 국제전화 사업자다. 인도샛의 주요 사업은 국제교환전화 서비스를 제공하는 것으로, 1996년 3사분기 기준 인도네시아 국제전화 총통화량의 91.7%를 점유하고 있다. 이 외에도 인도샛은 GSM 이동전화 사업자인 텔레콤셀(Telkomcel)의 지분 35%를 소유하고 있다. 인도샛은 또한 텔렉스·전보·컴퓨터 통신·팩시밀리 서비스에도 참여하고 있으며, 인공위성이나 해저 케이블, 초단파 통신에 필요한 기지국 4개를 설치 운용하고 있다.

인도샛은 1967년에 ITT(미국 국제 전신 전화 공사)의 자회사 형태로 출발했다. 그러다가 1980년에 인도네시아 정부로 그 소유권이 완전히 넘어갔으며, 그후 인도네시아 정부는 인도샛을 완전 국영기업으로 운영하다 1994년 10월에 주식 32%를 세계 시장에 공개 입찰로 내놓았고, 현재는 65%의 지분을 소유한 채 여전히 권한을 행사하고 있다.

설립이래 새로운 통신기술 도입에 주력해온 인도샛은 꾸준히 그 사업영역을 넓혀왔고, 특히 최근 몇 년 동안에는 눈부신 성장을 이루었다. 이는 인도네시아가 최근까지 경제호황을 누린데다 정부 정책 또한 국가통신망사업의 확충과 개발에 중점이 가해진 덕분이다. 이러한 성장의 단적인 예로, 1990년에는 총 1억 8,800만 분(分)이던 국제전화 유료통화시간이 96년에는 총 5억 8,300만 분으로 증가했다.

인도네시아는 세계에서 네 번째로 인구가 많은 나라다(1억 9,600만 명). 1인당 GNP는 약 987달러로 현재 개발도상국 수준이지만 1987년부터 1997년까지의 실질 경제 성장률은 연간 6~7%로 상당히 높은 편이었다. 인도네시아 전역에는 97년 현재 330만 전화회선이 설치되어 있는데 경제개발 5개년 계획이 끝나는 2000년까지 이를 3배에 해당하는 1,000만 회선으로 늘릴 예정이다. 또한 2004년까지는 1,400만 회선 설치를 계획 중이다. 97년 현재의 보급률을 보면, 100명당 1.7회선(대도시는 4.5회선)으로 미국의 60회선에 비하면 터무니없이

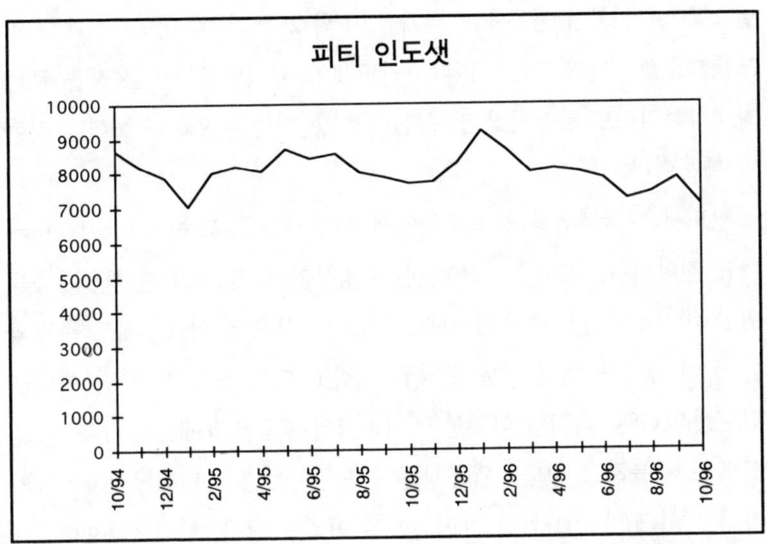

낮은 수준이다. 1,000만 회선으로 늘어나는 2000년이 돼도 보급률은 100명당 4회선 정도에 불과하다.

인도네시아에서는 관광 우편 통신부(MTPT : The Ministry of Tourism, Posts and Telecommunications)가 통신 서비스에 대한 규제와 조정을 담당한다. 따라서 인도샛의 전화요금도 MTPT가 책정한다. 현재 인도샛의 요금은 비용을 근거로 책정되는 바, 이는 소비자들의 부담을 덜어주어 인도샛에 미칠 부정적인 영향을 최소화하려는 의도다. 그래서인지 인도샛의 요금표는 심야와 주말에 할인제를 도입한 것 말고는 1986년 이후로 크게 달라진 게 없다. 현재 분당 평균통화료는 대략 1950루피아(약 0.85 US달러)정도.

국제통화부문에서 인도샛의 경쟁사는 새틀인도(Satelindo) 하나뿐, 이 두 기업의 분할 독점은 최소 2005년까지 지속될 것으로 예상된다. 현재는 인도샛이 92%를 차지하고 새틀인도는 8%밖에 안되지만 2000년이 되면 점유율이 각각 75%와 25%가 될 전망. 그래도 인도샛으로선 손해볼 것이 없다. 인도샛이 새털인도에게 시장을 부분 잠식당하더라도 통신시장 전체가 커져 총 매출은 오히려 늘어날 것이기 때문이다.

인도샛은 국제전화 사업부문에서 선두자리를 고수하기만 하면 된다는 전략이다. 인도샛은 또한 현재 정부가 추진 중인 전화선 확충을 위한 국가전략사업 컨소시엄에도 30% 지분으로 참여, 새로 추가되는 국내 회선에 대한 공동 운영권도 쥐고 있는 상태다. 뿐만 아니라 인도샛은 GSM 디지털 이동통신 시스템인 텔콤셀(Telkomcel)의 지분 35%도 소유하고 있다. 텔콤셀은 인도네시아 3대 이동통신사업자의 하나로 최근 자료를 보면 가입자가 이미 6만 명 선에 이르렀으며, 그 수치가 날로 증가 추세에 있는 회사다. 이러한 국내 유, 무선 통신에 대한 투자로 인도샛은 자사의 국제전화 서비스에 대한 새로운 고객들을 유치하는 셈이다.

인도샛이 밝힌 기업운영전략은 '1+3 정책'으로 알려져 있다. 기업의 중추가 되는 국제전화사업을 계속 확장시켜 나가면서 3가지 주변 사업을 지원한다는 전략이다. 다시 말해서, 국제전화 사업부문에서 계속 선두 자리를 고수하는 한편, 앞서 밝힌 유선통신사업, GSM 이동통신사업은 물론이고 멀티미디어 및 인터넷, 방송사업 등에도 적극 동참한다는 것이다.

인도샛의 수입은 당분간 계속 늘어날 것으로 보인다. 이는 가장 중요한 척도라 할 국제전화 통화시간이 향후 10년간 연 20%씩 늘어날 전망이기 때문이다. 그러나 회사의 수입은 연 10에서 15% 정도만 상승할 것으로 예상된다. 시장 점유율이 다소 감소할 뿐만 아니라 새로운 프로젝트를 추진하는데도 비용이 들어갈 것이기 때문이다.

제 9 장

해외 투자 : 호황을 누리는 곳에 성공이 있다

세계의 경제 규모가 증대됨에 따라 미국이 세계 경제에서 차지하는 비중은 축소되고 있다. 그 결과, 급속히 성장하는 주식, 고수익 채권, 양도성 예금증서 등은 미국보다 해외에서 그 시장이 더 확대되고 있는 상황이다.

세계 경제의 변화

1970년도 세계 총생산은 20조 달러를 약간 웃도는 수준으로, 그 중 절반 이상을 미국이 차지했다. 1992년도에 세계에서 생산된 재화와 용역을 돈으로 환산하면 약 180조 달러 정도로 추정된다. 1970년보다 9배나 늘어났지만 미국이 차지하는 부분은 3분의 1로 줄어들었다. 현재 추세라면 2000년도의 세계 경제는 500조 달러에 달하는 큰 시장이 되지만 미국의 지분은 채 25％도 안 될 전망이다.

21세기로 다가서면서 세계 경제가 그 어느 때보다 빠른 성장을 향유하리라고 보는데는 여러 가지 이유가 있다. 먼저 거의 주 단위로 진행되는 기술적 발전을 예로 들 수 있다. 전례없는 속도로 새로운 기술이 등장하고 발전함으로써 우리는 인간 활동의 여러 분야에서 몇 년 전만해도 공상과학영화에서나 볼 수 있었던 기술적 혜택을 누리고 있다. 이에 부가하여 그 어느 때보다 증진된 국가간 협력으로 전쟁 위험이 상당히 감소되었을 뿐만 아니라 통화 또한 비교적 안정세를 유지하는 세계에 우리는 살고 있다. 국제 협력으로 이루어진 것은 이 뿐만이 아니다. 복지가 증진되고 교육이 대중화되었으며, 실물 재산과 지적 재산에 대한 권리 또한 증진되었다. 예전에는 서로 동 떨어져 있던 지역들 간에 무역과 통신이 가능해진 것도 증진된 국제 협력의 결과라고 할 수 있다.

세계 경제의 미래를 낙관적으로 보는 또 다른 이유는 세계의 부를 함께 나누는데 헌신하는 신흥 경제국들이 늘어났다는 점이다. 그들은 과거에 나누어 갖길 어려워하거나 꺼렸던 에너지·자원·기술 등을 이제는 기꺼이 제공하고 있다.

인도의 재무장관인 만모한 싱(Manmohan Singh)은 이에 대해 다음과 같은 말을 한 적이 있다.

"이제 인도를 새로운 나라로 생각해 주십시오. 우리는 커다란 변화를 받아들일 준비가 되어 있습니다. 물론, 발전하기 위해서죠."

이렇게 인도처럼 예전에는 빈곤에 시달렸지만 과감한 경제개혁을 시도하여 도약하고 있는 나라로, 세계은행(the World Bank)은 체코·칠레·가나·인도네시아·모로코·폴란드·한국·터키 등을 꼽고 있다. 빠른 성장을 하고 있는 이들의 경제는 마치 자석처럼 외국의 투자를 끌어당기고 있다. 조만간 이 국가들은 외국 기업이 상품을 팔 수 있는 좋은 시장이 될 것이며 더욱 커질 세계시장에서 새로운 활력소로 작용할 것이다.

매력적인 주식, 어느 곳에?

피아트(Fiat), 획스트(Hoeschst), 네슬레(Nestle), 필립스(Philips), 소니(Sony), 스즈키(Suzuki), 유닐레버(Unilever) 등을 비롯한 세계적으로 유명한 대기업들은 성장세를 늦추지 않으며 그 영향력을 세계로 넓히고 있다. 그러한 추세로 보아, 이들의 배당금 또한 당연히 높아질 것으로 예상된다. 결과적으로, 신중한 투자자들은 이런 종류의 기업에 투자하기를 원한다. 하지만 세계 100대 기업 중에서 미국에 있는 기업은 28개에 불과하다. 나머지 72개 사의 주식은 월 스트리트에서 멀리 떨어진 곳에서 거래되고 있는 것이다.

1970년 미국의 주식 거래량은 전세계 시장을 석권, 총 시장 발행고의 66%를 차지했다. 그러나 현재는 그 수치가 40%에도 못 미치고 있다. 같은 기간 동안에, 일본이 차지하는 비중은 15%에서 미국에 버금가는 수준으로 커졌으며 도쿄 주식시장의 미래는 여전히 밝아 보인다. 또한 투자자들의 관심이 집중되는 인기주는 이제 뉴욕의 월 스트리트 보다는 방콕·자카르타·쿠알라룸프르·이스탄불·상파울로·싱가포르·바르샤바 등지의 주식시장에서 점점 더 많아지고 있다.

모건 스탠리(Morgan Stanley)에 따르면, 1970년 이후로 미국의 주식시장이 수익 면에서 상위 5개 주식시장에 든 것은 네 차례 뿐이며 그나마 정상의 자리는 단 한 차례도 오르지 못했다고 한다. 같은 기간에 홍콩 주식시장은 13차례 상위 5개 주식시장에 들었으며 싱가포르·말레이시아 연합 주식시장도 11차례나 그 이름을 올렸다. 이 상황을 보면 세계에서 가장 큰 미국의 투자 전문 신탁회사들이 고객들에게 외국 주식시장 투자에 주력하라고 권고하는 이유를 알 수 있을 것이다. 여러분에게도 같은 말을 해주고 싶다. 여러분이 미국의 주식시장만을 고집한다면 세계 주식시장의 큰 흐름에서 이탈하는 것이며 아울러 빠르게 성장하고 있는 곳에 투자할 기회를 스스로 포기하는 꼴이다.

호황을 누리는 세계 경제

신흥시장(emerging market)은 그 성장속도가 너무나 빨라 그저 행적을 따라가는 것만도 벅찰 지경이다. 중국만 하더라도 현재 주식을 발행하는 회사가 1만 3,000개를 넘어섰고, 그 숫자는 매년 40%씩 늘고 있다. 비록 그들 중 중국의 주요 주식시장에 이름을 올려놓은 회사는 많지 않지만 앞으로 분위기가 성숙되고 거래량이 늘어남에 따라 상황은 달라질 것이다. 상하이나 셴젠(Shenzhen) 주식시장이 향후 20년 안에 전세계 상위 5개 주식시장에 들어갈 가능성이 매우 높다는 뜻이다.

도약하고 있는 세계의 '기존' 주식시장 역시 성장의 여지는 많다. 급격히 성장한 홍콩 주식시장이 그 예다. 1964년 홍콩의 항셍(Hang Seng)지수는 100을 왔다 갔다 했는데 현재는 1만 3,000을 넘어서고 있다. 게다가 거래되는 주가의 총합인 시장 자본금도 1년에 100%씩 늘어나고 있다. 하지만 이런 현상은 그리 놀랄 만한 일이 아니다. 사실 홍콩 주식시장은 그보다 오래된 다른 주식시장에 비해 처음에 너무 낮은 단계부터 출발했던 것이다.

도약하는 시장에 이익이 있다

1996년 상위 5개 신흥시장의 평균 수익률을 달러로 환산하면 다음과 같다.

국 가	미국 달러 기준 수익률(%)
러 시 아	+143
베네주엘라	+97
폴 란 드	+62
브 라 질	+53
중 국	+41

같은 기간, 상위 5개 '기존' 주식시장의 수익률은 다음과 같다.

핀 란 드	+38
스 웨 덴	+31
스 페 인	+31
아일랜드	+28
포르투갈	+28

기존시장과 신흥시장의 실적이 이렇게 차이가 나는 것은 앞에서도 언급했듯이 세계 제조업의 설비투자가 기존시장보다 인건비가 훨씬 싼 국가와 시장으로 이동하고 있기 때문이다. 신흥시장에서 수위를 차지한 러시아와 기존시장에서 수위를 차지한 핀란드를 비교해보면 무슨 뜻인지 알 것이다. 러시아 시장은 오랫동안 너무 낮은 수준을 유지했기 때문에 1년에 150%씩이나 성장할 수 있었고, 그러면서도 성장의 여지는 여전히 충분한 것이다.

만약 여러분이 1년에 150% 성장한 러시아 주식시장에 투자했다면 과연 얼마나 이익을 보았을까? 간단하다. 여러분이 러시아 시장에 1만 달러를 투자했다면 단지 1년 후에 2만 5,000달러를 손에 넣었을 것이다.

동구권의 성공 시장, 폴란드

폴란드는 헝가리나 체코처럼 지금으로부터 50년 전 공산주의에 넘어가기 전까지는 번성하는 시장경제 국가였다. 1980년대 말 공산주의 체제에서 벗어난 이후로 폴란드는 소련의 위성경제 체제에서 시장경제 체제로 탈바꿈하기 위해 노력해 왔다. 그러한 노력의 일환으로 폴란드는 국가가 소유하고 있던 많은 국영기업들을 민영화하는 동시에 그 주식을 국민들에게 나눠주었다. 국민들에게 이윤을 분배시키며 시장경제로 전환하는 폴란드의 전략은 국민들의 이익이 국가경제 발전과 밀접한 관련이 있다는 사실을 효과적으로 각인시키는데 기여했다.

그 때문인지 폴란드 경제는 현재까지 무리없이 시장경제에 적응하고 있다. 1993년에 폴란드는 4%의 경제성장률에 8%의 산업생산성 향상을 기록했다. 당시 서유럽 국가들 대부분이 발전은 고사하고 퇴보를 걱정하던 상황이었음을 고려해 볼 필요가 있다. 네덜란드만이 2% 성장했을 뿐이고 독일과 프랑스는 각각 1.4%, 1.2%의 마이너스 성장을 기록했다. 구 동구권의 대부분 국가들 또한 바닥을 헤맨 것은 물론이다.

폴란드의 성장 과정에는 한 가지 주목할 사항이 있다. 안정과 성장을 동시에 성취했다는 점이다. 이는 폴란드 정부가 국민에게 주식을

골고루 분배하는 전략을 써서 크고 '충직한' 국내 시장을 만든데 기
인한다. 다른 신흥시장들과 달리 폴란드 시장은 외국인 투자가 차지
하는 비중이 자국민 투자에 비해 매우 낮은 편이다. 1993년의 주식
거래 상황을 보면 외국인 신청은 고작 20% 뿐, 작은 규모의 시장에
는 참으로 바람직한 일인 동시에 타의 부러움을 살 만한 안정성을 얻
은 기조라 하겠다.

폴란드 주식시장이 다른 신흥시장들보다 몇 발자국 앞서 나가고 있
는 이유는 폴란드가 시장의 신뢰성과 효율성, 정직성을 유지하는 독
립된 유가증권위원회를 운영하기 때문이다. 이렇게 관리되는 시장은
성장 가능성이 높을 수밖에 없다. 게다가 현재 수백 개의 기업이 민
영화를 앞두고 있어 이 역시 호재로 작용할 것이다.

내가 하는 일은 어느 한 나라의 주식시장이 어느 순간에 강한 상승
세를 보일지 예측하는 것이다. 나의 이런 다년간의 경험을 바탕으로
판단컨대 폴란드 같은 신흥시장에 올라 있는 우량주를 사면 여러분은
분명히 성공할 수 있다. 일반적으로 주식시장이 호황을 누리면 그 나
라 경제도 성장하게 된다. 그리고 성장하는 경제는 바로 다음에 나오
는 형태의 기업들로부터 도움을 받는다.

유닐레버

폴란드 같은 신흥시장의 경제적 성장으로부터 이익을 얻는 비결은
바로 유닐레버(Unilever) 같은 회사의 주식을 사는 것이다. 유닐레버
는 립튼 티(Lipton Tea), 버즈 아이(Birds Eye), 올 디터전트(All
detergent), 도브(Dove), 바셀린(Vaseline), 펩소던트(Pepsodent),
서프(Surf), 위스크(Wisk), 팝시클(Popsicle), 미세즈 버터워쓰

(Mrs. Butterworth's), 캘빈 클라인(Calvin Klein), 엘리자베스 아든 (Eilzabeth Arden), 파버지(Faberg) 등 귀에 익은 브랜드들을 보유하고 있는 소비재 전문 제조업체다. 유닐레버 같은 성공한 우량 기업의 사업 전략은 단순하다. 소비자에게 어필할 만한 제품을 만든다고 생각되는 회사를 합병하는 것이다. 유닐레버의 경우, 심할 때는 일주일에 하나씩 회사를 사들인 경우도 있었다.

유닐레버의 구성은 독특하다. 영국 회사와 네덜란드 회사가 지분을 50 대 50으로 공유하고 있으며, 이들 모회사의 이사진이 역시 운영을 맡고 있다. 이미 유럽 전역에 걸쳐 깊은 뿌리를 박고 있는 유닐레버는 그러한 여건을 바탕으로, 현재는 호황을 누리고 있는 중부 유럽을 중점적으로 공략하고 있다. 유닐레버는 폴란드가 공산 국가에서 시장 경제 국가로 변신하자마자 대규모 공세를 펼친 서방의 소비재 생산 기업 중 하나다. 폴란드 시장 공략에 있어서 유닐레버의 최대 소득으로 평가받는 일은 지금은 레버 폴스카(Lever Polska)라고 불리는 폴란드의 중견 세제 제조업체와의 합병이다. 이 합병은 유닐레버 입장에서 보면 당연한 과정이었다. 100년 전 사상 처음으로 포장된 세탁 비누를 상품으로 내놓은 회사가 바로 레버 폴스카의 전신인 레버 브라더스(the Lever Brothers)였기 때문이다. 폴란드 외에도 유닐레버는 헝가리와 체코에 진출해 있으며, 이들 지역에 대한 판매고는 매년 배로 늘고 있다.

유닐레버는 신흥시장에 세제 외에도 일회용 기저귀를 판매하고 있다. 킴벌리-클락(Kimberly-Clark)과의 합작 투자를 통해 인도 시장에서 기저귀를 생산 판매하고 있는 것. 인도는 세계에서 중국 다음으로 인구가 많고 아직은 경제적으로 풍족한 상태는 아니지만 무한한 시장 잠재력을 지닌 나라다. 인도에서는 매년 2,800만 명의 신생아가 태어

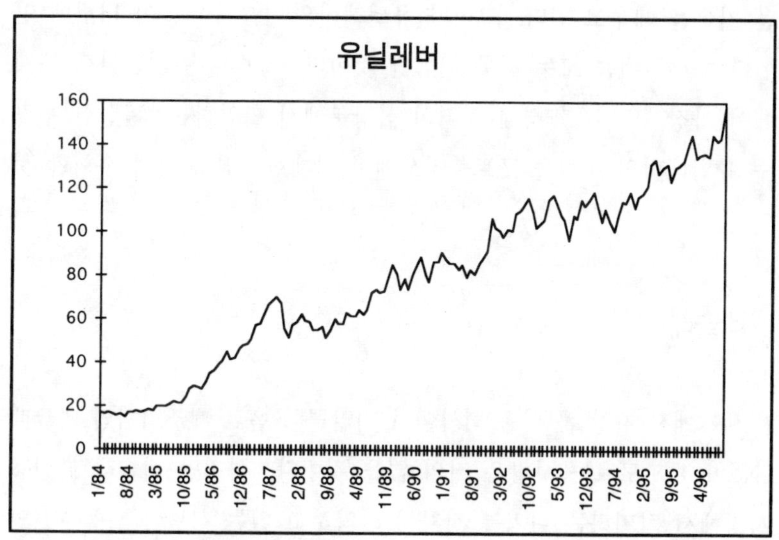

난다. 2000년이 되면 수백만 명에 이르는 인도 아기들이 유닐레버 기저귀를 차고 다닐 전망이다.

또한 유닐레버는 파버지를 통해서 펜디(Fendi), 라거펠드(Lager-feld), 클로에(Chlo) 등의 향수를 신흥시장에 팔고 있는데, 경제 형편이 나아짐에 따라 여성들이 이들 향수를 찾는 횟수도 늘어날 것임에 틀림없다. 현재 유닐레버는 펩시콜라와 합작으로 새로운 홍차의 개발과 판매에도 손을 대고 있다. 특히 이 프로젝트는 펩시의 전세계적인 판매망을 이용한다는 게 장점이다.

한마디로, 유닐레버는 신흥시장에서 이윤을 올릴 수 있는 완벽한 위치를 선점하고 있다. 국가와 인종을 가릴 것 없이 경제적 여유가 조금이라도 있는 사람이라면 누구나 유닐레버 상품의 소비자가 되는 셈이다.

유닐레버의 주가는 지난 20년간 꾸준히 상승해 왔으며 매년 새로운 기록을 세우고 있다. 그러나 유닐레버의 주가수익률이 13밖에 안 된다는 사실에는 모두 귀를 의심할 것이다. 그렇다손 치더라도 세계에서 가장 '뜨거운' 경제 지역의 심장부에서 활약하는, 확실한 우량주 유닐레버의 주식을 포트폴리오에서 삭제한다면 분명히 후회할 것이다.

네슬레

세계에서 가장 큰 식품 회사이자 비알콜성 음료 제조업체인 네슬레 (Nestle)를 모르는 사람은 거의 없을 것이다. 하지만 네슬레가 신흥시장에서 차지하는 위치를 정확히 파악하고 있는 사람은 드물다. 먼저 네슬레의 사업 규모부터 살펴보자. 전세계 69개국에 489개의 현지 공장을 운영, 이곳에서 생산된 제품을 100개국 이상에 팔고 있다. 이 현지 공장의 40%가 아시아 · 태평양 지역, 아프리카, 라틴 아메리카, 동유럽 등의 신흥시장에 위치한다. 그리고, 매출 이익의 30% 이상이 이들 신흥시장에서 발생하고 있으며 그 비율은 꾸준히 상승하고 있다.

네슬레는 1867년 설립 당시부터 아시아 · 태평양 지역에 진출해 시장 공략에 힘써왔다. 네슬레가 다른 기업들의 부러움을 사는 이유는 풍부한 지식과 실전 경험을 경영에 활용하는 능력 때문이다. 또한 이들의 장기적인 투자 안목과 명성은 신흥시장에서 신규 계약을 체결하거나 공장 신설시 타 기업은 넘볼 수 없는 장점으로 작용하고 있다. 조기 진출에 의한 오랜 경험에다 투자 지역의 특징과 성향을 재빨리 파악해 그에 부응하는 장점까지 지닌 네슬레, 신흥시장에 구축해 놓은 이 회사의 강하고 지속적인 위치는 당연한 결과라 하겠다.

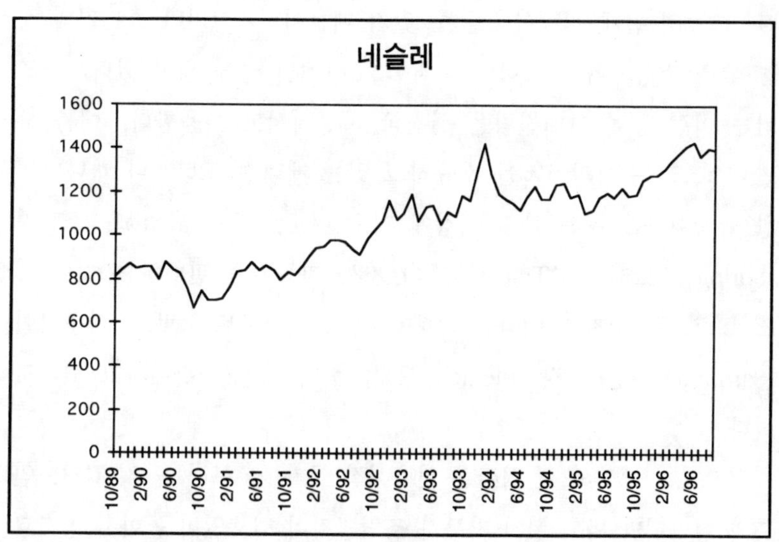

네슬레 주식은 때때로 시장에서 과소평가 되기도 한다. 그러나 그러한 상황이 오래 지속되지 않으며, 곧 적절한 평가치를 회복한다는 게 네슬레 주식의 또다른 특징이다. 만일 네슬레의 주가가 낮게 평가되는 상황을 포착하게 되면, 주저하지 말고 사들여라.

스즈키

가장 호황을 누리던 1989년에 비해 많은 일본 기업들이 침체에 빠져 있는 근래에 유독 스즈키 모터사(Suzuki Motor Company)만은 5년 동안 성장세를 유지하고 있다. 더욱이 1996년 6월에는 매출이 사상 최고치를 기록하기도 했다.

스즈키의 마케팅 전략은 간단하지만 효과 만점이다. 먼저 인구가 많은 신흥시장을 목표로 정한 다음, 현지 기업과 동업을 하는 것이다. 그들의 판매망을 이용할 수 있기 때문이다. 그러면 스즈키의 성능 좋은 소형차와 오토바이는 저절로 판매가 늘게 되어 있다. 스즈키는 이런 동업 판매전략을 선진국 시장에서도 이용한다. 예를 들면, 스즈키 주식의 5%를 소유하고 있는 제너럴 모터스나 캐나다의 한 합작회사를 통해 북미 시장에 지오 메트로(Geo Metro), 스프링(Spring), 트레이서(Tracer) 등의 자사 자동차를 판매하는 것이다. 또한 스즈키는 자기 이름을 그대로 쓰며 스위프트(Swift), 사무라이(Samurai), 사이드킥(Sidekick) 등을 북미 시장에 판매하고 있기도 하다.

앞으로 스즈키의 큰 성장은 신흥시장 국가들로부터 올 것 같다. 인도와 헝가리만 봐도 현지 자동차 조립공장이 쉴새없이 돌아갈 정도로 스즈키 제품에 대한 수요가 폭발적이다.

일본 국내시장에서도 스즈키는 소형차 부문에서 지난 20년간 선두자리를 고수해 왔으며, 모터싸이클 부문에서는 혼다(Honda)와 야마하(Yamaha) 다음의 시장 점유율을 보유해 왔다. 특히 스즈키의 모페드(moped, 발동기 달린 자저거)는 스즈키 모터싸이클 매출의 80%를 차지하고 있다.

1994년 일본의 자동차 시장이 경기침체로 허덕일 때도 스즈키만은 피해를 입지 않았다. 그것은 스즈키가 작고 저렴한 탈것을 전문으로 생산하는 업체였기 때문이다. 심지어 엔고 현상으로 인한 세계 시장에서의 일본 상품 판매부진도 스즈키의 판매고에는 별 영향을 미치지 못했다.

주가 수익률로 보면 스즈키는 일본의 자동차 메이커 중에서 가장 '싼' 회사다. 주가 수익률은 일정기간의 순이익을 주식 액면가로 나눠 산출하는 값으로 따라서 일정기간의 순이익에 따라 좌우된다(주가

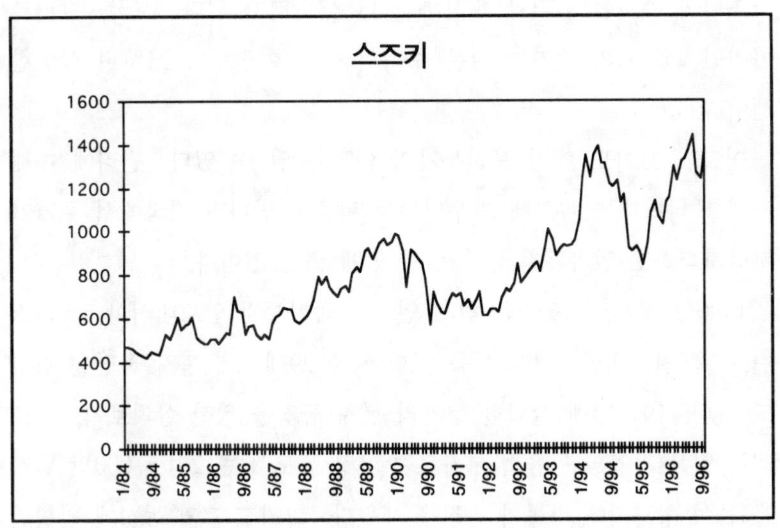

수익률은 숫자로만 표시하거나 숫자 다음에 '배'라는 단위를 붙여 표시한다. 역주). 현재 일본 주식시장의 전반적인 니케이 지수(Nikkei Index)는 69의 수익률을 보이고 있다. 상위 400개 주식의 실적을 토대로 산출하는 니케이 지수는 다시 21개 분야로 나뉘는데, 이 중 하나가 자동차 및 자동차 부품산업 부문이다. 1995년 12월부터 1996년 12월까지 이 부문의 평균 주가 수익률은 28이었는데, 스즈키의 주가 수익률은 21을 나타냈다.

이것은 스즈키에게 좋은 결과를 안겨 주었다. 1989년 일본 주식시장이 가장 호황을 누릴 때 스즈키의 주식은 주당 1000엔 수준이었다. 이를 달러로 환산하면 당시 1달러가 145엔이었으니까 주당 6.9달러라는 계산이 나온다. 니케이 지수가 절정을 이뤘던 89년보다 40%나 떨어진 96년, 스즈키의 주가는 기록을 경신하며 1400엔까지 올랐다. 96년은 엔화의 가치가 달러당 105엔까지 올랐던 시절이므로 스즈키의 주가는 달러로 환산하면 13.33달러가 된다. 결국, 달러로 따지면 스즈키의 주가는 일본 주식의 폭락 이전보다 93%나 상승한 셈이다.

이것만 보아도 해외 분산투자의 이점을 알 수 있다. 달러에 대해 강세를 나타내는 통화에 좌우되는 우량주를 만나면 미국에서 주가가 하락하더라도 얼마든지 돈을 벌수 있게 되는 것이다.

1996년 현재, 스즈키는 앞서 언급한 국가들과 인도네시아, 파키스탄, 스페인, 대만, 태국 등을 포함한 총 29개국에 현지 공장을 가지고 있다. 1993년에 설립한 헝가리 현지 공장을 잠깐 살펴보자. 스즈키는 일본 기업의 동유럽 투자로는 가장 규모가 큰 2억 5,000만 달러를 들여 헝가리에 자동차 공장을 세웠다. 그리고 그와 동시에 원활한 관리와 운영을 위해 헝가리 근로자들을 일본으로 불러들여 일본의 독특한 자동차 제조 공정을 교육시켰다. 공산주의 생산방식에만 익숙해 있던 헝가리 근로자들에게는 참으로 새로운 경험이었을 것이다.

내 개인적인 의견을 묻는다면, 스즈키야말로 일본 최고의 우량 주식임을 주저없이 밝히고 싶다. 효율성과 강세 통화라는 일본 기업의 장점에 신흥시장에 대한 투자가 매우 적절하게 어울려 있는 기업이라 할 수 있다. 신흥시장이 호황을 누리는 한 스즈키 역시 호황을 누릴 것임에 분명하다.

싱가포르 에어라인

세계에서 비행기 마일리지를 가장 많이 축적한 플로리다 사람이 있다. 델타 항공에만 600만 마일을 가지고 있고 그외 미국의 주요 항공사들에도 수십만 마일을 쌓아 놓은 상태다. 앞으로 공짜 왕복 비행기

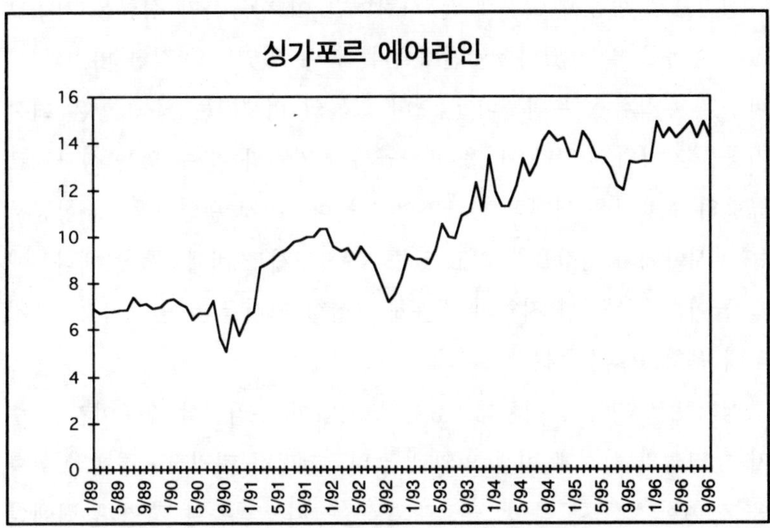

를 300회나 탈 자격이 있는 이 사람은 세계 구석구석 안 가본 곳이 없고 50여 개가 넘는 주요 항공사를 이용한 바 있다. 그가 가장 선호하는 항공사는? 바로 싱가포르 에어라인(Singapore Airlines)이다.

싱가포르는 말레이시아와 인도네시아에 둘러싸인 조그만 섬나라에 불과하고 인구도 채 300만이 안되지만, 경제 발전소라 부르기에 손색이 없을 정도로 동아시아 경제의 중심지로 부상하고 있는 나라다. 앞에서도 여러 차례 밝혔듯이 세계 제조업의 중심은 현재 동아시아로 이동하고 있다. 바로 그 지역의 한 가운데에 서서 재정과 교통의 거점 역할을 하고 있는 것이다.

미국의 항공사들이 1991년 이후로 수십 억 달러의 적자를 보는 동안 싱가포르 에어라인은 1996년 한 해에 미화 1달러당 6.93싱가포르 달러 기준으로 약 7억 달러를 벌었다. 사실, 1991년 이후로 싱가포르 에어라인은 세계에서 가장 돈을 많이 버는 항공사로 평가받고 있다.

싱가포르 항공을 이용해 본 사람이면 이 항공사가 성공을 거두고 있는 이유를 알고 있다. 50년대에나 볼 수 있었던 친절한 미소와 서비스로 무장한 승무원들이 있으며 그들의 비행기는 성능 좋은 최신 기종을 자랑하고 있다. 더욱이 항공사의 기지라 할 수 있는 싱가포르 공항의 효율성은 세계적으로 명성이 높다. 이것 뿐인가? 이 항공사는 아시아에서 성장을 누리고 있는 모든 도시로 비행기를 보낸다. 예를 들어, 중국의 한 지역이 새롭게 부상할 기미를 보이면 바로 그 지역에 운항 요청을 하는 식이다.

싱가포르 항공의 대차대조표는 타기업이 부러워할 수준이지만 주가는 명성과 실적에 비해 의외로 낮다. 그러나 지리적·경제적 상황을 고려한 탁월한 운항 노선과 최고 장비, 검증된 경영 능력에다 5,400만 싱가포르달러의 현금까지 보유한 싱가포르 항공은 매년 주식 배당금을 늘리고 있으며 9배의 주가 수익률을 나타내고 있다. 1992년 이후 수억 달러의 적자를 내고 있는 미국의 항공사들, 특히 같은 시기에 5억 달러나 손실을 본 유나이티드 항공과 비교해 보면 싱가포르 항공의 경쟁력을 쉽게 이해할 수 있을 것이다.

싱가포르에서 가장 많은 근로자(싱가포르 근로자 74명 중 1명)와 싱가포르 주식시장에서 가장 많은 자본금을 보유하고 있는 싱가포르 항공이지만 이 회사에도 약점은 있다. 현재의 성공이 오히려 걸림돌로 작용할 가능성이 있다는 뜻이다. 다른 나라 항공사들이 거의 적대심을 드러내며 싱가포르 에어라인을 경계하기 시작한 것이다.

그러나 이 문제도 싱가포르 에어라인이 글로벌 항공사로 성장하는 과정에서 거쳐야 할 통과의례 정도로 보는 것이 옳을 듯 싶다. 싱가포르 에어라인은 현재 다른 항공사와 제휴를 통해 이 문제에 대한 해결의 실마리를 찾고 있다. 이미 델타 항공, 스위스 항공과 협력 관계를 맺었으며 호주의 콴타스 안셋 항공(Qantas Ansett) 주식의 25 %를 매입할 계획이다.

싱가포르 항공은 지금도 계속 '이륙'하고 있으며 앞으로도 오랫동안 상승할 것으로 예상된다.

제 10 장

달러 가치하락: 득이 될 수도 있다

* 10장에서는 특히, 이 책이 1997년 상반기까지의 상황과 자료를 토대로 쓰여진 것임에 각별히 유의하기 바란다. 또한 98년 상반기에 일고 있는, 몇몇 특정 통화에 대한 달러의 강세 현상을 일시적인 거품으로 보는 시각도 적지 않음을 참고하기 바란다.　　　　　　　　　　　역자 주.

한 나라의 경제활력을 평가하는 근본적인 척도는 통화와 주식시장이다. 이 기준으로 판단하건대 미국 경제는 지금까지 '멋진' 나선형 하강곡선을 그려왔다. 미국 달러는 다른 강력한 통화에 대해 그 가치가 계속 떨어지고 있으며 미국의 주식시장 또한 (비교적 안정적인 기조를 유지하고 있긴 하지만) 다른 주식시장에 비해 그 실적이 뒤쳐지고 있다. 미국 정부가 지금 당장 이러한 경제적 문제들을 뿌리부터 손보지 않는다면 미국 경제는 조만간 헤어날 수 없는 나락으로 떨어질 게 분명한 상황이다. 게다가 균형예산 수정안의 부결로 그렇지 않아도 불운한 달러의 운명이 더욱 암울한 지경에 빠져 있다. 상황이 이러하니, 자본 가치를 늘리고 싶은 미국 투자자들은 이제 외국 통화의 구입을 신중히 고려해야 한다. 만약 계속 달러에 집착하다간 가지고 있는 밑천이 줄어드는 꼴만 지켜보게 될지 모르니 말이다.

1970년 이후로 미국의 달러가 다른 강세 통화에 비해 75%나 가치가 떨어졌다는 사실은 충격이 아닐 수 없다. 개중에는 미국의 달러가 실제적으로 그만큼 하락한 게 아니라 다른 통화가 달러에 비해 훨씬 빠르게 성장했기 때문에 이 같은 수치가 나온 것이라고 주장하는 사람들도 있다. 어쩌면 그 말이 맞을 수도 있다. 하지만 미국인들은 다른 나라 경제가 성장하는 동안 도대체 뭘 했단 말인가. 경제를 개선시켜 보려는 노력도 없이 그저 방관만 하지 않았던가. 게다가, 잘만 받아들이면 엄청난 기회를 열어 줄 세계화라는 호기를 맞고도 우리의 정부는 여전히 정책의 혼선이나 빚으며 뒷걸음질 치고 있으니…… 결론적으로 말하면, 미 의회가 자신들의 실수를 인정하고 성장을 거듭하고 있는 나라의 경제를 본보기로 삼을 때까지는 달러를 벗어나 보다 강한 도구에 투자를 해야 투자수익을 올릴 수 있을 것이다.

미 달러는 왜 약세인가?

달러가 약세를 보이는 이유를 이해하려면 먼저 미국의 정책과 그 정책이 어떤 식으로 달러의 가치하락을 조장해 왔는지 간단하게나마 알아볼 필요가 있다. 근본적으로 그동안 미국의 통화정책은 달러 약세 유지였다. 1913년 이전, 그러니까 금본위제 시절의 달러는 일정량의 금을 의미했고, 따라서 그 가치 또한 손에 잡히는 것이었다. 그러다 1913년에 연방준비법(Federal Reserve Act)이 성립되면서 금화가 아닌 지폐가 일정량의 금에 상당하는 가치를 갖는 지폐독점체제가 개시되었다. 물론, 이 당시의 달러 소지자는 원하기만 하면 언제든지 달러를 금으로 바꿀 수 있었다. 그러나 1929년 경제 공황을 거치면서 이러한 금환본위제는 붕괴되었고, 1934년부터 미국의 시민들은 더 이상 그들의 돈을 금과 바꿀 수 없게 되었을 뿐만 아니라 금을 구매할 수도 없게 되었다. 그리고 그러한 제한은 사람들로 하여금 더욱 더 달러에 매달리게 만들었다. 그렇지만 브레튼 우드 협정(Bretton Woods agreement)에 따라서 외국의 중앙은행들은 여전히 미국 달러를 금으로 바꿀 수 있었다.

1960년대 말까지 미국정부는 외국의 중앙은행들과 맺은 그 '신사 협정'만 믿고 인플레나 달러의 가치하락은 신경도 안쓰며, 다른 나라가 금을 갖다 주고 달러를 원하기만 하면 통화를 늘려 공급해 주었다. 하지만 1971년부터 각국의 중앙은행들은 미국이 더 이상의 달러 가치를 유지할 계획이 없다는 것, 아니 오히려 정반대의 계획을 가지고 있다는 것을 깨닫고 미국에 대한 협력을 거부하기 시작했다. 동시에 그들은 자신의 투자를 보호하기 위해 방대한 양의 금을 거두어들이기 시작했다. 결국, 미국 정부는 달러를 금으로 바꿔주겠다던 약속을 지킬 수 없게 되었고 결과적으로 브레튼 우즈 체제에서도 탈피하게 되었다.

이렇게 해서 달러를 금이라는 실질적인 가치로 연결시켜 주던 마지막 고리마저 풀어지게 되었고, 그때부터 달러는 정부에서 법화(法貨)로 지정했기 때문에 사용이 가능한 순수 "법정 불환 지폐"로서만 역할을 하게 되었다. 그 후로 달러가 겪게 될 곤경은 불 보듯 뻔했다. 이젠 더 이상 달러 하락은 중요한 문제가 아니었다. 하락의 정도와 속도가 문제였던 것이다.

달러 폭락의 예

미국 통화의 가치 하락을 제대로 이해하려면 그 효과를 직접적으로 경험해보는 것이 빠를성 싶다. 당신과 일본의 실업가가 미국의 어느 빌딩 앞에 서 있다고 상상해보자. 빌딩 소유자는 그 빌딩을 3,000만 달러에 팔겠다고 하고, 두 사람 모두 그 건물을 1970년에도 본 적이 있는 상황이다. 1970년에는 빌딩 가격이 1,000만 달러였다. 하지만 현재는 3배로 뛰었으니 당신은 당연히 그 건물을 사는데 구미가 당길 리 없다. 당신에게는 결코 싼 물건이 아닌 것이다. 하지만 일본의 실업가에게는 다르다.

1970년 그 건물이 1,000만 달러였을 때 일본의 실업가는 35억 7,000만 엔을 내야 그 건물을 구입할 수 있었다. 그런데 오늘날 달러를 기준으로 살펴보면 세 배나 오른 건물의 가격이 엔화로 따져봐도 과연 그러할까. 1996년 12월 환율을 기준으로 3,000만 달러는 33억 9,000만 엔에 해당한다. 일본의 실업가에게는 가격이 오른게 아니라 오히려 5%나 떨어진 셈이다. 그러므로 자연히 일본의 실업가는 그 건물을 사겠다고 할 것이다. 가치가 떨어진 달러 때문에 당신은 그 거래를 거절할 수밖에 없는 입장이지만 말이다.

일본의 실업가에게만 위와 같은 얘기가 통하는 것은 아니다. 독일 실업가에게도 마찬가지고, 정확히 말하면 독일 마르크를 가지고 있는 사람 모두에게 적용된다. 스위스 프랑도 마찬가지다. 1992년 기준으로 스위스 실업가는 25년 전보다 13%나 떨어진 가격으로 그 건물을 살 수 있다. 미국 달러는 스위스 프랑에 대비해서 지난 25년간 지속

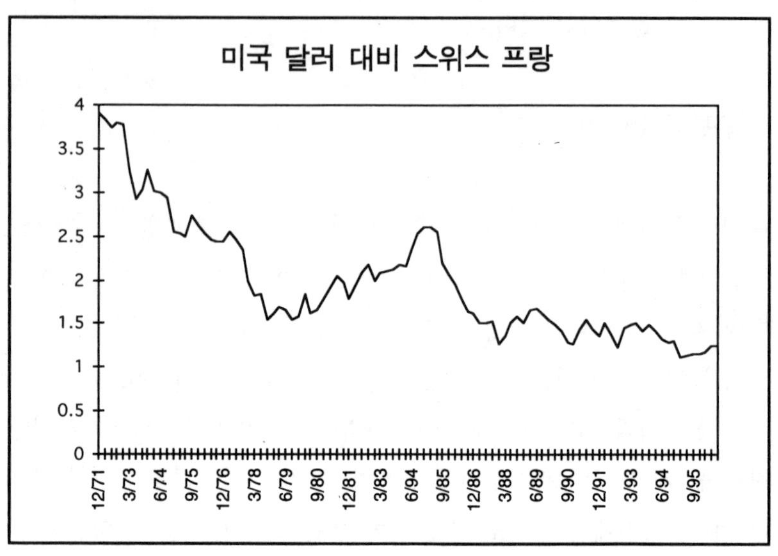

적인 하강세를 보였다. 그리고 안타까운 것은 달러 하락의 길고도 고통스러운 과정동안 달러가치 상승을 위한 미국의 노력은 짧고 미약했다는 사실이다.

이제 미국인들은 외국인들이 강력한 통화를 발판으로 미국의 기업, 부동산을 싸게 사들인다는 사실에 당황하고 있다. 특히 달러의 가치 하락 때문에 자신들은 더이상 그럴 여유가 없음을 깨닫고 난 뒤에는 더더욱 난감해한다. 더욱이 일본·독일·스위스가 미국보다 많은 수입을 올리고 있는 현실을 감안할 때 앞으로의 전망 또한 밝다고 볼 수 없다. 그들은 세계 시장에서 호평받는 제품을 알맞은 가격으로 생산해 왔으며, 그러한 세계 시장의 호응을 바탕으로 경제를 성장시키고 수입을 늘려온 나라들이다.

앞서 예로 든, 26년 전보다 건물을 싸게 구입할 수 있는 일본의 실업가는 여타 부동산에 투자할 돈도 1970년보다 더 많이 보유하고 있을 것이다. 결국 엔화가 강해짐에 따라 그는 지난 25년간 저축을 한 셈이고 따라서 미국의 실업가보다 부동산에 투자할 여력이 더 많을 수밖에 없는 것이다. 달리 말하면, 1970년에 35억 7,000만 엔의 비용을 쓸 수 있었던 일본인보다 1996년에 33억 9,000만 엔을 쓸 수 있는 일본인이 그만큼 숫적으로 늘어났다는 애기도 된다.

하지만 미국의 사업가는 정반대의 경험을 겪어왔다. 달러가 평가절하되면서 생활비가 늘어났고 은행 이자율은 구입코자 하는 품목의 인상률을 따라잡지 못했다. 그는 어쩔 수 없이 구매를 미뤄야 했다. 쓸 돈이 줄어들어 구매의욕까지 상실한 그에게 건물 가격은 3배나 상승했다. 반면 부유해진 일본인은 더 많은 돈을 더 쉽게 쓸 수 있게 되었다. 가격이 실질적으로 떨어졌기 때문이다.

1970년 이후로 (다른 강세 통화 국가도 포함해서) 독일, 일본, 스위스 사람들의 수입은 자신들의 통화 관점에서만 보더라도 엄청나게 증가했다. 이 사실을 깨달으면 미국인의 생활 수준이 어느 정도로 하락했는지 여실히 알 수 있을 것이다. 1970년보다 더 많은 돈을 벌게 된 1996년의 일본인은 일을 더 적게 해도(아마 반만 해도 되지 않을까) 33억 9,000만 엔 짜리 건물을 살 수 있다. 26년 동안의 가격 하락은 5%이지만 노동의 관점에서 보면 그 이상이 하락한 셈이다. 반면, 미국인에게는 3배가 된 건물 가격은, 그것을 구매할 달러를 벌기 위해 드는 노동력의 관점에서 보면 그 이상이 상승한 셈이다.

계속 떨어지는 달러

그 동안 달러 시세는 세계 여러 시장의 성장이나 쇠퇴와는 별도의 경로를 걸으면서 하락을 거듭해 왔다. 가치하락을 설명할 수 있는 논리적인 유형이나 이유도 없었다. 그저 하락하기만 했다. 예를 들어, 일본 경제와 연관지어 생각해봐도 달러는 일본의 주식 시장과 상관없이 떨어지기만 했다. 호황을 누리거나 불황일 때도 그랬고 불황을 벗어나고 있는 경우에도 그랬다. 일본 경제가 미국 경제보다 강해 보이느냐 약해 보이느냐도 아무런 상관이 없었다.

달러 하락세는 미국 국내시장과도 별반 상관이 없었다. 1985년에서 1987년까지 월 스트리트가 계속 상승곡선을 그리는 동안에도 달러는 떨어졌다. 1987년 10월 월 스트리트가 공황 상태에 빠졌을 때도, 그리고 그후 다시 회복되어도 달러는 하강곡선을 그렸다. 그후 월 스트리트는 호황과 불황을 반복했지만 달러는 예외없이 추락만을 거듭했다. 뿐만이 아니었다. 달러 하락세는 미국의 무역적자가 늘고 주는 것에도 상관이 없었다. 또한, 독일 통일이 발표되었을 때, 서독에서 동독으로 많은 마르크화가 흘러들어가 결국 마르크화의 대 달러 평가절하가 있을 것이란 예상이 지배적이었다. 그러나 마르크화의 가치는 기록적으로 상승했고 반면 달러 가치는 떨어졌다.

1990년 걸프전이 발발하자 더욱 심각한 상황이 벌어졌다. 달러는 걸프전의 와중에도 떨어졌다. 전시에는 그나마 안전하고 강력한 통화로 여겨졌던 달러가 걸프전에서 더이상 지난날의 달러가 아님을 여실히 입증한 셈이다. 걸프전 동안, 스위스 프랑과 일본의 엔은 두 나라에서 기름 한 방울 나지 않는다는 약점과 세계의 원유 매장량이 줄어들고 있는 현실에도 불구하고 평가절상이 거듭되었는데 비교적 풍부한 원유를 보유하고 있던 미국은 반대상황에 처한 것이다. 이런 일련의 상황에 금융 전문가들도 놀라지 않을 수 없었다. 그 당시 달러가 급락하자 전문가들은 2보 전진을 위한 1보 후퇴 정도로 생각했지만 하락 추세는 변함이 없었으며 장장 8개월이나 계속되었다. 물론 그후 달러가 상승하기는 했지만 그 수준은 발을 약간 움직인 정도라고나 할까.

1980년 말에도 달러가 큰 폭으로 떨어져, 필사적인 회복 노력을 기울인 적이 있었지만 결과는 마찬가지였다. 이상하게도 달러는 반등을 위해 부단한 노력을 기울이면 약간 오름세를 보이다가 매번 그 이전보다 못한 수준까지 떨어지곤 했다. 달러의 평가절하는 기존의 주요 유럽통화에만 적용되는 문제가 아니다. 아시아 태평양 지역의 일본, 싱가포르, 말레이시아 통화에 대해서도 달러는 맥을 못추고 있다. 얼마 전에는 대 아시아 통화에 대해서 '신기록'을 세우기까지 했다.

미국인들은 달러의 하락세를 이해하려면 먼저 자신을 되돌아 볼 필요가 있다. 한 국가는 보통 수많은 계층의 사람들로 이루어진다. 그러나 사람들은 어떤 한 나라에 대해 전체적으로 보고 나름대로 객관적인 한 가지 특징을 파악하는 경향이 있다. 이를 테면, 일본인은 이렇고 독일인은 저렇다는 식이다. 외국인들이 미국인을 보는 시각은 전반적으로 돈 많고, 게으르고, 버릇 없고, 빠르게 줄어들고 있는 신탁 자금에나 의지해 살아가며 안정된 미래를 준비하는데 필요한 일은 안하는 국민이라는 것이다. 물론, 모든 미국인들이 외국인들의 이런 시각과 일치하는 것은 아니다. 아니, 오히려 대다수 미국인들은 열심히 벌어 그 돈을 소중히 간직하는 사람들로 봐야 옳다. 그렇지만 그 돈은 결국 달러인 관계로 그들은 노동의 대가를 충분히 얻지 못하고 있는 셈이다.

미국인들의 재산은 그것이 부동산에 묶여 있건, 유가 증권에 투자되어 있건, 은행에 예치되어 있건 가릴 것 없이 대부분 결국 달러로 환산된다. 이는 결국 달러 가치가 떨어지면 원금마저 갉아먹히고 후손들에게는 빚만 물려주기 십상인 지경에 이른다는 뜻이다. 외국인들이 미국인을 어떻게 보고 있는지 이제 알겠는가. 그들은 미국인을 나락의 길을 걷고 있는 경제를 떠안고 빚에 허덕이는 채무자 정도로 보고 있다. 게다가 그들은 이제 달러를 내민다 해도 더 이상 옛날같이 많이 주지도 않는다.

강세 통화로 돈을 옮겨 놓는 일은 가능할 뿐만 아니라 요즘은 매우 수월하기까지 하다. 그렇지만 일본이나 스위스 돈을 가지고 있는 것만이 투자이익을 얻는 최선책은 아니다. 오늘날의 투자자는 몇몇 국가의 국채를 구입하는 것도 고려해봐야 한다. 어쩌면 보다 쉽게 보다 많은 돈을 벌 수 있는 방법이 될 수도 있다.

지난 25년간 달러가 음울한 길을 걸어오긴 했지만 그렇다고 세계 175개의 모든 통화에 대해 가치가 떨어진 것은 아니다. 1970년 이후만 보더라도 대다수 통화에 대해서는 평가절상되었다. 사실, 1970년에서 1990년 사이 36개 통화만이 달러에 비해 상승했으며 그 중 16개 통화만이 25％ 이상 상승했을 뿐이다. 달러의 수난기라 할 수 있는 지난 25년 동안 달러 대비 가치가 두 배 이상 늘어난 통화 또한 다섯 손가락 안에 꼽을 정도다. 아직까지는 세계에서 가장 강력한 힘을 가지고 있는 국가로서, 미국은 이제라도 불운한 달러를 개혁하는데 총력을 기울여야 할 필요가 있다.

이익이 될 만한 해외 투자

단순 통화 비교에서는 보통 이자율을 고려하지 않는다. 특히 단지 환율변동으로 발생하는 복리는 그렇다. 쉬운 예를 하나 들어보자. 1970년에 어떤 사람이 당신에게 100 스위스 프랑을 주었다고 하자. 당신이 그 돈을 그냥 가지고 있었다면 26년이 지나도 당신은 100 스위스 프랑(USD 23.20)을 가지고 있을 것이다. 그런데 만약 그 돈을 이자율 3%인 은행에 저축했다면, 26년 후에는 215.66프랑(USD 183.83)을 찾을 수 있다. 미국 달러로 환산하면 692.33%가 증가한 셈이다. 이번에는 채권을 생각해 보자. 채권 중에서도 특히 제로쿠폰채(무이자 할인채)는 안전할 뿐만 아니라 복리도 계산해주는 투자대상이다. 이는 채권이 직접적인 돈 교환이 아니라 어느 한 경제에 투자하는 수단이기 때문이다.

아래 나오는 통화들은 지난 25년간 실적으로 볼 때 미국인들에게 가장 이윤이 많이 남는 투자수단으로 증명된 것들이다.

통화가치 상승폭
(69년 12월 31일부터 95년 3월 30일까지)

스위스 프랑(franc)	267.4%
일본 엔(yen)	298.8%
독일 마르크(mark)	160.6%
오스트리아 실링(schilling)	160.5%
네덜란드 길더(guilder)	128.7%

외국채를 구입할 때는 세 가지 사항을 고려해야 한다. 첫째, 상승세를 타고 있는 통화인가. 둘째, 이자 수익률이 높은가. 셋째, 이자율이 하락할 가능성이 있는가. 이는 이자율이 떨어져야 채권가가 상승하기 때문이다. 흔하지는 않겠지만, 이 세 가지 조건을 모두 갖춘 채권을 구입하는 게 최상책이다. 몇 가지 예를 살펴보자. 앞으로 몇 년 후에는 어떻게 될지 모르지만 1996년 현재 일본이 발행하는 엔화 채권은 위의 조건을 모두 충족시키지는 못하고 있다. 같은 해를 기준으로 위 조건을 충족시키는 채권을 발행하는 나라는 독일, 스위스, 네덜란드 정도다(오스트리아 실링은 기준에는 합당하지만 광범위하게

유통되는 통화가 아닐 뿐만 아니라 독일 마르크화에 강하게 묶여 있다. 따라서 독일의 국채를 사게 되면 오스트리아 국채를 구입하는 것과 똑같은 효과를 볼 수 있다).

스위스 프랑

지난 150여 년 간 스위스 프랑만큼 통화가치가 떨어지지 않은 화폐도 없을 것이다. 현재 통용되고 있는 스위스 프랑은 1850년에 태어났다. 스위스 헌법에 의해 주(州)마다 다른 화폐 사용을 금한 지 정확히 2년 뒤에 만들어진 것이다. 그 당시에는 프랑스 프랑과 같은 가치를 지녔고 1스위스 프랑은 순은 4.5g에 해당했다.

그 이후로 스위스 프랑만이 제 위치를 고수해왔다는 것은 참으로 흥미로운 내용이 아닐 수 없다. 현재 1스위스 프랑은 대략 4프랑스 프랑과 같다. 하지만 1스위스 프랑은 여전히 은 4.5g의 값어치와 같다. 지난 세기 동안 대부분의 통화는 은에 대비해 상당히 가치가 떨어졌다는 얘기다. 이탈리아 리라의 경우는 1862년 이후로 그 가치가 99.9퍼센트 떨어졌다. 다시 말해 1862년 순은 4.5g의 가치를 지녔던 1리라의 가치는 현재 순은 0.045g에 불과하다. 스위스 프랑과 달러의 비교는 다음 계산으로 쉽게 나온다. 현재 은값이 1온스당 5.5달러임을 감안하면 4.5g의 은은 미화 80센트에 해당한다. 이것이 바로 달러로 본 스위스 프랑의 가치다.

보통, 통화는 시간이 흐르면서 은과 같은 일용품에 비해 가치가 지속적으로 떨어지는 경향이 있다. 세계의 모든 화폐가 처음에는 일정량의 금과 은으로 교환하는데 별 어려움이 없었지만 세월이 흐른 후에도 처음에 정해두었던 금과 은에 대한 교환율을 계속 유지할 수 있었던 화폐는 거의 없다.

미국 달러를 한번 생각해 보자. 1850년 1달러는 24.06g의 은에 해당했는데(약 3/4 온스 상당) 현재는 5달러를 줘야 약 1온스의 은을 살 수 있고, 24.06g의 은을 사려면 3.88달러가 필요하다. 다시 말해서 1850년에 0.58달러면 살 수 있던 은을 현재는 3.88달러를 줘야 산다는 계산이 나온다. 미국 달러는 85%나 그 가치가 떨어졌지만 스위스 프랑은 변함이 없다는 것을 알 수 있는 단적인 예다.

정치와 경제의 안정 없이 통화 안정은 불가능하다. 그 점에서 보면 스위스는 정치와 경제가 세계의 다른 나라와는 비교할 수 없을 정도로 안정된 국가라고 할 수 있다. 스위스 유권자들은 지난 70년 동안 4개 주요 정당에 비슷한 지위를 부여해 왔다. 스위스가 여타 국가와 다른 점이 있다면 최종 주권이 국민에게 있다는 사실이다. 구체적으로 표현하면 권력이 지역 자치구에 골고루 분산되어 있어 주민들이 직접 자기들에게 맞는 생활방식을 선택할 권리를 가지고 있다는 말이다. 국민 개개인이 자신들의 삶을 조절할 수 있는 힘을 많이 가지면 가질수록 국가의 자유·안정·번영을 유지하려는 동기 또한 자연스럽게 부여되는, 모범적인 민주주의의 전형을 보는 듯 하다.

스위스 정치의 기본단위는 게마인데베르삼룽(gameindeversammlung, 이하 게마인데)이라고 불리는 지방자치단체로, 스위스의 모든 정치는 바로 이 게마인데에서 시작된다. 게마인데의 뜻은 지방자치제(municipality) 정도로 풀이 되지만 그 형태는 그 옛날 뉴잉글랜드에 있었던 마을 모임(town meeting)에 가깝다. 마을의 모든 사람이 모여서 그들이 직면하고 있는 문제를 의논하고 의사를 결정지었던 마을 모임 말이다. 게마인데는 그런 마을 모임이 확대된 형태로, 보다 많은 사람들이 참여하는 강력한 의사결정기구라고 생각하면 된다. 스위스에서 시민권자가 되려면 우선 어느 한 게마인데의 시민으로 인정받아야 한다. 스위스 여권과 개인 신상서에는 항상 그 사람의 소속 게마인데가 찍힌다. 한 가지 재미있는 사실은 자신의 게마인데를 한 번도 구경하지 못하고 살아가는 사람도 많다는 것이다. 이는 게마인데 시민권이 가족 전체를 대상으로 하고 대물림되기 때문이다. 따라서 현재 그곳에 살고 있지 않아도 소속 게마인데는 변함이 없고, 자신의 게마인데에 대한 소속감은 어디에 살고 있느냐에 관계없이 늘 강하게 유지된다. 스위스 사람에게 어디서 왔느냐고 물어보면, 설령 한 번도 가보지 않았다 해도 대부분의 사람들은 자신의 게마인데 이름을 댄다.

최근 조사에 의하면 인구 640만의 스위스에는 3072개의 게마인데가 있다. 인구 2000명당 1개 꼴이지만 그 크기는 각양각색이다(12명으로 이루어진 게마인데가 있는가 하면 취리히 게마인데는 37만 명으로 이루어져 있다). 이렇게 많은 자치단체가 존재한다는 것은 스위스 시민들이 자유롭게 자신의 불만을 배출할 수 있다는 것을 의미하기도 한다. 게마인데별 성격도 달라서 어떤 곳은 지나치게 자유로운 분위기를 느낄 수 있는 반면 어떤 곳은 극단적으로 보수적인 색채를 띠기도 한다. 각각의 자치단체가 말 그대로 자신들만의 영역에서 독특한 특징을 유지하며 살아가는 것이다.

중앙집권형 국가에서는 찾아볼 수 없는 안정과 통일성을 유지해온 스위스, 바로 위와 같은 엄격한 분권주의와 단위주의 정치 방식 덕분이 아닌가 싶다. 스위스 국민은 자신의 게마인데에 강한 책임감을 가지고 있어서 현재 그 곳에 살고 있지 않아도 그 곳이 현거주지 이상으로 건전하고 생산적으로 유지되길 바라고 또 관심을 쏟고 있다(만약 미국인들이 자신의 이익 외에 다른 것에도 관심을 가졌다면 미국의 국내 정책은 많이 달라졌을 것이다. 일례로 187법안과 쿠바 문제도 다르게 접근하지 않았겠는가). 또한 게마인데나 주(州)마다 성격은 각기 틀려도 모두 하나의 스위스라는 생각은 다르지 않아 서로서로 다른 자치단체를 위한 배려도 잊지 않는다. 다양성과 단합된 힘이 공존하는 이유를 알 것 같지 않은가.

스위스 국채는 정치 구조와 마찬가지로 세계에서 가장 안전하고 신뢰할 만하다. 이는 스위스 정부가 재정적으로 건실하기 때문이다. 스위스 국채야말로 여러분의 포트폴리오에 필수 품목이다.

독일 마르크

독일인들은 마르크를 생각할 때면 지난 날의 악몽을 떠올리곤 한다. 독일 경제를 파탄으로 몰아넣으며 끝없이 치솟았던 인플레이션이 생각나는 것이다. 1920년에서 1923년 사이 독일의 마르크화는 역사상 그 유례를 찾아보기 힘든 초인플레이션에 허덕였다. 70년 전에 있었던 이러한 통화 대붕괴의 참담함은 적절하게 묘사할 말을 찾기도 어려울 정도다. 은퇴후 여유로운 삶을 누리기에 충분한 돈이 불과 몇 년 사이에 싸구려 우표 한 장 사기에도 모자랄 돈이 되었다. 1914년 1달러에 4.2마르크이던 것이 1923년 말에는 4조 2,000억 마르크까지 올라갔다. 그 후에도 계속 떨어진 마르크화는 더 이상 가치를 환산할 수 없는 지경에 이르러 통화로서의 기능 자체를 상실했고, 결국 독일 경제는 다른 형태의 교환 제도에 매달리지 않을 수 없었다. 물물교환 말이다.

이렇게 되자 1924년 독일 정부는 화폐개혁을 단행해 새로운 통화를 만들었다. 이것이 나중에 '아돌프 히틀러(Adolf Hitler)의 화폐'라고도 불리운 라이히스마르크(reichsmark)로 1라이히스마르크는 구마르크화 1조에 해당했다. 히틀러는 이 통화의 하락을 막기 위해 현대 역사상 가장 야만적인 방법을 사용했다. 1933년, 히틀러가 집권하자 라이히스마르크화는 국외, 특히 스위스로 흘러 나갔다. 이렇게 국외로 유출되자 새로운 마르크화의 가치는 하락하기 시작했다. 그러자 히틀러는 1934년 라이히스마르크의 국외 반출을 법으로 금지하는 한편, 이미 유출된 모든 라이히스마르크에 대해 모라토리엄(Moratorium, 지불유예령)을 선언해 버렸다. 하지만 감옥에 보낸다는 법령도 돈이 흘러나가는 것을 막지는 못했고 급기야 1936년 12월 1일에는 라이히스마르크를 독일 밖으로 유출한 사람에게 사형이 구형되기에 이르렀다. 이런 가혹한 조치에도 불구하고 라이히스마르크는 계속 떨어졌고 결국 히틀러 정권의 몰락과 더불어 완전히 구매력을 상실하고 말았다. 불과 23년 만에 다시 독일인들은 자신의 화폐가 쓸모없는 종이 쪽지로 전락하는 광경을 목격하게 된 것이다.

독일인들은 다시는 그런 창피를 당하지 않겠다는 맹세를 했다. 1948년 6월 20일 현재 우리가 알고 있는 도이치마르크가 미국의 재정 지원 속에서 탄생했다.

그러나 그 마르크화도 처음에는 순탄한 길을 걷지 못했다. 1948년 새로운 화폐로 등장했을 때만 해도 1달러에 3. 33마르크이던 것이 1년 후에는 4. 2마르크로 떨어졌고 1951년에는 가장 낮은 8. 06마르크를 기록했다. 1마르크가 12. 4센트에 불과했으니 3년만에 통화가치가 59％나 하락한 것이다. 하지만 악몽은 그것으로 끝이었다. 그후 40년간 라인강의 기적은 지속되었고 1951년의 최저 평가 이후로 성장을 거듭한 마르크화는 달러에 비해 460％까지 상승하게 되었다.

독일인이 강력한 통화를 유지하기 위해 노력하는 이유를 이해할 수

있을 것이다. 독일인의 그런 성향이 다른 나라 투자자에게는 큰 이득
이 된다. 마르크화가 일시적으로 하향세를 보일 때 독일의 국채를 살
기회가 온다면 놓치지 않는 게 좋다. 마르크화는 곧 회복되고 여러분
은 이득을 얻게 될 것이다. 최근 추세를 보면 약 6~7% 정도의 이득
을 얻을 수 있다. 더욱이 독일의 이자율이 떨어지면서 국채의 가격이
상승할 터이니 금상첨화가 아닐 수 없다.

미국인들이 20년대 말 경제공황의 기억을 떨쳐버릴 수 없듯이 독일
인들 또한 치솟던 인플레와 통화체계의 초토화로 피땀어린 돈이 쓸모
없게 된 기억을 아직도 지우지 못하고 있다. 독일이 수십 년 동안 자
국통화 보호를 최우선 정책으로 삼아온 것은 지극히 당연한 일이다.
마르크화를 보호하는 법적 책임은 독일의 중앙은행인 분데스방크
(Bundesbank)가 맡아 신중히 수행하고 있다.

네덜란드 길더

역사적으로 가장 오래된 통화인 네덜란드 길더화는 지금부터 약 400년 전에 출범했다. 1587년 이탈리아의 베니스은행(Bank of Venice)은 서구 세계 최초로 혁신적인 화폐개혁 운동을 개시했다. 플로렌스(Florence)가 유럽에 처음으로 은행을 도입했듯이 이웃한 베니스에서는 유럽 최초로 지폐를 도입한 것이다. 지폐는 이미 고대 중국에서도 사용된 바 있지만 인플레로 실효를 거두지 못했었다. 어쨌든, 베니스에서도 지폐는 오래가지 못하고 그 명맥을 다른 지역으로 넘기게 된다. 1609년 네덜란드 암스테르담에서도 지폐를 발행했고, 이 화폐가 현재까지 통용되고 있는 세계에서 가장 오랜 역사를 자랑하는 네덜란드의 길더화인 것이다.

초창기 네덜란드의 지폐는 인플레를 몰랐다. 지폐 한 장 한 장은 은행에 보관되어 있는 일정한 양의 금에 대한 영수증이라고 할 수 있었다. 당시 사람들은 암스테르담은행에서 발행하는 이 지폐가 금과 같은 가치를 지닌다는 사실을 알고 있었고 따라서 동전을 한 보따리씩 가지고 다니는 것보다 훨씬 편하게 생각했다. 편리함 때문에 누구나 선호했던 이 지폐는 1609년에서 1794년까지 사이에는 해당 금액의 금보다 3%에서 9%까지의 프레미엄이 붙어 통용되기도 했다.

길더화는 1794년 프랑스의 침공으로 위기를 맞기도 했지만 1815년 워털루 전쟁 이후 다시 반등하기 시작했고 이후 1940년 히틀러의 침공때까지 안정을 유지했다. 제2차 세계대전 후에도 길더는 불황을 모르고 널리 통용되었으며 마르크보다 10년이나 먼저 통화가치를 회복했다. 마르크와 길더는 유럽의 주요 화폐 가운데서 처음으로 통화안

정의 가능성을 보여주었으며 유럽의 강세 통화가 하락하는 달러에 대한 방어막 역할을 할 수 있다는 것을 증명해 보이기도 했다. 1980년대 이후로 길더는 마르크의 90% 수준을 유지하면서 안정세를 이어가고 있다.

투자자들은 대개 한 나라의 이자율이 크게 떨어지면 연쇄적으로 그 나라의 통화가치도 떨어진다고 생각한다. 그러나 길더는 1985년에서 1988년 사이 완전히 반대양상을 보여주었다. 이 기간 동안 예금 이자율은 8%에서 4%로 절반이 줄어들었지만 길더의 대 달러 가치는 27센트에서 55센트로 배가 증가했다.

경쟁력을 갖추고 있는 데도 투자자들이 종종 간과하는 통화가 길더화다. 투자자들은 길더화가 어떤 통화보다도 오랜 안정세와 강세를 유지해 왔다는 사실을 명심해야 한다. 9년만 지나면 길더의 역사는 400년이 된다. 채권 수익률이 다시 올라가고 있는 지금이야 말로 네덜란드 국공채 구매의 최적기라 할 수 있다.

프랑스 프랑

이탈리아의 리라를 제외하면 최근 몇 년 사이 프랑스와 프랑스 통화만큼 급변한 나라와 통화도 없을 것이다. 얼마 전까지만 해도 프랑스 프랑은 끌리기는 하지만 효율이 떨어지는 병든 통화로 간주되었다. 그러나 프랑은 현재 그 옛날의 매력과 스타일은 그대로 보유한 채 어떤 면에서는 마르크화보다 효율적인 통화로 변신했다.

15년 전에 과연 누가 프랑스가 독일보다 인플레가 낮고 프랑이 마르크화보다 위력을 떨치고 프랑스 채권이 독일 채권보다 장사가 잘 될 것이라는 상상을 했겠는가? 프랑스 사람들이 독일 기차보다 빠르고 안전하며 정확한 기차를 이용하고 보다 발달된 텔레비전 방송 시스템을 갖게 되리라고 누가 추측이나 했겠는가? 하지만 모두가 현실로 다가왔다.

프랑스의 변화를 이탈리아와 비교하는 사람들이 있다. 하지만 프랑스와 이탈리아의 변화에는 중요한 차이점이 있다. 프랑스의 경우 전국적으로 발전의 덕을 보고 있지만 이탈리아의 경우 거대한 남부지역은 아직도 과거를 떨쳐버리지 못하고 있다. 프랑스의 인플레는 약 2% 정도되며 채권수익률은 인플레보다 훨씬 높은 6%에서 8% 선을 선회한다. 프랑은 지난 30년간 안정을 유지해 왔고 외국의 외환 시장에서는 때때로 독일의 마르크보다 빠르게 오르기도 했다. 프랑으로 발행되는 채권은 수익률이 높고 인플레는 낮으며 안정이 유지되는, 몇 안되는 투자 대상 중 하나로 평가받고 있다.

약세 통화에도 수익률 높은 채권은 있다

다음에 살펴볼 두 가지 통화로 발행되는 채권은 앞서 나온 통화의
채권에 비해 수익률이 훨씬 높다. 보통 두 자리수는 보장된다. 하지
만 앞에 나온 통화만큼 경쟁력이 있는 통화로 지불해 주지는 않는
다. 예를 들어, 이탈리아 채권의 수익률은 지난 수 년간 두 자리수를
유지하고 있다. 하지만 투자자는 막상 채권을 현금화하고 나면 다소
서운함을 느낄지도 모른다. 리라가 아닌 다른 화폐였다면 얼마나 좋
을까하는 아쉬움 말이다.

이탈리아 리라

최근 이탈리아에서는 아주 이상한 일이 벌어지고 있다. 금융시장

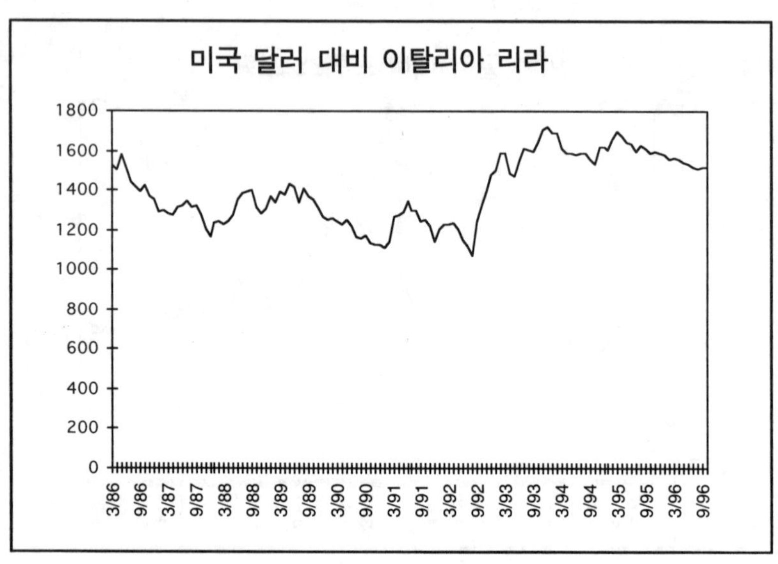

안정화 조치가 처음으로 광범위한 지지를 얻고 있는 것. 인플레는 내려가고, 이제 적자예산이 공격받고 있다. 공직자들의 부패를 성토하는 국민들의 원성이 높은 것을 보면 그간의 '관행'을 이제는 더이상 못 봐주겠다는 의지를 알 수 있다. 상황이 이렇게 흐르자 외국의 자본도 이탈리아를 다시 보기 시작했다. 더불어 리라 또한 안정을 되찾아가고 있고, 금리도 훨씬 더 떨어질 것 같다. 이탈리아의 인플레율은 현재 4%다. 그렇다면 채권의 실질 수익률이 5.5%나 된다는 얘기다. 투자자들이 이런 기회를 만나기는 쉽지 않다. 만약 환 리스크만 기꺼이 감수한다면, 이탈리아 국채로 몇 년 안에 아주 만족할 만한 투자 수익을 올릴 수도 있을 것이다.

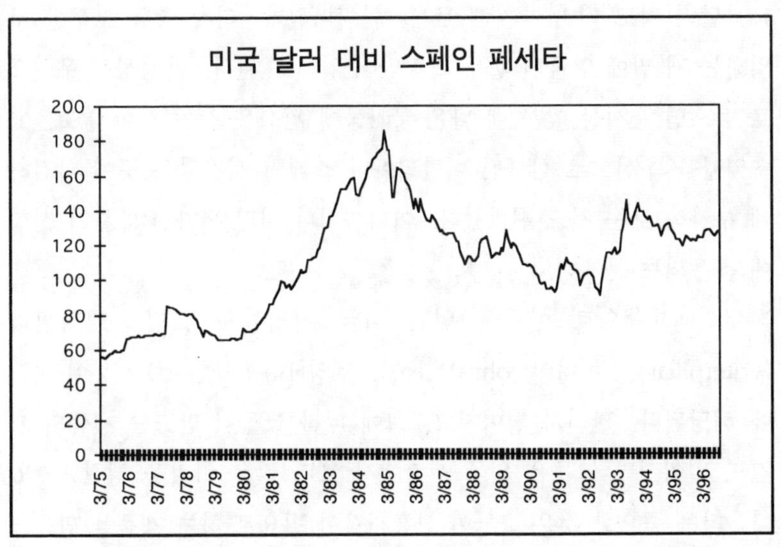

스페인 페세타

　스페인의 상황은 이탈리아와 비슷하다. 인플레는 4.5%이지만 실업률이 20%에 이른다. 이율은 두 자리수에 가까워 인플레를 감안한 실질 이율이 상당한 편이다. 스페인의 더딘 경제를 고려하면 이율의 감소가 예상되므로 높은 채권 수익률 외에도 채권가 자체가 올라갈 확률 또한 매우 높다. 문제는 페세타다. 최근에 하락세를 보이고 있기 때문에, 투자 수익은 결국 페세타의 변동폭에 따라 달라질 것이다.

마지막 한마디

　이렇게 해서 다섯 종류의 다양한 채권을 살펴봤다. 채권 당 대략

1만 달러 정도 씩만 투자해 보는 게 어떠한가. 다섯 종류 모두를 구입하는 게 맘에 안들면 한두 가지만 구입해도 된다. 안정성을 우선으로 삼으면 순서상 앞 쪽에 나온 국가들에 관심을 갖는 것이 좋고, 고수익률을 우선으로 삼으면 이탈리아나 스페인 시장같은 곳에 과감하게 투자해 보는 것도 괜찮겠다. 어디까지나 여러분 자신의 투자 성향에 좌우되는 문제다.

달러 하락으로 이득을 얻는 미국 기업들도 있다. 캐터필라(Caterpillar), 존 디어(John Deere), 보잉(Boeing), ADM 등이 여기에 해당된다. 달러가 떨어지고, 그에 따라 그들이 만드는 제품의 가격도 떨어지면 그들은 외국 시장에서 보다 많은 이익을 챙길 수 있다. 더욱 중요한 것은 그들이 신흥시장이 필요로 하는 제품을 만들어 내고 있다는 점이다. 이런 환경이야말로 성장의 필수조건이다. 이와 같은 특성을 지닌 미국 기업들에 주목하기 바란다. 해답은 나왔다. 외국채에 대한 투자와 미국 기업에 대한 투자를 적절히 조화시키면, 달러 하락은 오히려 여러분에게 득이 되는 것이다.

이 장을 만드는데 도움을 준 크리스웨버에게 감사드린다. 특히 달러와 그외 여러 통화에 대한 그의 해박한 지식과 자료가 크게 도움이 되었음을 밝힌다.

제11장

아시아 개발도상국에 대한 투자

세계 제조업 기반의 이동에 따른 최대의 긍정적인 효과는 동남아 지역에서 발생하고 있다. 동남아시아 제품에 대한 압도적인 수요에 기인해, 이들 지역의 국가경제가 호황을 누리고 있는 것이다. 특히 싱가포르와 말레이시아 경제는 전세계적으로 보더라도 가장 빠른 성장세를 보여 왔다. 사실 이 두 나라는 세계의 산업기반이 이동함에 따라 아시아에서 일어나고 있는 변화를 앞장서서 가장 잘 활용하고 있는 나라들이다. 이들 국가의 경제가 성장을 거듭함에 따라, 아시아의 다른 산업국가들도 이들의 뒤를 따를 것으로 보인다. 말레이시아나 싱가포르를 방문한 적이 있는 사람이라면, 이들 국가의 성장 속도가 너무나 빨라서 앞으로의 전망을 예측하거나 규정하는 일이 움직이는 목표를 맞추려는 것과 마찬가지라는 것을 이해할 것이다. 그렇지만 그들의 성장에도 분명한 원인이 있으니 이를 면밀히 분석하고 따라가면 그 성격을 쉽게 규명할 수 있을 것이다.

확실한 증거를 제시하기는 힘들지만, 이들 두 국가에는 1870년 이후의 유럽이나 산업혁명 이후의 미국에서는 찾아볼 수 없는 '순수성'과 '낙관주의'가 팽배해 있는 것처럼 보인다. 그들은 어떤 것은 할 수 있고 어떤 것은 할 수 없다는 식의 선입관에 구속되어 있지 않으며, 앞으로 나아가는 것에 대한 두려움도 없다. 싱가포르와 말레이시아의 성장 잠재력이 무한해 보이는 이유가 바로 여기에 있는 것이다. 사실 순수성과 낙관주의의 조화는 흔한 일이 아니다. 하지만 역사적으로 볼 때 그 조화에 성공한 사회는 큰 번영을 이루었다.

번성일로에 있는 아시아 경제

말레이시아와 싱가포르의 경제철학은 미국과 다르다. 미국에서는 일자리가 창출되고 경제성장이 도래한다는 소식이 나와도 더 이상 경제 분석가나 채권거래자, 나아가 시장의 반응을 고무시키지 못한다. 옛날에는 보다 많은 사람이 보다 나은 일자리를 얻으리라는 소식이 나오면 미국 투자자들도 기뻐하며 낙관적으로 받아들였다. 그런데 요즘에는 그런 소식을 접하고도 금리가 오르거나 경제가 침체할지도 모른다는 불안감만 갖는 것이다. 하지만 말레이시아와 싱가포르 등 아시아 대부분의 지역에서는 여전히 그러한 소식을 기뻐하며 낙관적으로 받아들인다. 이는 아시아인들이 "볕 났을 때 건초를 만들어라"라는 신조를 가지고 살고 있기 때문이다. 다시 말해서, 이 국가들은 인플레이션에 대해 걱정하는 대신, 경제 성장에 관심을 갖는 것이다.

푸딩도 먹어봐야 맛을 아는 것이니 증거를 한 번 찾아보도록 하자. 싱가포르는 1996년 한해 동안 7%라는 경이적인 경제성장률을 올렸다. 이는 가장 낙관적인 전망을 능가하는 수치였다. 그런데 놀랍게도 싱가포르 금리는 여전히 낮은 상태를 유지하고 있다(미국 금리보다도 낮다). 사실, 고도성장을 하고 있는 아시아 국가들의 금리는 전반적으로 낮게 형성되어 있고, 그들은 그 낮은 금리를 바탕으로 높은 경제성장률을 유지하고 있다. 미국인들의 일반적인 통념과는 달리, 저금리가 화폐가치의 오름세를 막지 않았던 것이다. 일본의 금리도 현재 3%에 근접해 있지만 엔화가 꾸준한 강세를 보이고 있지 않은가. 특히 달러에 대해서 말이다. 명백히 이것은 경제의 빠른 성장이 고금리라는 고충을 의미하지 않으며, 그리고 저금리가 필연적으로 통화에 대한 투자자들의 투자심리를 위축시키는 것도 아니라는 증거다.

아시아권 문화의 강한 윤리의식

아시아 경제가 원활히 돌아가도록 지탱하고 있는 것은 아시아 국가들의 문화에 깊게 배어 있는 강한 윤리의식이다. 말레이시아와 싱가포르에서는 '정직'과 '존중'이 사회에서 매우 중요한 역할을 한다. 이는 아시아의 대부분 다른 국가에서도 그러하다. 그리고 이러한 특성들은 어떠한 행위에 대해 엄격한 한계를 정해준다. 싱가포르와 말레이시아에서는 타인과 타인의 재산을 존중하는 사람이 마찬가지로 존중을 받는다. 반면, 그 반대의 사람은 확실하고 엄격하며 즉각적인 처벌을 받는다. 미국에서는 '경범죄'라 할 수 있는 것에 대한 표준형량이 동남아시아에서는 태형 아니면 금고형이다. 비록 사소한 절도라 할지라도 1년 이상의 금고형에 처해진다. 2년 전 한 미국인 10대 소년이 처벌을 받고 나서야 비로소 배웠듯이, 싱가포르에서는 타인의 재산을 파괴하는 자에게 공개적인 모욕까지 가해진다. 또한, 이들 나라에서는 가족의 가치라는 것이 선거 때나 등장하는 슬로건이 아니라 문화를 형성하는 가장 중요한 요소다. 가족간의 유대를 최우선시하는 것이다. 그리고 이러한 유대감은 국민들의 관심사를 하나로 모으는데 도움을 준다. 뿐만 아니라, 싱가포르와 말레이시아 같은 나라는 범죄율이 매우 낮기 때문에 보다 여유롭게 국민들의 복지증진을 위한 투자에 나설 수 있다. 물론, 생산적인 경제를 구축하는 일 또한 그들의 최우선 관심사 중 하나다.

독립선포와 함께 번창하는 싱가포르

싱가포르는 말레이반도 남단에 위치한 섬으로 전에는 말레이시아의 한 지역에 불과했으나 1966년에 도시국가로 독립한 국가다. 독립을 선포한 이래로, 싱가포르는 세계에서 가장 튼튼한 경제 강국 중의 하나로 성장해 왔다. 이 같은 안정을 달성하는 데 크게 공헌한 것은 대부분이 화교(華僑)인 싱가포르인의 정신 속에 뿌리깊이 박혀 있는 중국인의 전통적인 직업윤리다. 많은 다른 자유시장경제 국가들과는 달리, 싱가포르의 전통은 '민주주의란 피땀어린 노력으로 일구어내는 것이지, 결코 거저 얻어지는 것이 아니다'라는 굳은 신념을 바탕으로 번성하고 있다. 이와 같은 신념을 토대로, 싱가포르인들은 민주사회를 향유할 자격을 얻기 위해 항상 애써왔고 자신들의 권리를 보호하기 위해 타인 존중을 우선시하는 문화를 가꿔왔다. 싱가포르는 범죄율이 사실상 제로에 가깝기 때문에 다른 나라에서는 범죄를 막는데 허비되는 에너지가 싱가포르 전 국민의 복리를 위한 '경제 수행능력 강화'라는 생산적인 목적을 위해 사용되고 있다.

싱가포르가 인적 자원을 제외하고는 이렇다 할 천연자원 하나 없는

국가라는 사실을 감안하면, 그들이 이룩한 지난 30년 동안의 경제적 번영은 참으로 놀라운 일이 아닐 수 없다. 전세계적으로 볼 때 싱가 포르 달러만큼 해를 거듭할수록 미 달러화에 대해 지속적으로 상승세 를 보이고 있는 통화는 거의 없다. 물론, 싱가포르 증권시장도 싱가 포르 달러의 강세에 힘입어 꾸준한 상승세를 보여 왔다. 이러한 싱가 포르의 인상적인 경제 성장률은 두 가지 중요한 사실에 기인한다. 하 나는, 싱가포르가 외채가 거의 없는 나라라는 것이며, 다른 하나는 중앙은행이 통화량을 증가시키지 않기 때문에 인플레이션을 통제할 수 있다는 것이다. 결과적으로, 싱가포르는 매우 안정적이고 수익성 있는 기본 바탕 위에서 운영되고 있는 나라인 셈이다. 또한, 싱가포 르는 공산품 수출과 금융 서비스를 통해 경상수지의 완벽한 균형을 유지하고 있다. 싱가포르 경제 성공의 주된 원인은 싱가포르 시장지 수 즉, 아래의 스트레이츠 타임스(Straits Times) 지수에도 나타나듯이 '일관성 유지'에 있다. 싱가포르 통화와 마찬가지로 스트레이츠 타임스 지수는 약세시장에서는 거의 떨어지지 않는 반면 강세시장에서는 쉽게 오름세를 탄다.

한 나라의 통화가치가 너무 높으면 수출은 침체되고 수입은 치솟아 결국 무역적자가 유발되어 경기침체로 이어지는 게 일반적이다. 그런데, 싱가포르 경제가 연평균 성장률 7%로 1996년을 마감했는데도, 97년 들어 싱가포르 달러는 더 오르고 있고 수출 물량 또한 여전히 증가 일로에 있다. 역시 통념은 통념일 뿐이다.

비관론자들은 '싱가포르의 성장은 이제 끝났다'고 수년간 주장해 왔다. 1992년 경제가 5.2% 성장에 머무르면서 그들의 주장은 거의 들어맞는 듯했다. 하지만 그 이후, 싱가포르는 보다 영리하게 첨단기술제품 수출에 주력하며 경쟁력을 유지해 나갔다. 현재, 세계의 2대 컴퓨터 사운드 카드(sound card) 제조업체가 싱가포르에 있으며, 하드디스크 드라이브 세계시장 제품의 40% 또한 싱가포르에서 선적된다. 물론, 이들 제품의 상당부분이 말레이시아에서 조립되는데, 말레이시아의 임금이 때로는 50%까지 저렴하기 때문이다.

부가가치 수출품의 성공

싱가포르가 자국의 수출품에 보다 많은 가치를 성공적으로 부가할 수 있는 것은 책임있는 당국자들이 실행에 옮길 수 있는 치밀한 전략적 정책을 수립한 결과다. 기본적으로 그들의 의도는 산업기반을 넓혀서, 고가치의 첨단 제조업체들, 가령 일본이나 미국의 회사들과 경쟁하려는 것이다. 싱가포르는 유능한 인적자원이 풍부하고 전통적인 중국의 직업윤리의식이 널리 퍼져 있기 때문에 정부의 계획이 쉽게 수행되는 이점도 있다.

중국고사에 부(富)는 좀처럼 3대를 대물림할 수 없다는 말이 있다. 첫세대는 가난하게 태어나 열심히 일해서 부를 축적한다. 둘째 세대는 그 부모세대 만큼의 열의는 없지만 그럼에도 그 부모가 쌓아 놓은 부를 그럭저럭 유지한다. 그러나 3대째 내려가게 되면, 고난의 시절은 모두 망각하고 향락생활의 유혹에 젖게 된다는 얘기다.

바로 그 세 번째 세대가 현재 싱가포르에서 이제 막 근로 인력에 편입되고 있다. 그렇기 때문에 그들에게 오늘의 싱가포르를 있게 한 가치를 몸에 배게 만들려는 노력들이 도처에서 눈에 띤다. 그리고 그 자신들 또한 나름대로 진지한 노력을 기울이고 있다. 이들 젊은 세대 도 자신의 부모 세대나 조부모 세대와 마찬가지로 열심히 일하고 있 는 것. 따라서 중국계 싱가포르인들은 중국의 고사가 틀렸음을 증명 하고 있는 것인지도 모른다. 그들은 어쨌든, 전통적 통념이 틀리는 경우도 있다는 것을 여러 면으로 증명해 보이지 않았던가? 그들의 미래는 튼튼해 보인다.

항만 수익

싱가포르가 미래의 성장과정에서 수익을 올릴 수 있는 또 하나의 길은 항구로부터 선적되는 첨단산업 수출품과 관련이 깊다. 여기서 '선적'이라는 말은 중요한 의미를 지닌다. 싱가포르는 지리상으로 유 럽과 아시아의 중심부에 위치하기 때문에 양대륙 해운업의 중심기지 를 이룰 뿐만 아니라, 싱가포르 자체도 아시아 국가간 선적물량의 상 당부분을 직접 담당하고 있다. 싱가포르 항구의 거래량은 싱가포르와 말레이시아 일간신문들이 항구에 정박중인 선박들의 이름을 싣는데 수 페이지의 지면을 할애할 정도로 많다. 반복되는 애기지만, 싱가포르는 그 자체로도 세계의 주요 무역항 중의 하나일 뿐만 아니라, 그곳을 지나는 선박들의 정박항이기도 하다. 그러다보니 정비를 필요로 하는 선박의 수도 많아져 싱가포르에는 선박 정비업이라는 또 하나의 시장이 형성되어 있다.

사실상, 싱가포르는 세계의 선박 정비산업을 거의 20년이나 지배해왔다. 이는 전략적 위치와 정교한 기간시설 그리고 가격 경쟁력 등이 두루 조화된 탁월한 조건 덕분이다. 다른 어떤 해양국가도 이와 같은 조건을 갖고 있지 못하다. 매년 싱가포르에 들르는 거의 10만 척의 선박 중에서, 대략 3,000척은 정비만을 목적으로 정박한다. 선박 한 척 당 평균 정비 비용이 미화로 65만 달러에 달하므로, 이 선박 정비산업만으로도 매년 20억 달러를 벌어들이는 셈이다. 여기서 매우 흥미로운 점은, 유조선 정비물량이 총수입의 거의 2/3를 차지한다는 것이다. 이는 유조선들은 엄격한 환경기준을 준수해야 하고, 그러기 위해서는 늘 '좋은 곳에서 제대로 잘 정비'되어야 하기 때문이다.

중동지역에서 원유를 적재하고 번창하는 아시아 태평양 연안으로 향하는 거의 모든 유조선들은 싱가포르를 통과한다. 세계의 유조선 통행량의 1/4이 산유국을 출발해 싱가포르를 거쳐 한국과 일본으로 간다. 만약 중국이 앞으로 유전 발견에 성공한다면, 아시아 태평양 연안 해상중심기지로서 싱가포르의 위상은 더욱 확고해질 것이다. 유조선 통행량이 줄 염려가 없으니, 지역내 경제성장과 더불어 싱가포르 해운업계의 앞날은 창창하기만 하다.

싱가포르는 이미 아시아 지역의 원유정제 중심지이자 세계 3대 규모의 정유국이다. 이 또한 중요한 국내 수입원의 하나다. 최근 한 해 동안, 싱가포르는 6,600만 톤의 원유를 수입해서 그 중 4,000만 톤을 정유한 후 상당한 이익을 남기고 재수출했다. 참으로 놀라운 것은 석유 한 방울 나지 않는 조그마한 나라에서 한국의 원유 수입량의 2/3에 가까운 원유를 수입하고, 원유가 풍부한 홍해지역의 전 산출량에 버금가는 양을 다시 수출한다는 점이다. 이 역시 컴퓨터 산업에서와 마찬가지로, 싱가포르가 자국을 거쳐가는 자원에 어떻게 가치를 부가해 수익성 있는 수출품으로 생산해내는 지를 보여주는 좋은 예다.

싱가포르 달러는 이미 상승세에 있고, 이러한 추세는 앞으로도 계속될 전망이지만, 그것이 싱가포르 조선업의 수익성에는 아무런 영향도 주지 않을 것 같다. 오히려, 그들은 계속 세계 최고의 선박 정비국으로 군림할 것이다. 다른 정비국들과 달리, 싱가포르는 하나의 거대한 무역항이기도하다. 본질적으로 이러한 조건이 유조선에게는 마치 편의점과도 같은 역할을 해준다. 선주들은 한 번 정박해 정비와 선적업무를 동시에 처리함으로써 많은 돈을 절약할 수 있을 뿐만 아니라 다양하게 제공되는 훌륭한 지원서비스를 통해 또다른 절약을 할 수 있다. 금융 및 보험업, 첨단 통신시설, 능률적인 관세와 행정지원 등 다양한 지원서비스가 잘 마련돼 있고, 게다가 새로운 선원과 특수장비를 신속하게 수송해 주는 거대한 공항과 항공사(싱가포르항공)까지 잘 갖춰져 있으니 금상첨화가 따로 없는 것이다.

주롱 조선소

싱가포르의 항구지구 주롱에 위치한 주롱 조선소(Jurong Shipyard)는 선박 정비업에서 실질적으로 가장 크게 활동하는 회사다. JSL은 싱가포르에서 가장 경영이 잘 되고 내부적으로 안정된 조선소일 것이다. JSL의 종업원 1인당 생산성은 경쟁사들보다 훨씬 높다. JSL은 경영진이 중국인으로 구성되어 있어 전통적인 싱가포르의 직업윤리를 지켜 나가는 데다가 개인보다 팀워크를 강조하는 일본식 경영을 채택하여 효과적으로 실행해 왔다. 또한, 주롱의 고객 가운데 50% 이상은 단골 고객으로 이는 이 회사의 서비스와 경영이 어떠한지 잘 보여주는 단적인 예다. 더욱이 노사간의 관계가 원만해 종업원의 근속연수가 평균 12년에 이르고 이직률 또한 매우 낮은 편이다. 수입의 대부분을 선박 수리에서 얻는 주롱은 현재 싱가포르에서 가장 건실한 회사로서 지속적인 성장 전망 또한 밝다 하겠다.

JSL은 1963년에 싱가포르 정부와 일본의 중공업 복합 기업 IHI사의 합작투자로 설립되었다. 세월이 흐르면서 JSL에 대한 IHI사의 투자지분은 51%에서 9%로 감소했지만, 그 합작관계는 오랫동안 상당수의 일본 기업들을 싱가포르로 불러들이는 데 기여한 바가 크다. 최근까지 엔화가 싱가포르 달러보다 훨씬 더 높게 평가되었고 지금 역시 그렇기 때문에 일본인 고객들은 싱가포르에 대한 투자비용을 비교적 안정적으로 생각해 왔다. 하지만 최근들어 일본의 경제성장이 급격히 둔화됨에 따라 JSL의 이윤도 어느 정도 영향을 받게 되었다. 그렇지만 일본의 대규모 고객들과 손잡고 있다가 일본의 경기침체로 큰 타격을 입은 대부분의 회사들과는 다르다. 줄어들긴 했지만 주롱은 여전히 이윤을 남기고 있는 것이다. JSL은 현재 규모상 싱가포르의 3대 조선 설비업체다. 하지만, 선박수리 전문회사인 샘바왕사(Sembawang Corp.)와 현재 논의되고 있는 합병이 성사되면 170만 톤에 달하는 화물을 처리할 수 있는 수용력, 즉 싱가포르 4대 조선소 전체 처리량의 절반에 해당하는 수용력을 갖추며 명실상부한 싱가포르 제1의 조선소가 될 것이다.

JSL은 또한 해외진출을 통해 최근의 선적 물량 감소를 극복하고 있

다. JSL은 이란의 사드라 주룽(Sadra Jurong) 조선소에 대한 투자 지분의 26%를 보유하고 있으며, 앞으로 10년간 이 조선소에 대한 운영권도 쥐고 있다. 이 사실은 선박 소유자들에게 희소식이 아닐 수 없다. 석유 수출은 활발하지만 능률적인 사회간접자본이 부족한 나라에 세계 수준급의 조선소가 생기는 것이기 때문이다. 또한 중국에 나가 있는 JSL 지사 샘바왕 주룽 코로전(Sembawang Jurong Corrosion)은 유조탱크 코팅기술과 선박용 부식방지 서비스를 제공하며 중국에서 가장 효율적으로 선박을 정비하는 회사로 부상할 것으로 보인다. 요즈음 JSL은 또한, 수십 년 동안 침체에 빠져 있었지만 긴 해안선만큼이나 오랜 해양무역의 전통을 가지고 있으며 최근에야 다시 눈뜨기 시작한 베트남에도 진출할 기회를 엿보고 있다.

또하나의 확장 사업으로 JSL은 주룽 지역 투아스(Tuas)에 조그만 도크를 갖고 있던 애틀랜티스 건설(Atlantis Construction)의 지분 35%

(50% 옵션)를 1994년에 획득했다. 또한 1994년 4월, JSL은 클레이본 엔지니어링(Clavon Engineering)과 함께 오리엔트 클레이본(Orient Clavon)이라는 합작투자회사를 설립했다. 폭파 서비스를 제공하는 이 회사는 벌써 창이(Changi) 공항의 확장공사를 따냈다. 1995년 1월, JSL은 아모코 오리엔트 석유(Amoco Orient Petroleum Company)와 유조선을 해상물품 저장소 겸 하역시설로 개조하는 프로젝트를 계약했다. JSL은 최근에 선박 정비 외에도 선박 건조, 개조, 선박 거래, 쓰레기 재활용과 같은 서비스를 제공할 수 있는 능력을 갖추었고, 다양화된 사업 수요에 따라 본사의 기지 또한 확장할 계획이다. 이러한 전천후 선박업체 JSL이야말로 급속히 발전하는 싱가포르 경제에서 이윤을 획득할 큰 기회라 하겠다.

다민족 국가 말레이시아의 강점

말레이시아의 경우는 싱가포르보다 복잡하다. 싱가포르는 화교가 주도권을 잡고 있어 성공이 보장된 나라다. 하지만 말레이시아는 각기 다른 민족이 여러 부문으로 주도권을 나누어 갖고 있다. 정치와 교육 분야는 이슬람 교도인 말레이시아 민족이 맡고 있으며, 대부분의 동남아시아 국가들처럼 경제 분야는 중국인들이 주도하고 있다. 그리고 법률과 금융, 행정 등은 인도인들이 관장한다. 이렇듯 각 문화의 우수한 자산들이 조화를 이루어 하나의 큰 줄기를 이루는 것이 말레이시아가 가진 강점이다. 아시아에서 인구가 가장 많은 중국·인도·인도네시아 등의 세 민족이 함께 모여 있지만 지금까지 심각한 대립이나 갈등이 없었다. 그러나 최근 말레이시아 이슬람 교도들은 차별수정정책을 채택해 시행하고 있다. 그것은 할당제를 통해 중국인에 비해 불리한 입장에 처해 있는 이슬람교도들의 고용기회를 넓혀주는 제도다. 하지만 이 제도는 비생산적인 효과가 뚜렷하게 드러나고 있어 오래가지는 않을 전망이다. 미국과 마찬가지로 말레이시아에서도 차별수정정책에 따른 '일자리 평준화'가 생산성 저해의 요인으로 작용하기 시작해 현재 전면 재검토되고 있는 것이다.

어느 나라든 경제적 성공 뒤에는 긴장과 불만이 따르게 마련이다. 어떤 제도가 긍정적인 효과를 가져온다 하더라도, 계속적인 경제성장은 국민 간에 이해관계의 대립을 야기시킨다. 하지만 말레이시아는 계속되는 경제성장으로부터 모든 국민들이 이익을 얻을 수 있는 제도를 시행하고 있다. 정부가 빈민층에 무이자로 대출을 해 주면, 그들은 특수한 단위 신탁에 투자를 하고 그곳에서는 다시 보다 큰 규모의 증권, 채권, 정부보증채 등에 투자하는 식이다. 이 제도는 말레이시아인들의 지속적인 불만을 해소하고 희망과 동기를 부여하여 사회·경제적인 안정과 성장, 나아가 국가발전에 기꺼이 동참하게 해 주는 등 긍정적인 효과가 매우 크다.

싱가포르 북쪽을 이웃하고 있는 말레이시아는 수치상으로 보면 싱가포르보다 더 큰 잠재력을 지니고 있다. 더 낮은 임금에 더 넓은 국토와 더 많은 인구를 갖고 있기 때문이다. 제조업이 호황을 누리고 있는 말레이시아의 몇몇 건실한 기업들은 투자대상으로 손색이 없다 하겠다.

싸임 다비

말레이시아 최고의 우량 기업은 아마도 싸임 다비(Sime Darby)사일 것이다. 거의 100여 년의 역사를 가지고 있는 이 회사는 현재 자본금이 미화 40억 달러에 달하며 최근에 주로 급등하는 소액 주식으로 호황을 누리고 있다. 1995년 1월에 미화 3.37달러 하던 싸임 다비의 주가는 1997년 1월에는 미화 7.03달러로 2년 사이에 208％나 뛰었다. 그러나 이러한 확고한 성장세에도 불구하고 싸임 다비는 말레이시아에서 매우 신중하게 움직이는 회사로 알려져 있다. 다른 유명 기업들과 달리 싸임 다비는 판촉활동을 하지 않는다. 단지 기업 내실에 충실을 기하면서 결과적으로 막대한 이윤을 만들어 낸다. 말레이시아에 투자하는 펀드매니저(fund manager)들과 기관 투자가들 사이에 이 40억 달러 짜리 회사가 유명한 건 당연한 일이다.

싸임 다비는 말레이시아 경제 부문에서 비금융부문 즉 농업과 제조업의 대표 주자다. 그러나 이웃 국가 인도네시아의 값싼 노동력 때문에 현재 말레이시아의 농업부문 이윤은 급속도로 감소하고 있다. 하지만 아직 야자유와 고무 생산은 자국 내에서 강한 경쟁력을 가지고 있으며, 바로 그 부문에서 싸임 다비가 큰 역할을 하고 있다. 그러나 앞으로 눈여겨보아야 할 것은 싸임 다비가 말레이시아에 국한되지 않고 아시아의 다른 주요 지역에서 펼칠 제조 관련 사업일 것이다.

싸임 다비는 1920년대 이래로 말레이시아 일부 지역에 대한 '캐터필러' 트랙터 총판권을 보유해 왔다. 그 총판권은 현재 말레이시아 전 지역과 싱가포르, 홍콩, 부르나이에까지 이르며, 가장 눈에 띄는 것은 최근 급속도로 성장하고 있는 중국의 세 연안지역도 포함한다는 것이다. 또한 호주의 퀸스랜드, 파퓨아 뉴 기니, 솔로몬 제도도 포함한다.

기간 건설의 관점에서 볼 때도 싸임 다비는 아시아 경제로 인해 계속적인 이윤을 창출할 수 있는 유리한 위치에 놓여 있다. 트랙터 사업이 새로운 기간산업과 토지개발에서 이윤을 보장받고 있으며 설령

이런 것이 없다 하더라도 싸임 다비는 보다 나은 이윤을 창출할 유리한 고지에 놓여 있다. 경제 성장의 여파로 벼락부자가 된 실업가와 기업가들이 신흥 부유층을 형성하면서 아시아 지역에서도 서양의 "여피족(Yuppies)"들과 마찬가지로 신분 상징의 고가품을 사려는 경향이 나타나고 있다. 이를 예상한 싸임 다비는 홍콩과 중국 연안지역에 대한 BMW 총판권을 획득했다. 그리고 이어서 홍콩(당연히 연안 지역도 포함해서)에서 포드와 미쓰비시의 총판권을, 말레이시아에서는 랜드로버 지프의 총판권을 획득했다. 우리는 미국, 일본, 독일, 기타 많은 선진국에서 고급차가 '신분상징'으로 유행처럼 번지는 것을 보아왔다. 아시아 사람들도 예외일 수는 없지 않은가 !

　싸임 다비가 제조업으로 투자의 눈길을 돌려 중국에 세운 두 개의 제조 공장은 그냥 지나칠 수 없는 중요한 의미를 갖는다. 하나는 전 세계 시장으로 쇄도해 나가는 아시아 전자제품들을 포장해서 선적하는 저가의 고품질 카드보드 상자를 생산하는 공장이고, 다른 하나는 아시아 전역에서 찬물에 발을 담그고 일하는 수많은 농부들을 대상으로 저가의 고무장화를 생산하는 공장이다. 두 곳 모두 저가의 물건을 원하는 틈새시장에서 성공을 거두고 있으며 앞으로 막대한 이윤을 남길 수 있는 잠재력을 가지고 있다.

세계 전역에 자산을 보유하고 있는 대기업 싸임 다비는 빠른 성장세를 보이는 지역들에서 200개가 넘는 사업체를 운영하고 있다. 싸임 다비는 말레이시아를 기점으로 투자 매력이 있는 지역으로 그 영역을 넓히고 있으며 점차 중요성이 더해 가는 동남아시아 시장에서 이윤을 남길 수 있는 확고한 자리를 차지하고 있다. 장·단기적 관점에서 볼 때 싸임 다비는 그 주식의 안전성과 우량성, 그리고 고성장을 거듭하고 있는 아시아 태평양 지역의 다양한 사업체에서 이윤을 남길 수 있는 잠재성이 매우 큰 기업으로, 높이 추천할 만한 투자대상이다.

나일렉스

싸임 다비 외에도 여러 기업들이 말레이시아의 건설과 제조업 호황을 타고 이윤을 늘리고 있다. 현재 이 대열에 발을 들여놓은 기업들은 중공업에 필요한 재료를 값싸게 생산하는 업체들이다. 그중 하나가 나일렉스 버해드(Nylex Berhad)라는 말레이시아 기업으로, 나일렉스는 기술 개발부를 두고 전기개폐기 기어와 배선시스템의 디자인 및 제조, 공급, 설치, 보수 등을 담당시키고 있다. 이 회사의 다른 부서는 비닐코팅섬유와 플라스틱 용기를 제조 판매하고 있다. 이 외에도 건축자재 생산을 전담하는 부서도 있는데 특히 건물 지붕의 금속 기와와 유리솜 절연체로 유명하다. 마지막으로 나일렉스에는 현재

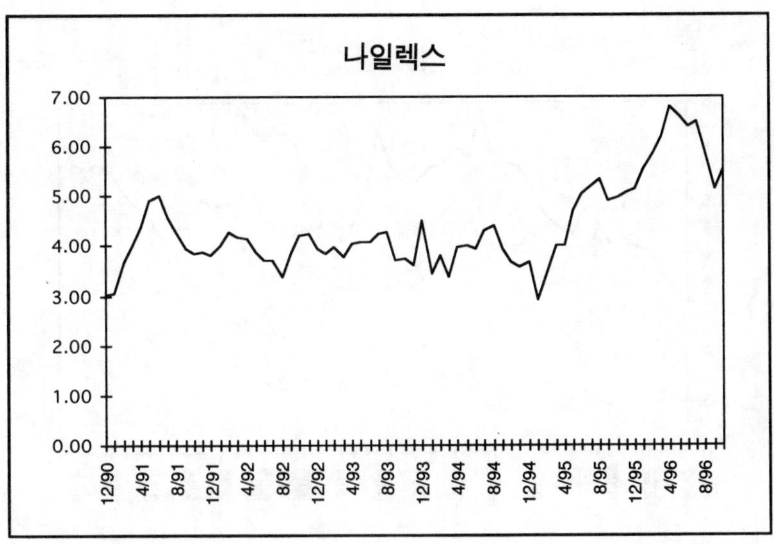

수요가 폭발하고 있는 유리 용기를 제작, 공급하는 부서도 있다. 싱가포르의 많은 기업들처럼 생산비용은 줄이면서 이윤을 증대시킬 수 있는 고부가가치 제품 제조에 관심을 쏟고 있는 나일렉스는 필요한 부품과 노동력을 같은 기업 내에서 수급함으로써 소기의 목적을 달성하고 있다. 1990년에 창립된 나일렉스는 영국의 우량 기업인 비티알 사(BTR plc.)의 자회사다. 직접적인 모기업으로는 비티알 나일렉스 주식회사(BTR Nylex ltd.)가 있으며 이 모기업을 통해 그 사업영역을 중국으로도 확장하고 있다. 현재 나일렉스의 성장 전망은 매우 밝으며 따라서 결코 후회가 없을 투자대상이라 하겠다.

클립살

싱가포르의 클립살 인더스트리(Clipsal Industries)는 전기설비 부

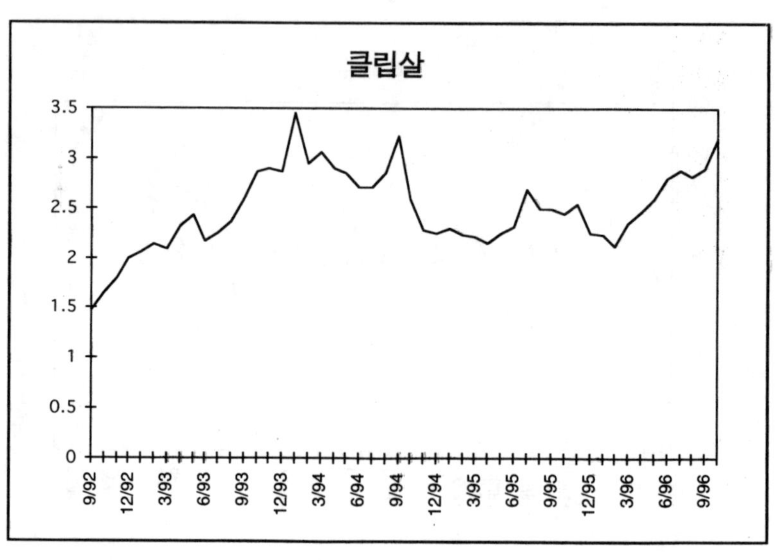

품, 회로 차단기, 전기 스위치 등 건축업에 필요한 고품질의 전기 설비를 개발, 생산하는 기업이다. 우수한 품질의 클립살 제품은 건축업계에서 평판이 높아 각국 시장을 석권하고 있다. 시장 점유율이 홍콩에서는 약 60%, 싱가포르와 말레이시아는 40% 내지 45%다. 특히 그랜드 인더스트리즈(Grand Industries)의 종합생산라인에 50% 지분을 소유하고 있는 호주에서는 60%의 시장점유율을 기록하고 있다. 이밖에도 성장을 거듭하고 있는 중국시장에서는 90%에 이르고 타이완, 베트남, 남아프리카 공화국, 중동, 인도 등지에서도 빠른 속도로 시장을 잠식해 가고 있다. 성장 전략의 일환으로 경제 호황이 예상되는 지역에 공장을 설립하고 있는 클립살은 지역 경제와 더불어 번영을 누릴 것이다.

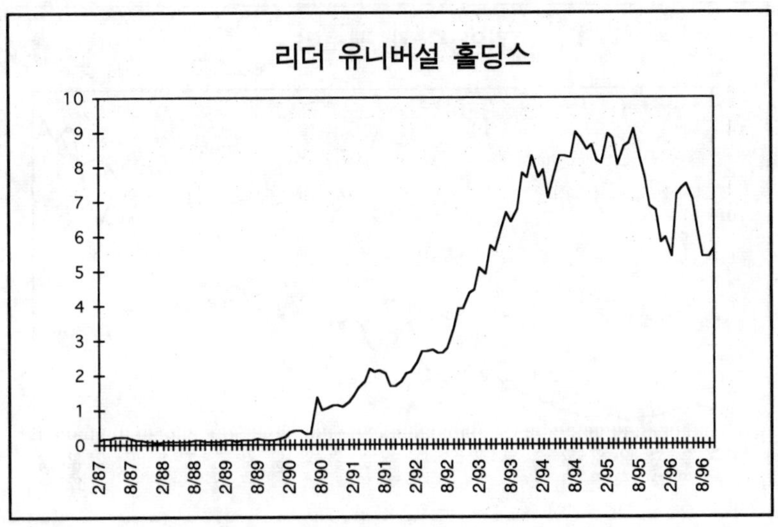

리더 유니버설 홀딩스

리더 유니버설 홀딩스(Leader Universal Holdings, 이하 LUH)는 산업용 및 가정용 전선, 통신 및 전력 케이블, 알루미늄 봉, 가정용 케이블 및 광섬유 케이블 등을 생산, 판매하는 말레이시아 기업이다. 클립살의 주고객층이 개인 건축업자들인 반면에 LUH의 판매는 주로 말레이시아의 공공 사업체인 테나자(Tenaga)와 텔레콤(Telekom)을 상대로 이루어지고 있다. 테나자와 텔레콤의 케이블 수요 증대로 인해 1993년에서 1995년에 걸쳐 LUH는 막대한 이익을 얻었다. 그러나 1996년 이들의 수익은 저조했으며 1994년 9월 이후로는 주가 또한 반으로 폭락했다. 하지만 전력, 통신 시장에서 말레이시아의 선두주자인 LUH는 정부의 기간산업에 대한 투자증대로 계속해서 이윤을 창출해낼 것이 분명하다. 말레이시아정부는 이 부분에

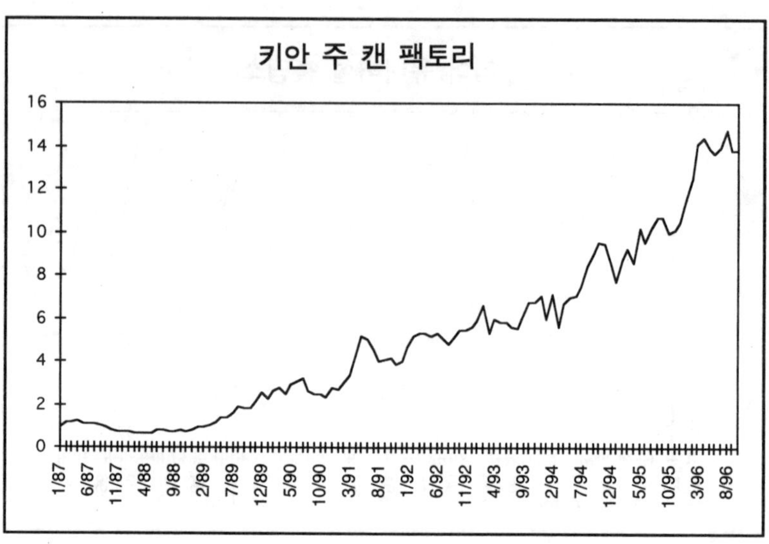

대한 향후 5년 동안의 투자예산으로 220억 링깃(ringgit)을 책정해 놓고 있다. 따라서 지금이 LUH의 주식을 매입하기에 가장 적절한 시기로 보인다.

키안 주 캔 팩토리

소비재 생산에서 중요한 역할을 하고 있는 말레이시아의 제조업체는 키안 주 캔 팩토리(Kian Joo Can Factory)다. 키안 주는 이름 그대로 양철 캔과 알루미늄 캔, 그리고 폴리에틸렌(PET)병과 골판지를 생산하는 업체다. 말레이시아의 2대 캔 제조업체 중의 하나인 키안 주는 다음 도표에서 보듯이 킬리만자로의 북쪽 경사면과 같은 실적을 보이고 있다. 키안 주는 아태 지역, 특히 베트남에서 그들의 사업을 확장해 가고 있으며 이미 더 많은 폴리에틸렌 병을 보다 원활하게 생산하기 위해 호주의 스모건 합병회사(Smorgon Consolidated Industries of Australia)와 합작 투자에 돌입했다.

바크리 앤드 브러더스

바크리 앤드 브라더스(P. T. Bakrie & Brothers) 즉, 바크리는 급성장하고 있는 인도네시아 상장회사 중 하나다. 근로자가 8,600명인 이 회사는 주로 세 가지 산업분야에 관여하고 있다. 기간산업 지원사업, 농장사업, 그리고 통신사업이 그것이다. 회사의 연혁은 인도네시아의 사업가 아크메드 바크리가 생필품을 다루는 무역회사를 설립한 1942년으로 거슬러 올라간다. 비록 회사의 대부분을 바크리가가 소유하고 장남인 아부리잘이 지휘하고 있긴 하지만, 회사의 관리는 국제적인 훈련을 받은 전문 경영인들이 맡고 있다. 1983년 이후로 바크리는 강관 제조와 철강 구조물, 그리고 화이버(fiber) 시멘트 재료 등을 포함하는 기간산업에 전념해 왔다. 그러다가 90년에 들어서면서 바크리는 농장과 농업관련 산업의 선두주자로 부상했다. 그리고 최근 들어서는 통신산업에도 참여했고 광업에도 상당한 규모로 투자하기 시작했다.

1959년, 인도네시아 최초의 강관 제조업체로 사업을 시작한 바크리는 설립과 동시에 국내 최대의 제조업체로서 입지를 다져나갔다. 바크리의 사업영역은 용접 및 비용접 강관, 자동차 부품, 화이버 시멘트로 만들어진 건축자재 등의 제조는 물론이고, 토목공학, 기계설비 및 장비설치 등도 포함한다. 또한 바크리는 기간산업 프로젝트를 설계·구성·감독하는데도 능력이 있음을 입증한 바 있다. 인도네시아 전역의 교량과 송전탑, 관개시설 건설에 참여한 것이다. 바크리의

194

다양한 사업들은 인도네시아에 절실한 기간산업의 빠른 성장을 돕는 촉매 역할을 하고 있다. 바크리의 사업영역을 보다 구체적으로 살펴 보자.

농장사업

바크리의 농장사업부는 수마트라의 옥토 5만 5,000헥타르 (hectare, 1만 평방미터)를 소유하고 있다. 고무농장이 주된 사업으로 연간 2만 2,000톤에 이르는 고무원액을 추출하고 있다. 이들은 또한 거대한 야자유 농장을 개발 중이다. 현재 바크리는 라텍스 알러지를 방지하는데 혁혁한 효과가 있는 저단백 라텍스 크림의 세계 유일의 생산자다. 이 크림은 특별한 용도의 외용제로 광범위하게 쓰이며 또한 높은 부가가치를 생산해내고 있다.

통신사업

1989년 이후로 바크리는 42만 개 이상의 전화회선을 설치하는 개가를 올렸다. 이 회선 가운데 60퍼센트 이상에 대해 바크리는 '선운영 후양도' 권한을 쥐고 있다. 다시 말해 이 회선들로부터 충분한 이득을 올린 후에 텔레콤 인도네시아(Telekom Indonesia)로 양도한다는 의미다. 1994년, 네덜란드의 PTT 텔레콤은 바크리 통신사업부 주식의 30퍼센트를 미화 9,000만 달러에 사들임으로써 자본 및 기술 협력에 나섰다. 바크리는 현재까지 12만 1,000개에 달하는 유선전화를 설치했다. 하지만 다음 28만 회선(자카르타의 25만 포함)의 가입자들은 휴즈 일렉트로닉스(Hughes Electronics)의 포넷(FONET, Flexible Overlay Network) 시스템을 이용하게 될 것이다. 포넷 시스템이란 무선기술을 이용하는 것으로 기존의 시스템을 빠르게 대체할 것이 분

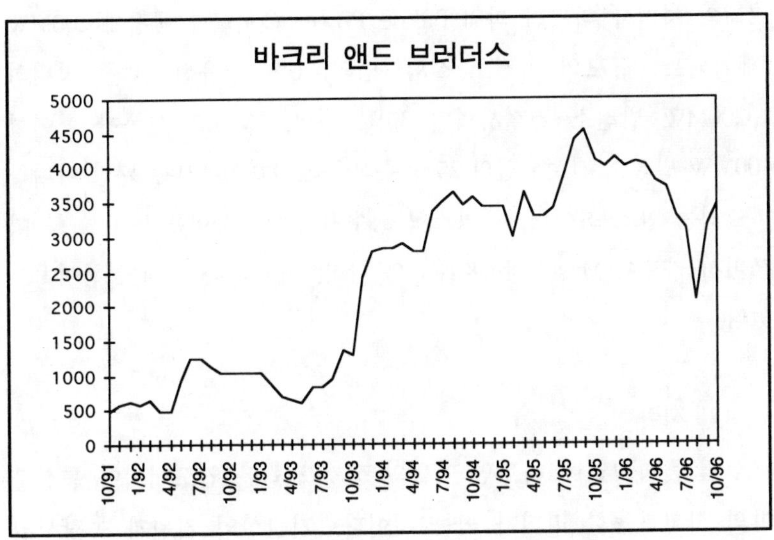

명하다. 바크리는 또한 통신 공기업인 PT텔레콤과 합작으로 저비용의 '지방 전화용' 첨단시스템을 개발중이다. 이를 통해 그들은 인도네시아에 흔하게 분포되어 있는 인구 저밀집 지역에 저렴한 디지털 통신을 제공하게 될 것이다. 이외에도 호주에 무선 통신사를 소유하고 있으며 베트남과 전화회선 설치계약을 체결해 놓은 상태다.

전략적 투자

1994년 바크리는 세계에서 가장 큰 금광과 세 번째로 큰 구리광산 채굴권의 9.4퍼센트(사실상 4.7퍼센트의 주식)를 보유하고 있는 피티 프리포트 인도네시아(PT Freeport Indonesia) 지분의 49퍼센트를 사들였다. 이 회사가 소유하고 있는 광산에서 이미 확증되었거나 또 확증의 가능성이 있는 광물 매장량은 구리 280억 파운드 이상, 금 400억 온스, 그리고 은 810억 온스로 추정된다. 또한 바

크리의 자회사 바크리 파워(Bakrie Power Corp)는 램펑에 200MW
(메가와트) 규모의 발전소 설립사업의 20% 소유권, 탄중 자티의
1,200MW 발전소 건설사업의 30% 주식, 그리고 서퐁에 들어설
400MW 발전소 건설사업의 25% 주식을 보유하고 있다. 뿐만 아니라
바크리는 인조 화이버, 플라스틱과 수지제조에 쓰이는 P.T.A.를 미
쓰비시 카세이(Mitsubishi Kasei)와 합작, 제작하는 일에도 참여하고
있다.

장기 전략

설립자 바크리에 따르면 이들의 장기 전략은 인도네시아 통신분
야의 확고부동한 리더가 되는 것이다. 기간산업 지원과 농장사업
에서 차지하고 있는 현재의 위치처럼 말이다. 바크리는 기간산업
과 통신산업을 빠르게 성장하고 있는 인도네시아 경제의 중심으로
여기고 있다. 인도네시아를 향해 밀려드는 외국의 투자자본 활용
의 일환으로, 바크리는 그들의 새로운 프로젝트에 기술적 자문과
경제적 원조를 아끼지 않은 외국의 합작 파트너를 지속적으로 찾고
있다.

뉴 월드 디벨로프먼트

홍콩의 뉴 월드 디벨로프먼트(New World Development 이하
NWD)는 부동산 투자, 건설업, 호텔업 등을 포괄적으로 운영하는 기
업이다. 또한 이 기업은 중국에서도 토지개발사업과 사회기반시설 사
업, 호텔 경영 등을 하고 있으며 더 많은 기회를 얻기 위해 적극적으
로 노력하고 있다. 하지만 NWD의 이익의 근간을 이루고 있는 것은

홍콩에서의 부동산 개발 사업이다. 이 회사의 홍콩 부동산 개발 사업은 토지저당 은행(land bank) 비용이 저렴하고 정지작업 중인 부지가 방대하며 상당한 양의 농경지까지 보유하고 있다는 특징이 있다. 현재 이 기업의 토지저당 은행이 보유하고 있는 토지는 153만 평방미터에 달한다.

NWD는 앞으로, 값싼 주택을 선호하는 중국계 이주자들이 늘어남에 따라 홍콩 정부가 추진하고 있는 거주지 분산정책의 덕을 톡톡히 볼 것이다. 이미 NWD는 구룡만(Kowloon Bay)에 있는 홍콩 철도 공사(Mass Transit Railway Corporation) 본사의 재개발권을 따냈다. 따라서 이 본사 부근에 NWD가 보유하고 있는 토지는 그 효용성과 가치가 훨씬 더 상승할 전망이다.

NWD의 부동산 투자 부문(임대료 수입을 목적으로 하는)도 꾸준한 성장세를 보이고 있다. 이 회사가 건설 중인 사무실과 상가가 모두 완성되는 3년 후에는 임대료 수입이 무시 못할 수준에 오를 것이다. 이렇게 전용할 수 있는 안정된 고정수입이 점차 늘어남에 따라 NWD는 또 새로운 부동산 투자 기회를 모색하고 있다. 현재, 사무실과 상가를 합쳐 대략 73만 8,000평방미터를 보유하고 있는 NWD는 홍콩 10대 부동산 임대업자 가운데 하나다.

NWD는 호텔 사업에서도 두각을 나타내고 있다. 이 기업이 홍콩에 소유하고 있는 5개의 고급 호텔은 하룻밤 객실료가 홍콩 최고 수준으로 미화로 치면 평균 100달러에서 300달러 정도다. 또, 주무대인 홍콩과 중국에서 12개가 넘는 호텔을 소유 또는 운영하고 있을 뿐만 아니라 아시아 각지에서 호텔을 개발 중인 뉴 월드 호텔스 인터내셔널(New World Hotels International) 지분의 64%가 NWD 소유다. 그리고 NWD는 르네상스 호텔 그룹(Renaissance Hotel Group)을 분리

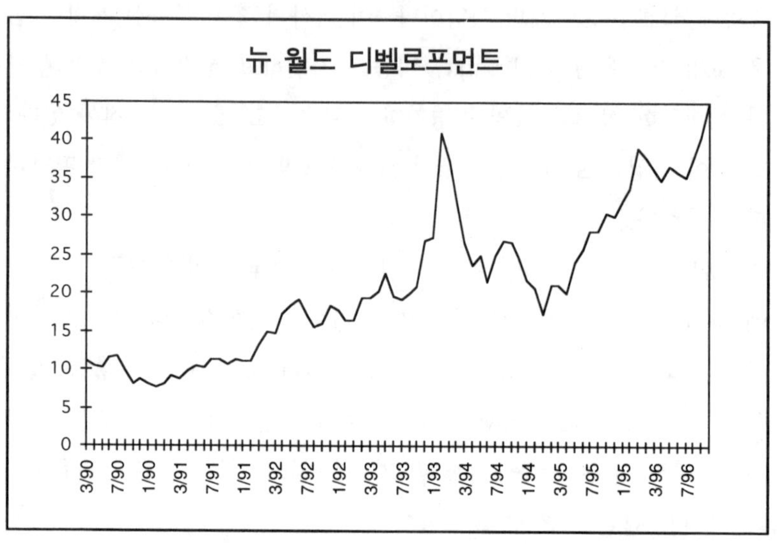

시켜 미국 시장에 상장시켰지만, 뉴 월드 호텔스 인터내셔널을 통해 간접적으로 37.7%의 이익을 얻고 있다. 르네상스 호텔 그룹은 르네상스, 뉴 월드, 라마다(Ramada)라는 이름으로 전세계에 걸쳐 현재 130개가 넘는 호텔을 경영하고 있는 회사다.

NWD는 가장 적극적으로 중국에 투자하는 회사 중 하나다. 중국에 대한 투자 규모가 미화로 14억 달러가 넘는 것으로 추정되며, 주로 위험성이 낮은 사회기간시설 사업과 수익성이 높은 부동산 개발 사업에 치중해 있다. 이 기업이 맡고 있는 사회기간시설 사업에는 세 건의 발전소 및 한 건의 수력발전소 건설, 일곱 건의 고속도로·교량 건설 및 한 건의 공항 건설, 10여 곳의 공장 건설 등이 포함되어 있다. NWD는 일찍이 중국 부동산에 투자했기 때문에 비교적 적은 비용으로 토지를 매입할 수 있었다. 대부분 베이징, 상하이, 광조우 등지의 토지로, 1991년 이후 그 가격이 오르고 있다. 앞으로 20년 동안은 기존의 토지저당 은행이 소유한 토지만으로도 개발이 충분할 것으로 보인다. 중국의 부동산 개발에 참여하고 있는 NWD의 토지저당 은행의 토지 가운데 많은 부문은 '저가 주택 공급사업'에 치중될 것이다. 관이 주도하는 저가 주택 공급사업의 경우 지방정부가 토지 투자에 대한 실익을 보장해 주기 때문이다. NWD의 중국 투자는 장기적인 계획으로 진행되고 있지만, 벌써 그 효과가 나타나기 시작해 1998년부터는 실질적인 이익을 얻을 수 있을 것으로 예상된다. NWD는 현재 유행하는 추세를 따라 자회사를 분리, 중국 시장에 올린 다음 현지 부동산개발 사업에 전념하게 할 가능성도 있다.

1995년 10월, NWD는 자회사 뉴 월드 인프라스트럭처(New World Infrastructure, 이하 NWI)를 성공적으로 분리, 홍콩 시장에 상장해 21억 홍콩달러를 올린 바 있다. 현재 NWI 주식의 69%는 NWD가 소유하고 있다. NWI는 중국에서 고속도로, 발전소, 공항, 교량 건설 사업뿐만 아니라 홍콩에 있는 기존의 컨테이너 하역장과 터널공사도 맡을 것으로 보인다.

NWD는 전략적으로 홍콩과 중국에서의 부동산 개발과 부동산 투자, 사회 기반시설 사업에 주력할 것으로 보인다(중국에서의 사업규모는 자산의 20~25%로 제한될 것이다). 그리고 호텔 사업을 전세계로 확장할 것으로 예상된다. 이것은 기업의 장기적인 목표가 수익의 50%를 정기적인 수입원에서 조달하는 것이기 때문이다. 1997년, NWD는 대규모로 홍콩 통신사업에 뛰어들어 협력업체들과 함께 국내 및 국제전화 서비스, 이동통신 서비스, 멀티미디어통신 서비스 사업 등에 10억 홍콩 달러를 투자하고 있다.

***   ***   ***   ***

끊임없이 변화하고 있는 동남아 지역에 앞으로도 많은 새로운 기업이 나타나리라는 것은 확실하다. 지금까지 나열한 몇 가지 정보는 앞으로 일어날 일에 대한 단편에 불과하지만 이를 유익한 출발점과 계기로 삼았으면 한다.

제 12 장

미개척지에 대한 투자 탐색

    현대 국가를 형성하는 경제발전과정에는 몇 가지 뚜렷한 단계가 있다. 한 나라의 경제가 도약 단계에 이르기 전, 보다 정확히 말해서 산업화나 현대화가 되기 전에 그 나라 경제는 발전과정상 매우 중요한 단계, 즉 예비 신흥시장 단계를 거치게 된다.

    재정과 기술 양 면에서 사회간접시설의 취약성을 드러내는 예비 신흥시장 단계의 국가들은 일반적으로 우선 그들의 성장을 가로막고 있는 장애를 극복하기 위해 애쓰기 마련이다. 그러한 과정에서 가장 필수적인 조치는 증권거래소를 만드는 것이다. 증권거래소가 없을 경우 정교한 투자 자체가 불가능하기 때문이다. 물론, 증권거래소가 처음부터 그 기능을 제대로 발휘할 수 있는 것은 아니다. 예비 신흥시장에서는 증권거래소가 있다하더라도 대개는 유동성이 부족하고 상장 기업이 적기 때문에 대부분의 기업이 사기업으로 남는 경우가 허다하다. 그렇지만 그러한 현상은 경제 발전의 초기 단계에 일반적으로 나타나는 현상이고, 그 얼마 안되는 상장 기업들 중에서도 이윤이 남는 투자 대상은 얼마든지 있을 수 있다는 사실을 기억해야 한다.

두 번째 조치는 전화 회선 및 도로, 화력 또는 수력 발전소 등 사회간접시설을 확충하는 것이다. 이는 국가를 번영으로 이끌 재화와 정보를 수송하고 교환하는데 필수적인 요소다. 사실, 이들 물리적인 변화보다 낡은 경영방식을 경쟁력 있는 현대적 경영방식으로 전환시키는 일이 더욱 어려운 과제다. 예비 신흥시장에 참여하고 있는 국영 기업들은 기술 부족과 비능률은 물론이고, 무사안일주의 사고방식 때문에 성장이 더디거나 정체되어 있는 경우가 많다. 그렇지만, 일단 경제 발전의 기준만 충족되면, 이런 국가들도 종종 경제적으로 활짝 피어나 생산성 높은 신흥시장 단계로 접어들 수 있는 것이다.

최후의 투자전선 : 아프리카

거의 모든 대륙이 투자를 통해 비약적인 발전을 이루고 있는 현 시대에 유독 아프리카에 있는 대다수 국가들만은 오히려 한 세대 전보다 더 궁핍한 생활을 하고 있다. 남아프리카 공화국을 제외한 아프리카 전체 국가의 국내총생산(GDP)의 합계가 벨기에의 국내총생산보다 적다. 몇몇 국가에서는 아직 '화폐경제제도' 조차 제대로 이루어지지 않은 상태다. 잠비아만 보더라도 900만 국민 중에서 임금을 받고 근무하는 정식 직업 인구는 불과 50만 명 뿐이고, 나머지 대다수는 거의 원시적인 수준으로 살아가고 있다. 수천 년 동안 살아왔던 옛날 방식 그대로 말이다. 하지만 이곳에서도 변화의 조짐이 보이기 시작했다. 공산주의가 붕괴되고 자본주의의 자유시장 원리가 많은 아프리카 국가에 확산됨에 따라 그들도 '서양식' 경제 발전에 관심을 기울이기 시작한 것이다.

아프리카가 투자에 있어 최후이자 최대의 미개척지라는 사실은 결코 놀랄 일이 아니다. 투자 대상이 되는 자산 자체가 세계에서 가장 저렴하기 때문이다. 그러나 불행히도 아프리카 대륙 전체에 '제대로 된' 증권거래소는 한 곳밖에 없다. 남아프리카 공화국 요하네스버그에 있는 증권거래소로, 지금까지 서구의 자본과 아프리카의 몇 안되는 상장기업을 연결하는 현장 역할을 담당해 왔다.

물론 아프리카의 다른 국가들에도 주식시장은 있으며, 새로운 주식시장이 속속 개장하고 있다. 현재 모로코, 짐바브웨, 케냐, 튀니지, 나이지리아 등 10여 개 국가에 주식시장이 개장되어 있다. 그러나 이들 국가의 총시장 자본금을 합해도, 남아프리카 공화국 증권거래소의 6%에 불과하다. 참고로, 남아프카 공화국 증권거래소는 멕시코의 볼사(Bolsa) 증권거래소와 비슷한 수준이다.

이렇듯 아프리카의 시장 규모가 작은 것은 사실이지만, 면밀히 검토해봐야 할 두 가지 이유가 있다. 첫째로, 이곳은 세계에서 유래 없이 가격이 낮은 주식시장을 형성하고 있다는 점이다. 산업화된 다른 국가의 인기 있는 주식의 주가가 연간 수익의 50~60배로 형성되는 것과는 달리, 아프리카에서는 주식이 연간 수익의 겨우 3~4배의 무척 싼 가격에 거래된다. 둘째는 아프리카의 많은 정부들이 현명한 경제정책을 추구하면서 투자 유치를 위해 문호를 개방하고 있다는 점이다.

아프리카 대륙에는 52개국이 분포돼 있다. 이 국가들은 여러모로 다른 점이 많지만, 몇몇 국가들은 분명 현대적인 생활수준을 향해 다가서고 있다. 또한 개별 국가들마다 처해 있는 환경은 다르지만, 그들에겐 한 가지 공통점이 있다. 장기간의 소련식 사회주의를 겪은

후, 모두가 자유시장경제를 애타게 갈망하고 있는 것이다.

낙관적인 국가 : 짐바브웨

짐바브웨는 1980년대 후반에 쇄국의 빗장을 걷어올리기 시작한 국가로 이 나라만의 특색이라면 외환 규제나 수입 규제를 시행하지 않고 있다는 것이다. 500달러만 있어도 자신이 선택한 통화로 은행구좌를 개설할 수 있는데, 이는 미국에서는 상상도 할 수 없는 일이다. 이러한 일은 최근까지 로버트 무가베 정부가 사회주의에 전념했다는 사실에 비추어 볼 때 상당히 이례적이다. 하지만 어쨌든, 지금은 무가베 자신이 앞장서서 신개혁정책을 추진, 짐바브웨를 생산적이고 경쟁력을 갖춘 나라로 만들고자 애쓰고 있다. 남아프리카 공화국을 제외한 다른 모든 아프리카 국가들과 비교해 볼 때, 짐바브웨의 사회간접시설은 우수한 편이다. 도로와 호텔 그리고 통신시설 등은 놀라울 정도로 훌륭하다. 투자자들이 특별히 관심을 보이는 사안 중의 하나인 주식시장은 아프리카에서는 남아프리카 공화국과 모로코 다음으로 큰 규모다. 짐바브웨의 산업증권거래소에는 52개 기업이 상장되어 있고, 그 중 광산업 분야가 6개사다. 1995년 상반기 기준으로 시장 총자본은 대략 20억 달러 수준이다.

새로운 경제체제로 돌입하면서 일반 국민들을 고무시키고 있는 낙관론은 짐바브웨 증권거래소 장세에도 반영되어 1994년 상반기 동안 종합주가지수가 50%나 상승한 바 있다. 게다가 더욱 중요한 점은 증권거래 당국이 국민 대다수를 주주로 끌어들이려고 애쓰고 있다는 것이다. 짐바브웨 증권거래소(ZSE) 소장인 마크 텀너에 따르면, 그들은 고등학생들 심지어는 열 서너 살 어린이들까지 참여하는 민중자각

운동을 벌여서, 국가경제 성장에 관심을 갖고 참여하도록 독려하고 있다. 짐바브웨 증권거래소는 1993년 6월 부로 외국인 투자자들에게도 문호를 개방했으나, 여전히 예비 신흥시장 단계에 머물러 있는 관계로 기존 기업들 대부분이 인접국인 남아프리카 공화국 증권시장에 함께 상장되어 있다.

짐바브웨와 같은 국가들에서는 경제가 성장함에 따라서 에너지 자원에 대한 수요 또한 필연적으로 증대될 것이다. 태양에너지나 풍력 같은 무한 에너지 자원을 제외한다면 천연가스가 가장 바람직한 에너지 자원이겠지만, 아쉽게도 이는 수요를 충족시킬 만큼 충분치가 못하다. 따라서 현재로서는 아프리카에 가장 풍부한 석탄이 이러한 경제발전 단계에서 유일한 가용 대체 에너지라고 할 수 있다.

오랫동안 제대로 평가받지 못한 채 천대를 받았던 석탄이 아프리카에서 뿐만 아니라 기타 지역에서도 다시 주목받게 된 데는 두 가지 이유가 있다. 먼저, 원자력에 대한 위험성이 보다 가시화되었기 때문이다. 낡은 원자력 발전소들이 나타내는 구조적 변형이 예상보다 훨씬 심해서 위험성이 높을 뿐 아니라, 보수보다는 새로운 원전을 건설하는 것이 오히려 비용이 적게 드는 경우가 허다하다. 또한 원자력 발전소는 안전상의 이유 뿐만 아니라 건강상 이유로도 해당 지역 주민들로부터 기피되는 게 큰 문제다. 또 다른 하나로는 새로운 기술혁신의 공헌을 들 수 있다. 요즘은 채광을 한 후 화학적 처리과정을 통해 잘게 부순 석탄에서 많은 불순물을 분리해 낼 수 있다. 그렇게 정제시켜 품질을 높인 석탄은 독성이 거의 없을 뿐만 아니라, 그 용도 또한 전보다 훨씬 다양하다.

완키 콜리어리

아프리카 기업들 중에는 짐바브웨의 완키 콜리어리(Wankie Colliery)처럼 석탄 정제산업의 발전을 토대로 이윤을 창출하고 있는 기업들이 적지 않다. 완키의 석탄 생산량은 짐바브웨의 수요를 훨씬 초과하고 있으며, 그에 힘입은 듯 회사의 주가도 1993년 9월 5달러에서 1997년 1월 45달러로 900％나 상승했다.

그러나 아직까지는 취약한 구조를 가지고 있어, 총 시장자본은 4,600만 달러에 불과하고, 주가수익률 또한 인접한 남아프리카 공화국 석탄회사들의 주가수익률 15에 비교되는 8.5에 머무르고 있다. 완키의 주가수익률이 낮은 이유 중 하나는 석탄을 짐바브웨로부터 가장 가까운 항구가 있는 모잠비크(아직 예비 신흥시장 단계에도 도달하지 못한 국가다)까지 실어 나르는데 어려움을 겪고 있다는 점을 들 수 있지만 보다 근본적인 이유는 완키사의 소유 형태에 있다. 정부가 완키사 주식의 상당량, 정확히는 40％를 보유하고, 회사 운영에 직접 참여하고 있다는 점이다. 그래서 투자자들은 완키를 국영기업으로 보고 투자를 꺼리는 것이다. 따라서 정부가 지분을 처분해 투자자들의 신뢰를 회복하기 전까지는 주가가 상승하기 어려울 전망이다.

짐바브웨 정부의 서투른 경영으로 완키가 곤경에 처할 가능성은 얼마든지 있다. 이미 동유럽 기업들이 그러한 전철을 밟아오지 않았던가. 지금이라도 짐바브웨 정부가 완키의 지배권을 양보하고 민영화를 추진한다면, 완키 콜리어리의 주가는 아마도 큰 폭으로 뛰어오를 것이다. 지금 현재로서는 시간을 두고 지켜볼 수밖에 없다. 하지만 완키의 경영이 변하지 않더라도, 그들의 주식은 아직 값이 싸다는 사실

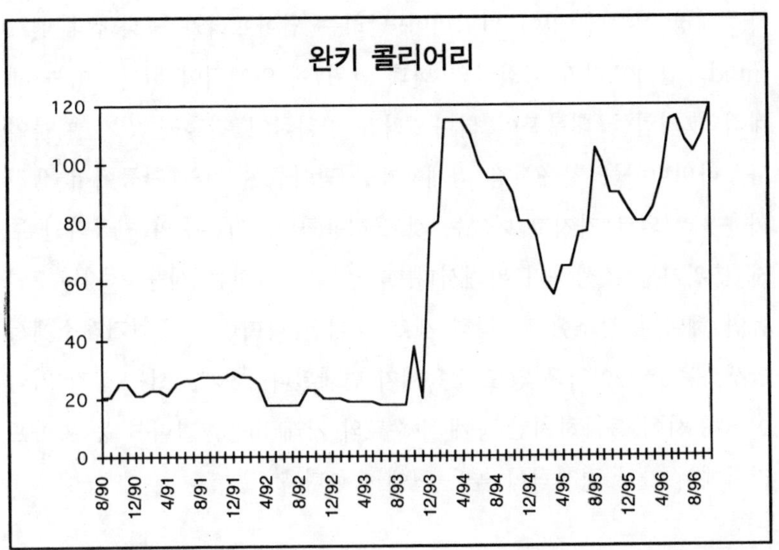

에 주목하기 바란다. 짐바브웨의 성장과 더불어 에너지 수요가 늘고
석탄을 수송해 수출하기가 좀더 용이해지면 완키의 주가는 오를 수밖
에 없을 것이다.

독립 이후 성장하고 있는 나미비아

나미비아는 서남아프리카에 있는 신생 독립국으로 영토는 프랑스
의 두 배가 넘지만 인구는 고작 140만에 불과하다. 처음에는 독일의
식민지였다가 다시 남아프리카 공화국의 보호령을 거쳐 1990년에 독
립한 나라다. 연간 경제 성장률 3%에, 1인당 국민소득이 미화 1,400
달러라면, 아프리카에서는 무척 높은 편이다.

사회간접시설 역시 훌륭하다. 1만 4,400킬로미터의 포장 도로,
2,400킬로미터에 이르는 철도, 게다가 통신 서비스도 잘 갖추어져 있

다. 재정 부문에 있어 나미비아 달러는 남아프리카 공화국의 랜드 (rand : 남아프리카 공화국의 화폐 단위)에 연계되어 있다. 이는 세계적인 기업들 대부분이 남아프리카 공화국에 진출해 있기 때문이다. 나미비아는 자유시장 경제체제를 받아들여 기업 활동에서 생긴 이윤을 해외로 가지고 나가는 것도 허용한다. 자본주의 친화적인 투자 분위기를 조성하기 위해서다. 기업에 부과하는 세율도 지난 2년 동안 해마다 감소했고, 특히 새로 들어선 나미비아 증권거래소에서 발생하는 투자이익은 양도 소득세가 면제된다. 현재로서는 상장 기업이 5개 사에 불과하지만 중개 수수료와 거래 비용, 커미션 등은 아프리카에서 가장 경쟁력이 높은 편에 속한다.

오션 다이아몬드 마이닝

오션 다이아몬드 마이닝(Ocean Diamond Mining 이하 ODM)은 나미비아 증권거래소에 상장된 다섯 기업 중 하나로 나미비아의 천연자원에 대한 채굴권을 쥐고 있는 회사다. 현재 나미비아는 국토의 크기에 비해 자원이 충분하게 개발되지 못한 상태다. 그러나 전세계에서 가장 산출량이 많은 다이아몬드 광산 중 몇 개가 나미비아에 있다는 사실에 주목하기 바란다.

나미비아의 남쪽 국경선을 이루고 있는 오렌지 강(Orange River)은 남아프리카 공화국의 풍부한 다이아몬드 광맥으로부터 수십억 캐럿의 다이아몬드가 흘러 들어오는 곳이다. 수백만 년에 걸친 침식작용으로 내륙 광맥의 다이아몬드가 오렌지 강을 통해 나미비아 해안선을 따라 바다에 퇴적되었으며 상당량은 해안선 내륙에도 쌓이게 되었다. 이런 식으로 오렌지 강이나 나미비아 해안에 침식된 양이 내륙

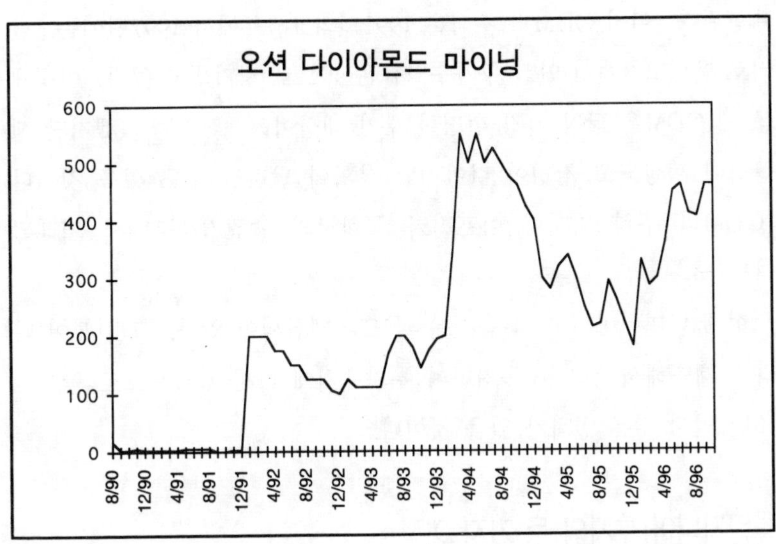

다이아몬드 광맥의 15배에 달하는 것으로 추정된다.

　남아프리카 공화국의 거대한 다이아몬드 카르텔인 드비어스(DeBeers)는 1918년에 독일이 떠난 이후로 나미비아의 방대한 해안선과 연안지역에 대한 개발권을 점유해 왔다. 그 동안 드비어스는 현시세로 약 330억 달러에 달하는 다이아몬드를 캐냈다. 하지만 신생독립국 나미비아는 드비어스에게 해안과 연안지역 다이아몬드광에 대한 소유권 가운데 일부를 포기하고 그것들을 경매에 부칠 것을 강요하고 있다. 소규모 다이아몬드 업자들에게 기회의 문을 열어주려는 의도인 것이다.

　이런 가운데, ODM은 1996년에 두 번째 채굴선을 띄워 상반기 6개월 동안 매일 해저로부터 180캐럿의 다이아몬드를 채취했다. 이로인해 ODM의 이윤은 전년 대비 330％가 증가한 143만 달러에 이르렀다. 세 번째 채굴선이 가동되면 이윤은 수백만 달러에 달할 것으로 예상된다. 이미 ODM의 주식은 1991년의 1센트에서 1997년에는 3달러로 올랐고, 현재 연간 주가수익률은 40으로 평가되고 있다. 이렇게 볼 때 ODM은 당장 가장 현명한 투자 대상이라 할 수는 없겠지만 생산성이 향상되고 경영이 나아지면 상황이 달라질 수도 있을 것이다 (ODM의 주식 역시 남아프리카 공화국의 증권거래소에서 거래된다).

현재 나미비아의 투자 옵션은 극도로 제한되어 있다. 그러나 이 나라는 계속해서 투자를 독려하며 투자유치에 나서고 있으므로 앞으로 10년 안에 많은 변화가 있을 것이다.

탄자니아 투자의 두 가지 이점

탄자니아로 말하자면 먼저 아프리카의 최대 해악인 부족주의를 폐지한, 매우 드문 국가 중 하나라는 사실을 밝히고 싶다. 다른 나라들은 아직까지 정도 차이는 있지만 부족주의를 어느 정도 수용하고 있는 입장이다. 짐바브웨 같은 경우도 수년 간의 내전 이후 여러 부족이 권력을 공유하고 있다. 그러나 탄자니아에서는 어느 종족도 국가 권력을 소유하고 있지 않다. 그러므로 내전으로 고생하고 있는 이웃 르완다의 상황에 비추어 본다면 이것은 커다란 이점이 아닐 수 없다.

탄자니아의 또 다른 강점은 정부 정책과 관계가 있다. 영국으로부터 독립하자마자 탄자니아에는 줄리어스 라이에레레(Julius Lyerere) 정부가 들어섰고, 그는 사회주의에 기초한 경제 모델을 받아들여 경제를 엄격한 국가 통제하에 두었다. 그로 인해 사실상 사기업이 모두 없어지다시피 했다. 그러나 25년이 지나 라이에레레는 그의 정책이

나라에 전혀 도움이 되지 못했다는 것을 깨닫고 결국 사임하기에 이
르렀다.

그 후 탄자니아 정부는 자유시장경제를 채택했으며, 1992년부터는
투자 장려책을 동원해 투자자들을 유혹하기 시작했다. 탄자니아의 기
존 사업이나 신규 사업에 자본을 투자하는 경우 5년간 세금을 면제해
주는 장려책이다. 이 기간 동안 투자자들은 배당금과 이자는 물론이
고, 자본 이득이나 수입품에 대한 세금도 면제된다. 게다가 건물과
설비에 대한 감가 상각비도 후하게 할당해 주고, 투자자들은 원하는
외화로 구좌를 개설할 수도 있다.

그러나 위에 나온 당근만으로는 탄자니아를 경쟁이 심한 시장에 안
착시키기에 충분치 못하다. 예비 신흥시장 국가에서 예외 없이 나타
나듯이 도로는 끔찍한 모양을 하고 있고, 철도는 곳곳이 끊겨 있고,
통신과 전력은 한정된 지역에만 보급되어 있다. 사회간접시설이 국가
발전에서 차지하는 중요성을 정부가 깨닫지 못한다면 정부 자체가 경
제발전에 저해요인이 되기 마련이다. 이러한 장애물은 탄자니아가 신
흥시장 단계로 진출하는데 어두운 그림자를 드리우고 있다. 그러나
탄자니아가 난관을 극복하고 신흥시장 단계에 도달하기만 하면 투자
자들은 주머니를 두둑히 채울 수 있게 될 것이다.

무한한 투자 가능성의 나라 : 잠비아

앞에 나온 나라들 외에 아프리카에는 눈여겨봐야 할 국가가 하나
더 있다. 잠비아다. 그러나 아쉽게도 투자자들에게는 잠비아의 가
치가 제대로 인식되어 있지 않다. 영국 식민지 시절, 북 로디지아
(Northern Rhodesia)로 알려졌던 이 나라는 1960년대 초에 독립하면

서 다른 아프리카 국가들처럼 사회주의 노선을 걸어왔다(남 로디지아는 현재의 짐바브웨). 그러나 지금은 탄자니아와 마찬가지로 잠비아도 자유시장 경제체제로 기울고 있다. 하지만 탄자니아와 달리 잠비아는 도로, 통신 등 사회간접시설이 훌륭하게 갖춰져 있어 신흥시장으로 떠오르기가 보다 수월할 것으로 보인다.

하지만 다양성이 부족해서 장애 또한 만만치 않아 보인다. 구체적으로 살펴보자. 잠비아의 모든 경제는 금속업에 치우쳐 있다. 따라서 주식시장 역시 금속 부문에 집중되어 유동성이 부족하다. 잠비아가 '전략 금속'으로 삼고 세계에서 가장 많이 생산하는 금속은 제트 엔진이나 기타 첨단 장비에 사용되는 코발트다. 또한, 잠비아는 구리 생산에 있어서도 세계적으로 손꼽히는 국가 중 하나다. 이렇게 금속에만 의존하는 경제는 가격이 오를 때는 문제될 것이 없으나 가격이 떨어지면 경제 전반에 심한 타격을 줄 수도 있는 것이다.

만약 인플레이션이 문제가 되면, 잠비아에서 생산되는 광물은 더 높은 가치를 지니게 될 것이다. 그렇지만 30년 전에 국유화된 주요 구리 광산은 정부의 부실경영으로 매년 생산량이 줄고 있다. 따라서 잠비아 정부가 자본주의로의 시험적인 첫걸음을 내딛어 국영 광업을 민영화시켜야 잠비아 경제는 성장이 가능하다는 계산이 나온다. 현재 그런 징후가 곳곳에 나타나고 있어 고무적이라 할 수 있다. 예를 들어, 지난 3년 동안 잠비아에서는 소규모 자영업체들이 빠른 속도로 늘어나고 있다. 비록 이들 중 다수가 초보적인 소매업 수준이지만 맥도날드(MacDonald's), 나산즈 페이머스(Nathan's Famous Inc.), 벤 앤 제리즈(Ben and Jerry's), 미시즈 필즈(Mrs. Fields) 등도 그런 형태로 출발하여 미국 전역을 휩쓰는 대기업으로 컸다는 사실을 간과하지 말아야 한다.

예비 신흥시장 전문 펀드

아프리카의 개별 국가나 기업이 아니라 예비 신흥시장 전반에 관심이 있는 투자자는 이 지역을 대상으로 하고 있는 전문 펀드에 기대를 걸어볼 수 있다. 이미 이 지역을 대상으로 모건 스탠리 아프리카 투자 펀드(Morgan Stanley's African Investment Fund), 얼라이언스 캐피털 남아프리카 펀드(Alliance Capital's Southern African Fund), 영국 로버트 플레밍 남아프리카 펀드(Robert Flemings' United Kingdom-based New South Africa Fund) 등 많은 펀드들이 영업 중이다. 현재는 이런 펀드들이 주로 남아프리카 공화국 주식시장에 상장된 회사들에 초점을 맞추고 있지만, 시장 규모가 커지면 다른 지역으로 투자를 확대할 것으로 기대된다. 물론 현재로서는, 주식 투자자들이 펀드를 이용해 아프리카의 예비 신흥시장 국가들로부터 어느 정도의 이익을 얻게 될지는 확실히 알 수 없다.

동유럽의 예비 신흥시장 단계 기업들

예비 신흥시장 단계에 있는 국가에 대한 투자에서는 건실한 기업을 찾는 것이 가장 절실한 문제다. 그러한 문제를 갖고 있는 대표적인 지역이 바로 동유럽이다. 동유럽에 대한 투자 가능성을 체코를 중심으로 살펴 보려고 한다. 체코는 경쟁적인 세계 시장에 뛰어들기 위해 많은 노력을 기울이고 있는 나라다. 하지만 아쉽게도 아직까지는 초기 단계에 머무르고 있다. 물론, 체코는 현재 개혁의 역효과가 가장 적으며 다른 동유럽 국가에 비해서는 발전 수준이 높은 편이다. 다만

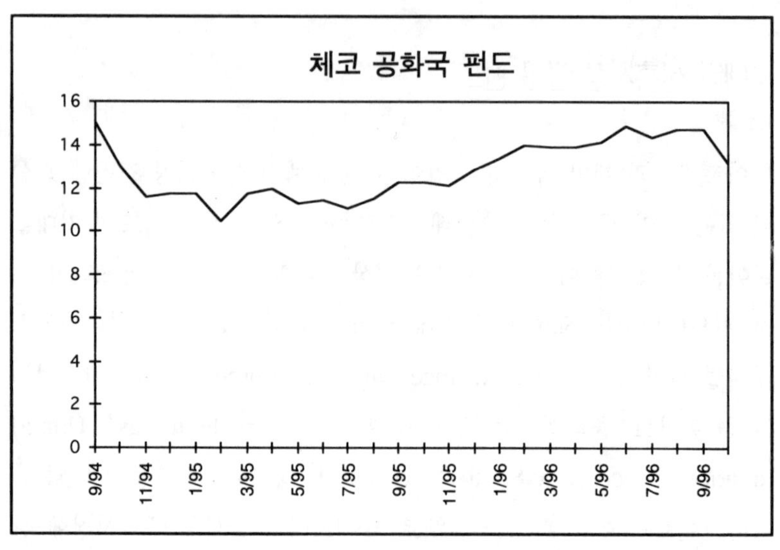

투자하기에 적합한 건실한 기업이 아직까지는 충분치 않다는 게 문제다.

그래도 동유럽의 선두주자 체코의 변화과정을 살펴보면 투자자들은 많은 도움을 얻을 수 있다. 5년 전, "벨벳 혁명(velvet revolution)"이 일어날 당시만 해도 체코 국가 자산의 사유화 비율은 단지 2%에 불과했다. 그런데 지금은 그 비율이 거의 80%에 육박하고 있다. 또한 국가 예산은 수지 균형이 맞춰진 상태며, 인플레이션도 비교적 누그러졌고 실업률이 단지 3%를 조금 넘는 수준이다. 이와 같은 커다란 진전의 상당 부분은 바클라프 클라우스(Vaclav Klaus) 총리가 확고한 시장경제원리에 입각한 개혁정책을 펼친 덕분이다.

이와 같이 체코 경제는 성장하고 있으며 무디스(Moody's)와 스탠더드 앤드 푸어스(Standard & Poor's)로부터 예전 공산주의 국가 중 유일하게 '투자 가능' 등급을 받기도 했다. 그럼에도 불구하고 실제로 투자할 만한 회사는 앞에서도 밝혔듯이 많지 않다. 따라서 체코 공화국의 성장에 가장 쉽게 편승하는 유일한 방법은 펀드에 투자하는 것이다. 뉴욕 증권거래소에는 체코 공화국 펀드(Czech Republic Fund)가 상장되어 있다. 그러나 이 펀드의 순수 체코 투자는 65%에 불과하며 나머지는 오스트리아, 헝가리, 폴란드, 슬로바키아의 회사들에 투자하고 있다는 사실에 주의해야 한다.

　체코의 이웃인 슬로바키아는 불행히도, 동유럽 국가 중에서 아니 전체 예비 신흥시장 국가들 중에서 가장 전형적인 실패 사례를 보여주는 나라다. 대부분의 슬로바키아인들은 사유화에 많은 의구심을 가지고 있으며 그로 인해 많은 사유화 노력이 좌절되고 있는 것이다. 이런 위험성은 체코에도 여전히 존재한다. 그러므로 이 지역에 투자할 투자자들은 신중을 기해야만 한다. 그러나 실망할 건 없다. 이 지역 국가들도 정치와 경제를 같은 논리로 이해한 뒤 행동을 일치시키기만 하면 다른 어느 지역의 국가들보다 안전한 직접 투자 대상이 될 수 있다. 자유 시장으로 흐르는 세계적인 트렌드에서 이 지역만 빠질 수는 없을 터이니 결국 트렌드에 발맞춰 발전을 이룰 것이고, 그렇게만 되면 동구권 국가들이야말로 매력적인 투자 기회를 제공하는 선봉에 서게 될 것이다.

$$\boxed{\text{제 13 장}}$$

뮤추얼 펀드

뮤추얼 펀드는 90년대 개인 투자자들이 선택할 수 있는 가장 적절한 투자 대상이다. 뮤추얼 펀드의 높은 인기는 사람들의 보편적 기대심리 즉, 리스크는 최소화시키면서 이윤은 극대화하고자 하는 열망에서 비롯된다. 뮤추얼 펀드는 전문적으로 관리되며 일반 투자자 개개인이 할 수 있는 것보다 훨씬 다양한 분산투자의 기회를 제공해 준다. 결국 위와 같은 기대심리를 충족시켜 주는 최적의 투자 대상이 아닐 수 없다.

최근 뮤추얼 펀드의 급증에 따라 발생하는 가장 두드러진 발전은 투자자에게 제공되는 광범위한 펀드 선택권일 것이다. 실제로 현재 투자자들이 이용할 수 있는 펀드는 수천 가지에 이른다. 이런 다양한 종류의 펀드들은 그 성격에 따라 개방형(open-end)과 폐쇄형(closed-end), 또는 로드(load, 수수료), 노 로드(no-load) 펀드로 구분된다. 성장과 수입 증대 또는 이 둘의 조합의 잠재성을 보고 제공되는 펀드가 있는가 하면 개별 산업, 국가, 심지어 시장 자체에 직접 투자하는 펀드도 있다. 또한, 펀드는 그 투자 범위에 따라 국내용, 국외용(foreign) 또는 국제용(global)으로 구분해 선택할 수도 있다.

개방형 펀드와 폐쇄형 펀드

개방형 펀드와 폐쇄형 펀드에는 두 가지 중요한 차이가 있다. 개방형 펀드는 수시로 수익증권을 발행하고 증권소유자가 원하면 언제나 상환할 준비가 되어 있으며 액면가에 거래된다. 그리고 개방형 펀드는 투자 액수가 늘어나면 펀드의 규모 또한 따라서 늘어난다. 이에 비해 폐쇄형 펀드는 증권을 상환하거나 되살 의무가 없고 수요와 공급에 따라 결정된 시장가격에서 거래된다. 이 경우 수익증권은 액면할인가에 거래되기도 하지만 만일 펀드가 특별히 투자자들에게 인기가 있다면 프리미엄이 붙어서 거래되기도 한다. 단일 국가에 투자되는 펀드는 대부분 폐쇄형이다.

로드 펀드와 노 로드 펀드

펀드를 구입할 때 가장 먼저 염두에 두어야 할 것은 펀드에 수수료 즉, 로드가 붙는지 여부를 따지는 일이다. 중개회사를 통해 거래되는 개방형 펀드는 대개가 로드 펀드다. 로드에는 두 종류가 있다. 구입과 동시에 지불하는 선불(front-end)로드와 회수시에 지불하게 되는 후불(back-end)로드가 그것이다. 노 로드 펀드는 뮤추얼 펀드사로부터 바로 구입할 수 있으며 이름 그대로 수수료가 없다. 그러나 경우에 따라 노 로드도 펀드의 마케팅과 운용에 관련된 비용이 투자자에게 부과될 수는 있다.

펀드 패밀리

많은 뮤추얼 펀드사들은 각기 다른 목적, 전략 및 리스크를 지닌 다양한 펀드들을 제공한다. 펀드 패밀리(fund family)란 투자자가 한 패밀리 내에서 시장의 변동상황에 따라 자신의 자금을 다른 펀드로 옮길 수 있는 펀드의 묶음을 말한다. 대부분의 뮤추얼 펀드사들은 투자자들에게, 전화상으로 펀드 패밀리 내에서 펀드를 이동시키고 또 배당금을 재투자할 수 있는 서비스를 제공하고 있다.

펀드 투자시 유의할 점

뮤추얼 펀드에 투자하는 투자자들은 사전에 몇 가지 조사해 봐야 할 점이 있다. 가장 중요한 것은 펀드의 실적이다. 해당 펀드가 지난 5년에서 10년 동안에 어떠한 실적을 올렸는지 알아봐야 한다. 이에 덧붙여 해당 펀드의 실적과 유사한 목적을 가진 다른 펀드의 실적이 얼마나 다른지 계산해봐야 한다. 이 때는 수익만을 분석하지 말고 수익의 연속성을 같이 분석해야 한다. 계속해서 꾸준한 실적을 올리는 펀드가 기간에 따라 등락이 심한 불규칙한 실적을 가진 펀드보다 더 바람직하다. 투자자들은 또한 펀드 매니저(fund manager)의 경험, 관리방식 그와 연관된 리스크를 눈여겨 살펴야 한다. 또한 투자자는 펀드 매니저와 자신의 투자 목적 및 리스크 감내 한계가 일치하는지를 살펴봐야 한다. 끝으로 앞서 언급한 바와 같이 펀드 매입에 필요한 비용이 있으니 이를 꼼꼼히 조사해야 한다. 그래야 같은 목적의 다른 펀드와 비교가 가능하다. 로드와 부가비용까지 따져봐야 당신이 투자한 펀드의 실질적인 이득을 알 수 있는 것이다.

참고로 투자자들이 펀드 투자시 이용할 수 있는 펀드 신용평가사를 두 군데 소개하겠다. 해당 펀드의 투자 목적, 실적 및 리스크 정도를 분석해서 투자자들에게 자료로 제공해 주는 회사들이다. 바로, 리퍼 애널리티컬 서비스사(Lipper Analytical Service, Inc.)와 모닝 스타사 (Morningstar, Inc.)로서 이 두 회사가 뮤추얼 펀드를 찾는 투자자들 이 가장 신뢰할 만한 평가사다.

단위형 투자신탁

위에서 언급한 펀드 유형에 덧붙여, 단위형 투자신탁에 대해 알아 보도록 하자. 단위형 투자신탁(The Unit Trust)은 그 이름이 암시하 듯이 유가증권에 대한 하나의 고정 포트폴리오 안에 있는 소유권의 단위들로 구성된다. 달리 말하면, 일정한 투자신탁마다 한 개의 독립 된 단위(unit)를 설정하고 각 단위마다 한 종류의 수익증권만을 발행 하는 형태의 투자신탁이다. 일반적으로 포트폴리오는 단위들이 공개 되기 전에 취득된다. 공개가 완료되면 포트폴리오는 투자가 지속되는 동안 동일하게 유지되며, 폐쇄형 펀드의 유가증권처럼 소유하는 단위 의 수도 고정된다.

글로벌 분산투자

이미 언급한 바와 같이, 뮤추얼 펀드는 개인투자자가 개별적으로 주식을 구입할 경우 얻을 수 있는 것보다 훨씬 다양한 자산 분산투자의 효과를 달성하게 해준다. 그러한 목표를 염두에 두면, 뮤추얼 펀드를 통해 글로벌 분산투자를 이룰 수 있는 방법은 많다. 미국에서는 투자자들이 국제적 또는 전세계적으로 투자되는 개방형이나 폐쇄형 펀드를 구입할 수 있다. 또는 단일국가에 투자하는 소위 국가 펀드를 구입할 수도 있다. 이러한 국가 펀드는 대개 폐쇄형 펀드다. 개인 투자자들은 또한 외환시장에 공개되는 폐쇄형 펀드를 구입할 수도 있다. 그렇지만 미국증권거래위원회(Securities and Exchange Commission)는 미국의 투자자가 외국에서 공급되는 개방형 펀드를 취득하는 것은 허용하지 않는다. 미국에 사업등록이 되어 있지 않기 때문이다.

세계적인 트렌드에 투자하는 펀드

세계적인 트렌드가 일어나는 분야에 투자 기회를 제공하는 펀드들은 실로 다양하다. 항공 산업에서 공익 사업에 이르기까지 인기있는 각 분야에서 이익을 올리고자 하는 수많은 펀드들이 속속 새롭게 출현하고 있지만, 여기서는 장기간의 실적을 지닌 뮤추얼 펀드사가 제공하는 펀드에 국한해서 살펴보겠다.

교육관련 기업에 대한 투자

과학기술에 의해 지금 교육분야는 전례없는 변화를 겪고 있다. 컴퓨터 소프트웨어와 멀티미디어 기술의 발전은 학생들에게 더욱 흥미롭게 배우는 기회를 제공하고 있으며, 나아가 교육 체계 전반을 첨단

화하는 촉매가 되고 있기도 하다.

펀드 패밀리 전문회사인 피델리티 셀렉트(The Fidelity Selects)는
개별 산업에 초점을 맞춘 펀드들을 취급한다. 그 중 대표적인 것이
피델리티 셀렉트 멀티미디어 펀드와 피델리티 셀렉트 소프트웨어 &
컴퓨터 펀드다. 피델리티는 뮤추얼 펀드사 중 가장 큰 회사로 평판이
매우 좋으며, 자산 규모가 550억 달러가 넘는 피델리티 마겔른
(Magellon) 펀드를 세계에서 가장 큰 펀드라고 자랑하고 있기도 하
다. 피델리티에서는 로드와 노 로드 모두 패밀리 펀드로 제공한다.
하지만 특히 셀렉트라는 이름이 들어가는 펀드는 합쳐서 약 3.75%
정도인 선불로드와 후불로드를 받는다. 멀티미디어 펀드는 모닝스타
가 평가하는 가장 높은 등급인 별 다섯을 받고 있으며, 소프트웨어와
컴퓨터는 별 넷 등급을 받고 있다. 그들은 5, 10년 단위로 각각 연
평균 25.02%, 17.34%와 27.75%, 17.96%의 이윤을 내고 있다.
이들 펀드가 주목을 받는 것은 이들이 교육산업 트렌드로부터 이윤을
올릴 기업에 집중적인 투자를 하기 때문으로 풀이된다. 그러나 투자
자는 위에 나온 것들 뿐만 아니라 교육 분야에 지분을 갖고 있는 다
른 다양한 펀드를 통해서도 이윤을 늘릴 기회가 있음을 잊지 말아야
한다.

오락산업의 붐

컴퓨터 기술은 교육분야에서 뿐만 아니라 오락산업에서도 혁명을
일으키고 있다. 컴퓨터 그래픽 기술의 발전은 헐리우드의 영화제작
방식을 바꾸어 놓았다. 디지털 기술은 현재, 각기 다른 다양한 미
디어들을 하나로 합치는 능력을 선보이고 있다. 대화형 TV가 좋은

예로 머지않아 상용화될 것이다. 또한 광섬유의 발달로 탄생한 인터넷 같은 정보고속도로는 정보와 오락의 원천으로 빠르게 자리잡고 있다.

컴퓨터와 전자기술의 선두에 선 회사들은 이러한 오락산업의 번창으로 그 덕을 톡톡히 볼 게 분명하다. 오락과 교육의 구분이 점차 옅어짐에 따라, 앞서 교육분야에서 언급된 두 피델리티 셀렉트 펀드들 또한 오락분야에서 활동하는 회사들에게까지 투자의 폭을 넓힐 가능성이 커지고 있다. 발전을 거듭하고 있는 오락분야에 투자할 또다른 뮤추얼 펀드로는 얼라이언스 테크놀러지(the Alliance technology)와 피델리티 셀렉트 일렉트로닉스(Electronics) 펀드가 있다. 얼라이언스 테크놀러지 펀드는 선불 로드가 4.25%이고 피델리티 셀렉트 일렉트로닉스 펀드는 선·후불을 합쳐 3.75%의 로드를 받는다. 얼라이언스는 모닝스타로부터 별 다섯 등급을 받았으며, 피델리티는 별 넷 등급을 받았다. 이들 펀드는 5, 10년 단위로 각각 평균 29.59%, 17.47%와 32.6%, 14.76%의 이윤을 냈다.

환경기업에 대한 투자

진보와 물질적인 풍요라는 미명 아래 환경을 파괴하는 행위는 더 이상 용납될 수 없다는 목소리가 점점 높아지고 있다. 산업혁명 이후 호황을 누리던 1980년대까지 생산과 소비는 환경보다 우선시되어 왔다. 그러나 지구 온난화, 오존층 파괴 등 일련의 위협이 증가하면서 각국 정부는 관계 법규를 제정하여 기업들에게 책임있는 기업 활동을 촉구하는 한편 파괴된 환경을 복구할 것을 강력히 요구하고 있다. 이러한 새로운 환경 의식은 파괴된 환경을 복원하고 보호해 나가기 위한 해결방안을 모색하고 있는 기업들에게는 호기를 제공할 것이다.

다시 한 번 강조하지만 환경복구, 공해방지, 재활용 등을 전문으로 하는 환경기업들은 최근 환경보호 추세의 가장 큰 수혜자들이다. 이러한 기업들에 집중적으로 투자하고 있는 펀드로는 얼라이언스 글로벌 환경 펀드(Alliance Global Environment Fund)와 피델리티 셀렉트 환경 서비스 펀드(Fidelity Select Environment Services Fund) 등 두 가지가 있다. 이 두 가지 펀드는 대단한 실적은 가지고 있지 않지만, 그동안의 꾸준한 활동으로 모닝스타의 별 세 개 등급과 한 개 등급을 각각 받고 있다. 그들은 자신들이야말로 환경분야에 중점적으로 투자하는 몇 안되는 펀드 중의 하나임을 강조한다. 1990년 설립된 얼라이언스 펀드는 폐쇄형 펀드로서 3년, 5년 단위 순자산 연평균 수익은 16.29%, 5.36%다. 얼라이언스 펀드는 1996년 후반기에 순자산에 대해 약 21.5% 할인된 가격으로 거래된 바 있다.

피델리티 환경 서비스 펀드는 1989년에 설립되었으며 다른 피델리티 펀드들과 마찬가지로 개방형 펀드다. 이 펀드의 3년, 5년 단위 연평균 수익은 10.89%, 6.01%다.

범죄예방 기업에 대한 투자

개인 신변을 위협하면서 꾸준히 증가하고 있는 범죄율 때문에 신종 산업이 급속히 팽창하고 있다. 1990년대에는 유래없이 많은 개인 경호 및 기관 보안회사들이 탄생했다. 다른 산업에 비해 늦게 시작된 관계로 이 분야에 주력하는 기업이 많지 않아서인지, 범죄예방 분야에만 전적으로 투자하는 뮤추얼 펀드는 없다. 그러나 웨켄허트 코렉션사(Wackenhut Corrections Corp.)와 코렉션 오브 아메리카사

(Corrections Corp. of America) 등 범죄예방 관련 유망 중소기업에 투자하는 펀드들은 꽤 있다. 이 회사들의 펀드 보유량은 펀드 관련 잡지들을 보면 알 수 있다. 좋은 실적을 올리고 있는 유명 뮤추얼 펀드사에 속한 펀드를 선택하는 것이 좋다.

생물공학에 대한 투자

굶주림과 질병은 태초부터 인간을 괴롭혀 왔으며, 이에 맞선 인류는 끊임없이 증가하는 인구를 먹여 살릴 방법과 질병 치료법을 개발하는 데 많은 노력을 기울여 왔다. 생물공학은 이러한 욕구에 발맞추어 양질의 식량과 의약품 개발에 주력해 왔고 마침내 동식물 화학구조의 조합을 재배열하는 수준에 이르러 소기의 목적을 어느 정도 달성하고 있다. 따라서 생물공학 분야는 놀랄 만한 잠재력을 지닌 또 하나의 신종 산업으로 부상할 게 분명하다.

피델리티는 이 분야에서도 피델리티 셀렉트 생물공학 펀드 (Fidelity Select Biotechnology Fund)로 투자자들에게 생물공학 분야에 전문적으로 투자할 기회를 제공한다. 이것은 총 로드 3.75%의 선불 로드 펀드이고, 5년, 10년 단위 연간수익은 10.23%, 12.91%이며 별 두 개의 모닝스타 등급을 받고 있다. 생물공학 분야에서 적극적으로 활동하고 있는 기업과 투자자를 연결시켜 주는 펀드는 그밖에도 매우 많다. 그 중 하나가 폐쇄형 펀드인 글로벌 건강 과학 펀드 (Global Health Science Fund)다. 이 펀드는 1992년에 설립되었으며 모닝스타가 주는 가장 높은 등급인 별 다섯을 얻고 있다. 현재 총자산에 대해 25% 할인가로 거래되고 있으며, 1년, 3년 순자산 연평균 수익은 52.04%, 28.36%다.

통신분야에 대한 투자

시간과 장소를 가리지 않고 통화를 가능케 하는 원거리 통신은 미국이나 선진 유럽에서는 지난 수십 년 간 당연한 것으로 생각되어 왔다. 하지만 아시아와 라틴 아메리카의 상당수 예비 신흥시장, 신흥시장 국가에서는 그런 일이 환상에 불과했다. 그러나 급격한 경제성장과 기술의 발달로 그들도 이제 통신에 보다 많은 관심을 기울이게 되었다. 통신서비스에 대한 이러한 새로운 수요는 축적된 기술로 도전을 충족시킬 역량을 지닌 관련 기업들에게는 엄청난 기회가 아닐 수 없다.

현재, 통신 분야에 집중 투자하는 펀드가 적지 않지만 1년 또는 2년 이상의 실적을 지닌 펀드는 드문 편이다. 따라서 모닝스타의 등급을 받은 통신관련 펀드도 아직까지는 그리 많지 않다. 그 중 몇 개를 소개하면, 피델리티 설렉트 통신 펀드(Fidelity Select Telecommunication Fund)와 지티 글로벌 통신 펀드(G. T. Global Telecommunication Fund)가 있다. 피델리티 펀드의 총 로드는 3.75%, 모닝스타의 별 다섯 개 등급이며 5년, 10년 단위 연평균 수익은 21.02%, 18.09%다. 4.75%의 선불 로드를 받고 있는 지티 펀드의 실적은 그리 좋은 편이 아니어서 모닝스타로부터 별 두 개 등급을 받았으며 1년, 3년 단위 연평균 수익은 19.56%, 13.84%다.

해외 투자

여러분은 이미 글로벌 분산투자의 효과에 대해 충분히 살펴 보았다. 반복되는 얘기지만, 1970년에 세계 자본시장의 2/3는 미국이 차지했으나, 현재는 1/3로 줄어들었으며 그것마저 점점 줄어들고 있다. 모건 스탠리 캐피털 인터내셔널 지수(MSCI), 유럽 오스트레일리아 극동 지수(EAFE), S & P 500 지수 등이 모두 비슷한 결과를 보여 주었던 1974년에서 1984년까지의 10년간 실적과는 달리, 1984년부터 1994년까지 10년 동안에는 외국 주식이 미국 주식의 실적을 앞질렀다. 또한 그 동안의 통계를 보면 미국 유가증권으로 된 포트폴리오에 외국 유가증권을 포함하면 위험성이 감소하는 것으로 나타난다. 게다가 1972년 '브레튼 우즈 협정'의 소멸로 달러의 금에 대한 일정 가치가 종말을 고한 이후 미국 달러화는 다른 경화에 비해 현저한 약세를 보이고 있다.

앞서 언급된 분야와 달리 이 분야의 세계적인 펀드는 그리 낯설지 않다. 따라서 선택의 폭 또한 매우 넓은 편이다. 그러나 꾸준한 실적을 지닌 펀드를 골라야 한다는 기본 규칙은 준수되어야 한다. 유명 펀드 패밀리가 제공하는 국제적으로 알려진 펀드 두 가지만 살펴보자. 템플턴 외국 펀드(Tempton Foreign Fund)와 티 로우 프라이스 국제 주식 펀드(T. Rowe Price International Stock Fund)가 그 주인공이다. 템플턴 펀드는 저명한 존 템플턴 경에 의해 설립된 최고의 명성을 자랑하는 펀드로서 5.75%의 선불 로드를 받는 개방형 펀드이고, 별 네 개의 모닝스타 등급을 받고 있으며, 5년, 10년 단위 연평균 수익은 13.10%, 15.03%다. 티 로우 프라이스는 대규모 노로드 펀드 패밀리를 제공하고 있으며 템플턴 못지 않은 명성을 누리고 있다. 별 세 개의 모닝스타 등급에 5년, 10년 단위 연평균 수익은 10.39%, 14.18%다.

달러화 약세

앞에서 언급한 글로벌 분산투자는 다른 주요 국가 통화에 대한 달러화의 심각한 가치하락이라는 문제와 그 궤를 같이하고 있다. 1970년 이후 미국 달러화는 가장 위력을 떨치는 통화에 비해 75% 이상 평가절하되었다. 이러한 가치하락에 대해서는 미국내 경제가 나빠졌기 때문이라는 주장도 있고, 다른 나라의 경제가 훨씬 좋아졌기 때문이라는 의견도 있다. 그 원인이 무엇이건 97년 상반기까지의 무역수지 및 경상수지 적자 상황으로 보아 이러한 추세는 (다소 기복이 있을지는 몰라도) 한동안 계속될 것으로 보인다.

달러 하락에 대한 최적의 '보호책'은 세계적인 강세 통화에 투자하는 것이다. 바로 그러한 일을 하고 있는 펀드가 있다. 바로 프랭클린 템플턴 경화 펀드(Franklin Templeton Hard Currency Fund)로, 이 펀드는 세계적 강세 통화인 프랑스 프랑, 일본 엔, 독일 마르크 등의 단기 금융시장에 투자하고 있으며 인플레이션이 낮은 국가의 단기 금융시장에도 개입하고 있다. 이 펀드는 개방형으로서 3%의 선불 로드를 받고 모닝스타 등급은 별 한 개다. 그리고 3년, 5년 단위 연평균 수익은 6.07%, 8.46%다.

아시아에 대한 투자

최근에 의류나 가전제품 또는 기타 상품을 구입했다면 동남아시아에서 생산된 제품을 구입했을 가능성이 높다. 지난 수십 년 동안 세계의 제조업 기반이 이 지역으로 옮겨갔기 때문이다. 인플레이션을 억제하면서 경제성장을 이룩한 이 지역의 국민들은 세계 어디서도 찾아볼 수 없는 직업윤리를 가지고 있으며 (역경은 있겠지만) 앞으로의 전망 또한 밝은 편이다.

동남아시아에 투자하는 펀드는 개방형 폐쇄형 등 다양하게 많지만 일부 산업 지역에 대한 투자가 그렇듯이 아직까지는 이렇다 할 실적을 올린 펀드가 많지 않은 편이다. 그러나 그 중에서도 콜로니얼 뉴포트 타이거 펀드(Colonial Newport Tiger Fund)는 실적도 우수하며 모닝스타 등급도 별 네 개를 받고 있는 우량 펀드로서, 선불 로드 5.75%의 개방형 펀드이고, 3년, 5년 단위 연평균 수익은 17.00%, 19.10%다. 폐쇄형 펀드에 투자하고자 하는 투자자들은 스커더 뉴아시아 펀드(Scudder New Asia Fund)를 선택하면 된다. 이 펀드는 모닝스타 별 두 개 등급으로서 순자산의 8.9% 할인가로 거래되며 3년, 5년 단위 순자산 연평균 수익은 8.70%, 9.17%다.

예비 신흥시장에의 투자

다시 한 번 강조하지만, 예비 신흥시장이야말로 최후의 최대 투자전선이다. 이 단계에 속하는 나라들은 아직까지는 경제력, 기술 수준, 교육 수준, 사회간접시설 등이 미약해 신흥시장 반열에 서지 못하고 있지만 투자에 있어서는 그 나름의 장점을 지니고 있다. 우선은 저렴한 투자를 할 수 있다는 게 최대 장점이다. 하지만 그와 동시에 시장의 상황을 예측하기 힘들어 리스크가 높다는 사실은 명심해야 한다. 따라서 예비 신흥시장에의 투자에서는 대담성이 요구되며, 그러한 배짱이 있는 투자자에게 아프리카, 러시아, 베트남, 체코 등은 무한한 잠재력을 품고 있는 시장이라 할 수 있다.

모험을 즐기는 투자자들이 예비 신흥시장에 투자할 수 있는 폐쇄형 국가 펀드가 몇 개 있다. 하지만 대부분 새로운 펀드들이어서 이렇다 할 실적이 없고, 따라서 대부분 모닝스타 등급도 받지 못한 상태다. 그 중 몇 개를 소개하면 다음과 같다. 체코 공화국 펀드(Czech Republic Fund), 모건 스탠리 아프리카 투자 펀드(Morgan Stanley Africa Investment Fund), 템플턴 러시아 펀드(Templeton Russia Fund), 템플턴 베트남 기회 펀드(Templeton Vietnam Opportunities Fund). 이 중 세 개의 펀드는 실적은 없지만 잘 알려진 유명 펀드사인 모건 스텐리와 템플턴이 관여하고 있으므로 관심을 기울여도 좋을 것이다.

체코 공화국 펀드는 1년 순자산 연평균 수익이 29.50%이고, 5.3% 할인가로 거래된다. 모건 스탠리 아프리카 투자 펀드는 1년 순자산 연평균 수익이 14.68%이며 21.4% 할인가로 거래된다. 템플턴 러시아 펀드는 1년 순자산 연평균 수익이 61.06%이고 16.6%의 프리미엄이 붙어 거래된다. 템플턴 베트남 기회 펀드의 1년 순자산 연평균 수익은 5.40%이고 18.8% 할인가로 거래된다.

자료출처
1. 등급과 실적 등의 자료는 모닝스타 제공
2. 개방형 펀드의 실적은 1996년 3월 31일 기준
3. 폐쇄형 펀드의 실적은 1996년 6월 30일 기준

제14장

21세기를 위한 포트폴리오 제작

지난 30년간 포트폴리오 이론은 급속도로 발전해 왔다. 통념과 '주먹구구식' 경험담이나 엉성하게 짜 맞추던 과거의 투자론을 학자들이 학문적으로 체계화시킨 것이다. 이렇게 과학적 방법으로 포트폴리오를 구성하는 새로운 방식을 현대 포트폴리오 이론(Modern Portfolio Theory)이라 한다. 물론, 여기서 이 이론을 학술적으로 증명하겠다는 뜻은 아니다. 다만 포트폴리오 구성의 기본 원칙을 몇 가지 설명하고자 하는 것이다. 앞으로 설명하는 원칙들이 여러분이 21세기를 위한 포트폴리오를 구성할 때 실질적으로 유용하게 쓰이길 바라는 바이다.

원칙 1 : 시장의 효율성을 알고 접근하라

투자자라면 누구나 명심해야 하고, 일상생활에도 적용되는 첫번째 원칙은 '공짜점심'을 기대하지 말라는 것이다. 이 말은 시장은 증권을 사고 파는 양자 모두가 적정 가격(둘 다 만족하면 더욱 좋은)을 결정하는 "정보할인기구(information discounting machine)" 역할을 한다는 것과 일맥 상통한다. 그러면 그 적정 가격이란 무엇인가? 현대 포트폴리오 이론에 따르면 적정 가격이란 유가증권의 시장 리스크에 상응하는 수익을 제공해 주는 가격을 말한다.

 "잠깐! 그렇다면 작년에 두 배나 오른 내 주식은 어떻게 된 겁니까? 이거야말로 시장의 효율성에 반하는 증거가 아닙니까? 이 주식들은 언젠가 가격이 잘못 매겨진 게 틀림없겠군요?"

 이런 식으로 반문하는 사람이 있을지도 모른다. 하지만, 시장이 효율적이라 해서 모든 증권이 평균치의 이윤이 남도록 가격이 매겨지는 것은 아니다. 다만 평균적으로, 또 오랜 시간을 두고 보면, 리스크에 상응하는 이윤을 가져다준다는 뜻이다.

 학자들은 오랫동안 시장의 효율성 이론을 증명하거나 반박할 증거를 찾아 연구해 왔다(특히 미국에서 가장 활발히 진행돼 왔다). 그리고 이 연구 중에 미국 시장은 대체로 효율적이라는 (물론 완전히 효율적이라 할 수는 없지만) 사실이 입증되었다. 한 예로, 미국에서 전문적으로 관리되는 뮤추얼 펀드의 절반 이상이 관리되지 않는 시장 지수보다 실적이 낮다는 것을 들 수 있다. 이는 높은 보수를 받는 박식한 전문가도 시장의 효율성을 극복하는 데는 어려움을 겪는다는 것을 단적으로 보여주는 예라 하겠다.

 우리는 미국 시장을 세계에서 가장 효율적이라고 생각한다. 이것은 미국 시장은 크고 유동적이며 정보가 신속 정확하게 전달되고 엄격히 관리되며 내부자 거래를 불법으로 하고 있기 때문이다(비록 이것이 실질적으로는 효율성을 감소시킬지도 모르지만). 반면 외국 시장은 이 조건의 대부분, 때론 모든 조건이 결여되어 있다. 시장이 빈약하고 경직되어 있어 정보를 쉽게 얻을 수 없고, 규정과 규칙은 느슨하거나 아예 없으며 내부자 거래가 만연하고 있다. 이런 특성들이 외국 시장이 미국 시장보다 비효율적이라는 사실을 나타내고 있다. 물론 이러한 비효율성은 당신에게 행운을 가져다 줄 수도 있고 그 반대의 결과를 안겨 줄 수도 있다. 비효율성은 비정상적으로 높은 수익을 획득할 기회를 주는 동시에 반대로 비정상적으로 낮은 수익을 낳을 수도 있기 때문이다. 시장에 따라 비효율성이 어느 정도 존재하기 때문에 평균 이상의 투자 수익을 만들어 내는 '뛰어난 분석'과 '적절한 연줄'에는 종종 프리미엄이 붙기도 한다.

원칙 2 : 분산투자가 최선이다

어떤 사람이 당신에게 다음과 같은 내기를 걸어왔다고 하자.

동전던지기에 10만 달러를 걸고, 앞면이 나오면 25만 달러를 받고, 뒷면이 나오면 한 푼도 못 받는 내기다. 이때, 당신의 기대 수익은 얼마나 될까.

$$(0.5 \times 0) + (0.5 \times \$250,000) = \$125,000 = 25\%$$

가진 돈이 전부 10만 달러인 사람에게는 조건은 마음에 든다 하더라도 리스크가 너무 큰 내기가 아닐 수 없다. 그렇다면 다른 시나리오를 생각해보자. 1만 달러를 걸고 10번의 독립된 동전던지기를 하여 앞면이 나오면 2만 5,000달러를 받고, 뒷면이 나오면 1만 달러를 잃는다. 이 때도 역시 기대 수익은 25%지만 분산 요소 때문에 첫번째 내기 보다는 리스크를 감내하기가 훨씬 수월하다 하겠다.

경제학과 학생들을 가르칠 때 사용되는 이와 비슷한 오래된 이야기가 하나 더 있다. 당신이 선탠 로션 제조회사에 투자하는 포트폴리오를 가지고 있다고 가정하자. 해가 내리쬐는 날이 많을수록 분명 많은 이윤이 남을 것이다. 하지만 반대로 비가 많이 내리면 손해를 보게 된다. 이러한 투자는 포트폴리오의 실적이 햇빛의 영향을 너무 심하게 받는 경우다. 비에 흠뻑 젖고 나서야 당신은 훌륭한 아이디어를 하나 떠올린다. 우산 제조업에도 투자를 하는 것이다. 그렇게 되면, 비가 올 땐 우산 매출액이 증가하므로 선탠 로션 매출액이 부진하더라도 손해를 보충할 수 있다. 이렇게 날씨와 연관된 사업에 계속 투자하다보면, 당신은 바람부는 날을 위해 연 제조업체에, 추운 날에 대비해 코트 생산업체 등에도 투자를 할 수 있게 될 것이다. 결국 날씨에 관계없이 일정 수준의 이윤을 얻기 위해 투자 대상을 다양화하는 행위, 즉 분산투자를 하게 되는 셈이다. 이야기는 여기서 끝난다. 하지만 당신이 미처 고려하지 않은 것이 하나 더 있다. 무엇일까? 만일 호주산 선탠 로션이 대량 수입되고, 영국에서 우산이 들어오고, 중국산 최고급 연이 날개 돋친 듯 팔리고, 시베리아산 코트가 시장을 강타한다면 어떻게 될까? 그렇게 되면, 다양하게 구성했던 앞의 포트폴리오도 당신의 좁은 안목으로는 미처 예상하지도 못했던 외부 조건으로 인해 순식간에 엉망이 되고 만다. 그러므로 제대로 된 분산투자는 반드시 세계적인 투자 안목을 필요로 한다는 것을 잊어서는 안된다.

다시 말하지만, 분산투자는 포트폴리오의 리스크를 줄여 준다. 현대 포트폴리오 이론에서는 투자자들이 하나의 포트폴리오에 투자 회사를 추가하면 할수록 개별 회사의 리스크는 분산된다고 한다. 즉, 한 회사의 부진이 다른 회사의 성공으로 상쇄된다는 설명이다. 그렇지만 분산 투자로도 해결되지 않는 리스크가 있는데 바로 '체계적 리스크(systemic risk)'라고도 불리는 '시장 리스크(market risk)'다. 시장 리스크란 주식 시장 전체가 투자자에게 안겨주는 리스크를 말한다. 부연하자면, 개별 업종이나 종목에 국한되지 않고 증권시장 전체에 영향을 미칠 수 있는, 정치·경제·시회적 요인들로 인해 발생하는 리스크인 것이다.

너무 전문적으로 깊이 들어가지 않는 게 이 책의 의도이지만, 시장 리스크와 관련해서 일반 투자자들도 알아두면 아주 유용한 몇 가지 전문용어가 있다. 우선, 어떤 특정한 주식이 시장과 잘 맞아떨어지는가 아니면 반대인가를 지수로 나타내는 베타 계수(Beta)에 대해 알아보자.

베타 계수는 유가증권에 내재된 시장 리스크의 정도를 보여 준다. 미국 시장의 리스크는 미국에서 발행되는 모든 주식에 존재하므로 미국 주식을 더 많이 산다고 없어지지 않는다. 이런 리스크는 감소시킬 수 없는 것으로, 이런 리스크를 감수함으로써 시장에서 이익을 얻을 수도 있다는 사실 또한 알아야 한다. 이렇듯, 미국 시장에서 얻고자 하는 이득은 시장 리스크를 얼마나 감수할 수 있느냐에 따라 다르게 나타난다. 한 예로, 미국 시장에는 시장 경기가 좋으면 주가가 급등하고, 불경기면 하락하는 첨단기술 관련주들이 있다. 예를 들어, 어떤 특정 주식[편의상, '더블러 전자(Doubler Electronics Inc.)라 하자]의 주가가 S & P 500 지수가 10% 오르면 20% 상승하고, 지수가 10% 떨어지면 20% 하락한다고 하자. 그러면 더블러 전자는 베타 계수가 2가 된다. 베타 계수의 정의에 의해 시장 자체는 언제나 베타 계수가 1이다. 베타 계수가 마이너스인 회사도 드물긴 하지만 없는 건 아니다. 금 관련 주들은 베타 계수가 마이너스이거나 낮은 경우가 많다. 베타 계수가 마이너스인 가상 모델도 살펴보자.

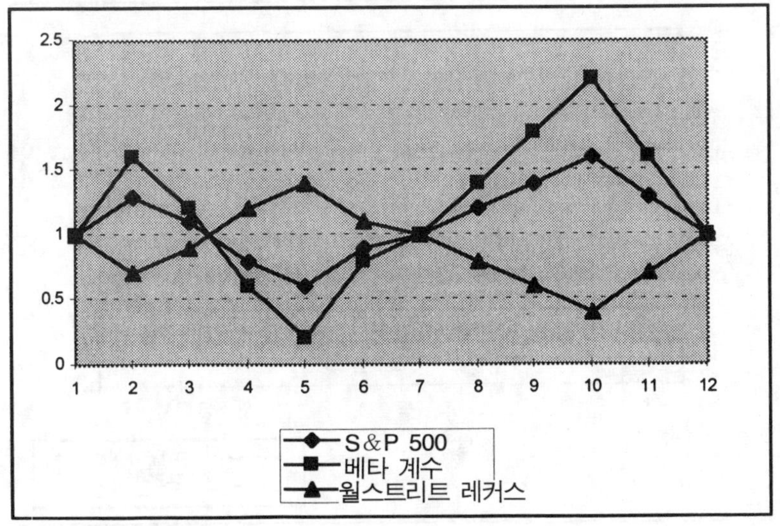

월 스트리트 레커(Wall St. Wreckers Inc.)라는 회사는 다른 회사 전자제품의 재고품을 사들여 되파는 일을 한다. 그렇기에 시장 경기가 10% 오르면 월 스트리트 레커스의 주식은 10% 떨어지고, 시장 경기가 10% 하락하면 10% 상승한다. 이러면 베타 계수가 마이너스 1이 된다. 외국의 주식에도 역시 베타 계수는 적용된다. 외국주와 그 나라 주가지수를 비교하면 된다. 미국 주식과 S & P 500의 지수를 비교하는 것과 같은 이치다.

주식 투자에 도움이 되는 또 하나의 중요한 용어는 상관관계다. 상관관계는 베타 계수와 그 개념이 비슷하지만, 국가간 비교, 증권 종류별 비교 등 더 넓은 범위에 적용된다는 점이 다르다. 상관관계를 보면 자산 및 자산의 종류에 따른 수익이 어떠한 관계를 가지고 변동하는지도 알 수 있다. 상관관계가 나올 수 있는 이유도 여러 주식시장이 동시에 같은 방향으로 움직이지 않기 때문이다. 적어도 어느 정

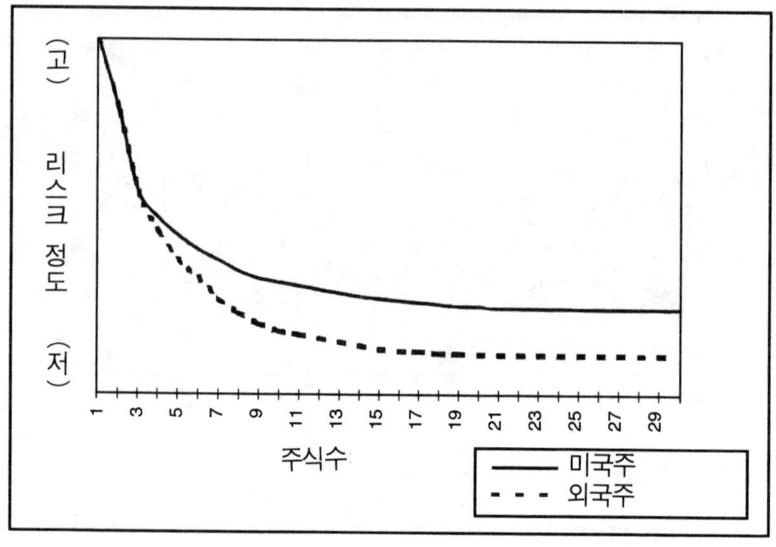

도는 그렇다. 글로벌 투자자에게는 다행스런 일이 아닐 수 없다. 미국 시장이 하락할 때 다른 시장들은 호황을 누릴 수 있기에 이득을 얻을 수 있는 것이다.

서로 다른 주식시장 사이의 줄어든 상관관계 때문에 외국 주식의 베타 계수, 다시 말해 체계적 리스크는 글로벌 포트폴리오에 있어서 미국 주식의 베타 계수와 같은 값을 나타내지 않는다. 그래서 상관관계가 없는 외국 주식이라면, 가급적 리스크가 높은 외국 주식을 구매함으로써 대부분 미국 주식으로 구성된 포트폴리오의 전체 리스크를 감소시킬 수 있는 것이다.

1974년, 브루노 솔닉(Bruno Solnik)은 글로벌 분산투자 이론에 관한 획기적인 연구결과를 발표했다. 그는 하나의 포트폴리오에 포함되는 종목의 수가 많으면 많을수록 분산투자 효과는 증가되며, 그와 동시에 포트폴리오의 리스크는 감소된다고 했다. 그리고 그는 같은 수

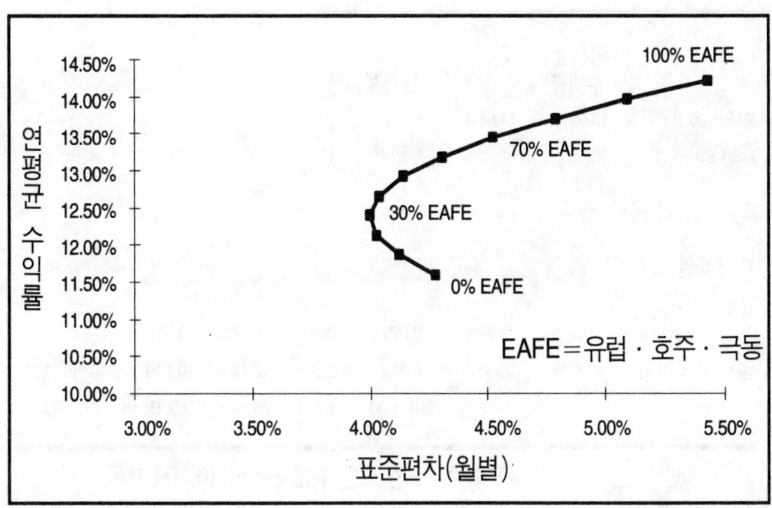

의 외국주로 구성된 포트폴리오는 리스크가 더 한층 줄어든다는 것을 보여주었다. 아래 도표를 참고하기 바란다.

다음 그래프를 보면 미국주 포트폴리오에 외국 주식을 합류시키는 정도에 따라 리스크와 이익이 어떻게 변하는지 그 관계를 파악할 수 있다[유럽 호주 극동 지수(EAFE 지수) 참고]

다음에 나오는 표를 보면, 외국의 선진 주식시장(EAFE)은 미국 시장(S&P 500)보다 더 높은 수익을 보장하지만 변동률(volatility) 또한 높다는 사실을 알 수 있다. 이와 마찬가지로, 외국 정부에서 발행하는 채권을 사들이면 리스크가 적은 미국 채권만을 구입하는 것보다 수익을 증가시킬 수 있다(물론 리스크는 더 커지게 마련이다). 신흥 시장의 경우는 변동률이 높고 수익은 보통인 경우가 대부분이다(단기 투자의 경우 그렇다는 사실을 명심하기 바란다). 참고로 금시장은 지난 10년간 이윤을 거의 내지 못했다. 한편 상관관계 도표를 관찰해

	연평균 수익률	기간 변동률	상관관계					
S&P 500 (1)	13.97%	14.51%	1					
MSII EAFE (1)	15.46%	17.07%	0.434	1				
외국채권 지수(2)	10.73%	10.63%	0.148	-0.013	1			
미국채권 지수(2)	7.91%	4.44%	0.5	0.113	0.366	1		
IFC 이머징 마켓	12.69%	21.77%	0.227	0.283	0.097	0.118	1	
금시장(2)	0.75%	12.38%	-0.312	0.065	0.055	-0.149	-0.129	1
			S&P 500	EAFE	Intl. Bond	U.S. Bond	IFC	Gold

(1)＝20년 기준　　　　EAFE 지수－모건 스탠리 캐피탈 인터내셔널 제공
(2)＝10년 기준
(3)＝5년 기준　　　　외국과 미국의 채권지수－JP모건 제공
96년 7월 31일까지
　　　　　　　　　　IFC 신흥시장 복합지수－국제금융공사 제공

보면, 다양한 자산은 서로 독립적으로 움직이는 경향이 있고, 이런 자산을 합치면 포트폴리오의 다양성이 증가된다는 것을 알 수 있다. 가장 높은 상관관계를 갖는 것은 미국 주식시장과 미정부 채권으로, 50％나 된다. 반면 가장 낮은 상관관계는 미국 주식시장과 금시장으로 −0.31％에 불과하다. 특히 금시장은 다른 자산과 비교해 볼 때도 마이너스 또는 매우 낮은 상관관계를 갖기 때문에 강력한 분산투자 효과를 제공한다 하겠다.

원칙 3 : 적절한 리스크와 수익을 보고 투자하라

21세기를 위한 최상의 포트폴리오를 구성할 때는 언제나 여러분의 현실, 목표, 리스크 감내 정도를 고려해야 한다. 먼저, 당신의 투자 목표를 정하라. 기대 수익은 얼마고 리스크는 얼마나 감내할 수 있는지 알아야 한다는 뜻이다. 이 때는 필히 여러 가지 자산 종류와 관련된 과거의 수익과 리스크도 생각해 보아야 한다. 앞으로의 결과가 과거와 똑같이 나오리라는 법은 없지만 그래도 과거의 실적은 장래의 기대 수익에 대해 폭넓은 안내자 역할을 한다.

그 다음엔 투자 장애물을 명확히 파악해야 한다. 자금의 유동성 정도, 투자 시간의 한계, 세금, 법적인 문제들을 고려해야 한다는 뜻이다. 이러한 장애를 포함시키지 않고 구성하는 포트폴리오는 포트폴리오라 할 수도 없다.

다음에 예로 든 투자자들과 그들의 포트폴리오를 살펴보면 포트폴리오 구성법에 대한 감을 잡을 수 있을 것이다. 그들의 목표와 장애를 시장 예측과 한데 엮어 이해의 편의를 도모했다.

팀 영

26살의 팀 영(Tim Young)은 대기업의 소프트웨어 기술자로 일을 시작한 지 얼마 안된다. 학사학위를 가진 팀은 현재 연봉이 5만 달러이고, 앞으로 진급하면서 더 많은 돈을 벌 것으로 예상된다. 생애 처음으로 그는 투자할 여분의 돈이 생겼다. 그는 할 일이 많다. 실직에 대비해 여분의 돈을 모아두어야 하고 생활 수준을 개선해야 하며 집

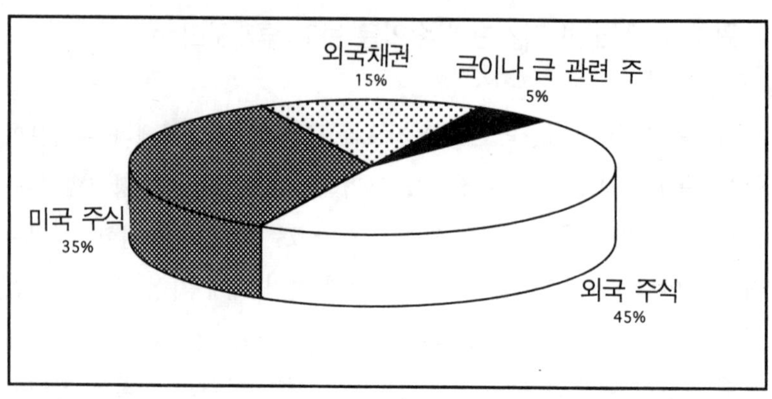

장만을 위해 밑천도 준비해야 한다. 또, 퇴직 후를 위한 연금도 적립해야 한다. 팀은 자신이 퇴직할 때쯤이면 사회보장제도가 없어질 것으로 생각하고 있다.

팀은 높은 수익을 기대하고 있기 때문에 열심히 돈을 굴려야 한다. 20년 후를 내다보는 그는 리스크 감내 정도가 높고 단기적인 시장 변동 또한 기꺼이 받아들일 준비가 되어 있다. 팀은 장기간 원금에 손을 대지 않을 생각이다. 따라서 팀은 그의 투자에 부과되는 세금에 대한 지불을 늦추기 위해 IRA(개인 퇴직 적립금)에 대부분을 투자할 것이다.

이렇게 볼 때 팀은 공격적인 투자 전략을 선택해야 한다. 바람직한 포트폴리오 구성 비율은 다음과 같다.

외국 주식 45% (이 중 50%는 신흥시장 주식)

미국 주식 35%

외국 채권 15%

금이나 금 관련 주 5%

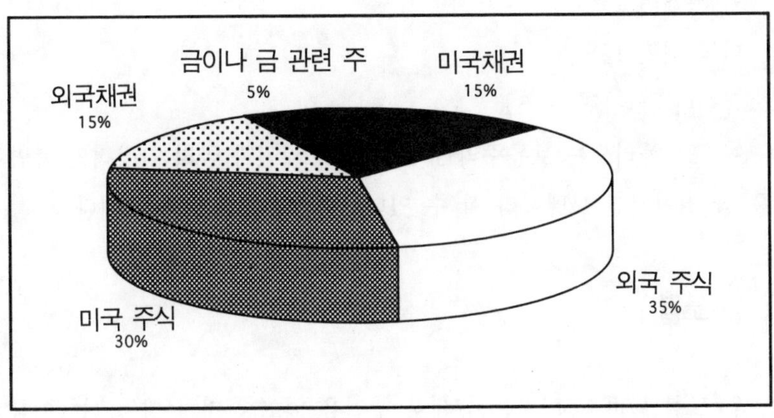

외국 주식과 미국 주식에 대한 투자는 팀이 리스크를 감내하는 한 높은 수익을 보장해 줄 것이다. 반면, 상대적으로 적은 외국 채권과 금에 대한 투자는 그의 포트폴리오에 분산투자의 이점을 줄 것이다.

잭 미들톤

48살의 기혼인 잭 미들톤(Jack Middleton)은 대학을 갓 졸업한 두 자녀를 두고 있다. 그는 작은 사업을 한다. 그 사업으로 그는 1년에 평균 8만 달러를 꾸준히 벌어들이고 있다. 잭은 그의 사업을 자식에게 물려줄 계획이다. 지금까지, 그는 6만 달러의 자산을 투자했다. 자녀들이 모두 대학을 마쳤으므로, 이제 그는 20년 후를 내다보며 저축을 늘릴 생각이다.

외국 주식 35% (이 중 33%는 신흥 시장)

미국 주식 30%

외국 채권 15%

미국 채권 15%

금이나 금 관련 주 5%

이 포트폴리오는 보통주의 높은 수익과 채권과 금의 안정적인 측면을 잘 결합시킨 모델이라 할 수 있다. 분산투자의 훌륭한 예다.

윌 노블

윌 노블(Will Noble)은 67세로 부인을 잃고 혼자 산다. 그는 이름난 항공 회사에서 엔지니어로 일하다가 최근 퇴직했다. 그는 총 30만 달러에 달하는 투자 자산을 가지고 있다. 그리고, 매년 약 2만 달러의 연금을 받고 있고 또 사회보장 연금으로 8,000달러를 따로 받고 있다. 집에는 더 이상 들어갈 돈이 없고, 은퇴 후 여행과 항해를 즐기고 있다. 이렇게 살다보니 1년 생활비로 5만 달러가 필요한데, 이는 현재 수입을 2만 2,000달러 초과하는 수준이다. 그러므로, 윌은 그의 포트폴리오를 통해 매년 30만 달러의 7.3%에 해당하는 2만 2,000달러의 수입이 생기길 기대한다. 그는 대체로 건강한 편이고 앞으로 25년은 더 살 것으로 생각한다. 하지만, 윌에게도 걱정이 있다. 인플레이션 때문에 지금 받는 연금으로 생활하기가 힘들어질 수도 있고, 사회보장제도가 바뀌어 두 번째로 큰 수입원이 없어질지도 모른다. 그리고 어느날 자신이 자식들에게 짐이 될 지도 모른다는 두려움도 없지 않다. 또한 그는 자신의 자녀와 손자들에게 의미 있는 유산을 남겨 주길 원한다.

미국 채권 40%

외국 채권 30%

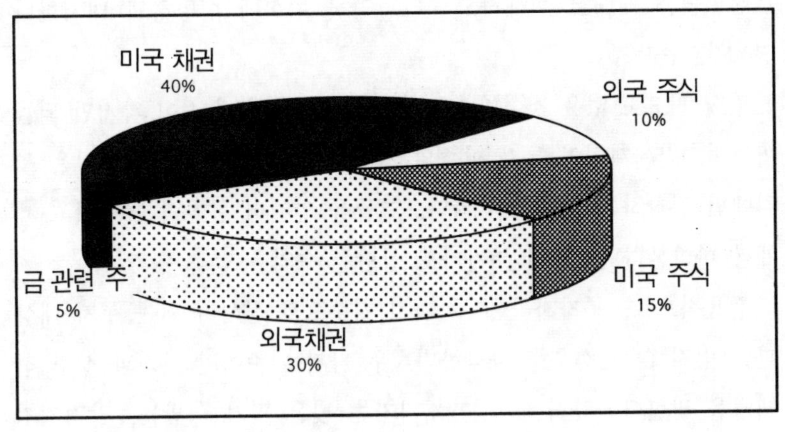

미국 주식 15%

외국 주식 10%

금이나 금 관련 주 5%

　미국 채권과 외국 채권으로부터 나오는 이자가 월이 필요한 돈을 충당해 줄 것이고 보통주에 대한 적절한 투자와 해외 분산투자로 재산을 유지시키며 지출 한계를 늘릴 수도 있다.

원칙 4 : 이익이 있는 곳에 투자하라

　말하기는 쉬워도 행동으로 옮기는 게 그처럼 쉽겠냐는 의문이 생길 수도 있다. 물론 옳은 지적이다. 하지만 세계적인 트렌드들이 세계 경제를 변화시키고 있다는 사실만은 부인할 수 없을 것이다. 눈 앞에 나타나고 있으니까 말이다. 이러한 변화들은 매우 강력해서 몇몇 나라와 산업에 현명한 투자를 하는 사람들에게는 부를 가져다줄 수 있다. 반대로 잘못된 투자는 고생으로 연결되기도 한다. 따라서 이러한 트렌드들을 제대로 이해하고 그로 인한 변화에 현명하게 대처한다면, 결과는?

말할 필요도 없을 것이다. 우리 주변에는 인습에 젖어 과거만 되돌아보며, 전세계적인 투자 퍼즐의 거대한 그림을 못알아보고 작은 조각에만 집착하는 사람들이 많다. 그들을 앞질러 통찰력을 가지고 세계를 바라본다면, 개인 투자자도 상당한 수익을 얻을 수 있다.

전통적으로, 투자자들은 두 가지 기준으로 장사가 되는 투자 대상과 그렇지 않은 경우를 파악한다. 두 가지 기준이란 가격과 성장 잠재력을 말한다. 가격을 보는 투자자는 낮은 평가를 받는, 알려지지 않았거나 '인기 없는' 유가증권들을 찾아낸다(여기서 낮은 평가는 낮은 가격 자산, 낮은 주가수익 또는 낮은 현금 유동률로 알 수 있다). 그리고는 낮은 평가가 일시적인 현상에 그치고 결국에는 시장에서 주목을 받아 가격이 상승하길 바란다. 한편, 성장 잠재력을 보는 투자자는 주로 영업과 수익의 증가를 주시한다. 그리고 마침내 회사의 수익 증대가 주식시장에도 영향을 미쳐 주가가 상승하길 기대한다.

일리가 있는 투자 기준이다. 그러나, 현재의 평가율을 아는 것도 좋고 기업의 단기 수익의 변화를 파악하는 것도 도움이 되기는 하지만, 하루하루 바뀌는 현재의 자료를 가지고 21세기를 위한 포트폴리오를 만든다는 생각은 버려야 한다. 오랫동안 지속될 투자 기회를 잡으려면 경제와 투자시장 전반을 이해하는 것이 필수적이라는 애기다. 분기별 수익이나 미시경제 보고서를 참고할 게 아니라 장기 변화에 대한 지식으로 무장해야 한다. 전 세계를 휩쓰는 변화, 도시와 인구를 대륙에서 대륙으로 움직이며 수많은 사람들의 생활을 바꾸어 놓는 거시적 변화를 감지할 수 있는 지식 말이다.

지금까지, 이러한 변화를 주도할 트렌드들과 구체적인 투자 대상 및 21세기를 위한 합당한 포트폴리오 구성 방법을 여러분에게 보여주고자 노력했다. 나름대로 많은 도움이 되길 바란다.

결   론

이 책을 통해 우리는 21세기를 열어 줄 몇 가지 트렌드를 예측해 보았다. 나는 여기에 언급한 트렌드들이 '필연'이라고 주장할 생각은 없다. 다만, 몇몇 트렌드는 돈을 벌 수 있는 가능성과 직접적으로 연관되기 때문에 그것을 파악하고 활용하는 투자자에게 좋은 파트너가 될 수 있다는 사실만은 강조하고 싶다. 성공에 이르려면 투자자는 먼저 일시적 유행과 트렌드를 구별할 줄 알아야 한다. 1장 처음에 언급했던 훌라후프를 다시 예로 들어보겠다. 훌라후프는 플라스틱 산업이라는 거대한 트렌드 속에서 생겨난 하나의 일시적 유행이었다. 훌라후프를 만들었던 장난감 회사에 투자한 투자자들은 일시적 유행을 보고 투자한 것이고 따라서 훌라후프가 인기를 누리는 동안에만 돈을 만졌다. 그러나 플라스틱 산업에 투자한 사람들은 트렌드를 보고 투자한 것이고 따라서 훌라후프의 인기가 식은 후에도 오랜 기간 동안 이익을 얻었다.

그렇다고 올바른 투자 대상을 고르는 문제가 일시적 유행과 트렌드를 구별하는 안목만으로 해결되는 것은 아니다. 투자 대상을 고를 때, 불안과 욕심에 눈이 멀면 자칫 어렵게 번 돈을 그런 심리를 이용하는 산업에 탕진할 수도 있다. 보험회사를 보자. 그들은 투자자들의 불안을 미끼로 삼는다. 그들은 다음과 같이 설득한다. 가족 중 유일하게 돈을 버는 사람이 갑자기 죽는다면? 갑작스레 치명적인 병이 있다는 사실을 알게 된다면? 물론 갑작스럽게 이런 일들이 발생할 수 있으며 어떤 투자든 만일의 사태를 고려해보는 것은 바람직한 일이다. 그러나 투자 결정시 불안심리는 제거되어야 한다. 대신, 투자자들은 그러한 불행이 일어나지 않을 가능성과 현재 가지고 있는 재산을 어떻게 보호할 수 있는지, 미래에 발생할 지출을 어떻게 충당할 것인지 등에 초점을 맞출 필요가 있다. 그리고 무엇보다 중요한 것은 보호책이 정말로 필요한가를 면밀히 따져 보는 것이다. 재난에 대한 두려움은 소득을 늘리는 자극제가 될 수도 있다. 하지만 부연컨대 두려움 자체가 투자결정요인이 되어서는 안되는 것이다.

주식과 채권시장 역시 두려움과 욕심이라는 감정적 요인에 의해 휘둘리는 경우가 많다. 주가수익률, 성장 잠재력, 수익의 변화, 산업의 경향, 경영 능력 등 마땅히 조사해 봐야 할 사항들을 고려하지 않고 미디어의 과대 광고, 뜬 소문, 남의 충고에 지나치게 의존하는 투자자에게는 사실상 욕심이 가장 강렬한 자극제로 작용한다. 이 책을 읽은 독자 여러분은 위에 언급한 당연한 조사가 건전하고 이익이 남는 기회를 선택하는데 얼마나 도움이 되는지를 이제 충분히 알았을 것으로 믿는다.

나는 이 책을 거시경제적인 관점에서 썼다. 앞서 논의한 트렌드들은 성공과 지속성 면에서 가장 분명한 장기적 기회를 제공할 가능성을 보이는 것들이다. 이런 트렌드를 타는 주식이야말로 고수익을 보장해 줄 투자대상이라는 사실을 잊지 말길 바란다.

사족을 달자면, 트렌드란 변화하는 것이므로 성공적인 투자를 위해서는 항상 주의깊게 트렌드를 살펴야 한다. 어떤 트렌드가 사라지고 어떤 트렌드가 새로 부상하는지 늘 촉각을 세우고 지켜봐야 한다는 뜻이다. 투자 이면에 숨어 있는 과정에 대해 더 많이 알면 알수록 여러분이 투자에서 성공할 가능성도 그만큼 커지는 것이다.

마지막으로, 두 가지를 덧붙이고 싶다. 첫째, 아무리 매력적이라도 한 산업이나 한 주식에만 투자를 집중시키지 말라. 가치가 상승하는 동안에는 포트폴리오에 안식을 안겨줄지 모르지만, 그렇지 않을 경우에는 버려야 하기 때문이다. 둘째, 여러 가지 산업에 투자하는 경우라도 한 분야가 당신의 투자 전체를 좌우할 정도로 만들어서는 안된다. 훌륭한 포트폴리오의 기본이 되는 적절한 분산투자야말로 당신의 자본을 유지하고, 그 자본을 신중하고 안정적으로 차차 늘려나가는 최선책이다. 흥미진진한 미래의 글로벌 투자 게임에서 당신의 포트폴리오가 선전하기를 바란다.

부 록

외국의 주식과 채권을 사고 파는 길

얼마 전까지만 해도, 개인 투자자들이 이용할 수 있는 외국 유가증권의 수는 극히 제한적이었다. 그러나, 세계시장으로의 다양한 투자가 인기를 더해감에 따라 외국 주식과 채권을 구입할 수 있는 선택의 폭 또한 넓어졌다.

전문지식이나 시간이 없는 투자자는 투자의 처음부터 끝까지 서비스를 제공하는 중개인이나 딜러의 도움을 필요로 할 것이다. 이런 사람들에게는 메릴 린치(Merrill Lynch)나 프루덴셜 증권(Prudential Securities) 같은 거대한 정보망을 갖춘 회사를 추천하고 싶다. 그러나, 이들 큰 회사들 외에도 국제 투자시장에는 다양한 서비스를 제공하는 새로운 회사들이 속속 등장하고 있다는 사실에 주목하기 바란다.

풀 서비스 중개사와 관계를 맺기 원하는 투자자들이 가질 수 있는 또 다른 선택은 해외 투자를 전문으로 하는 작지만 '기동력 있는' 회사들이다. 내가 운영하는 회사, 인터내셔널 어셋 어드바이저리(International Asset Advisory Corp, 이하 IAAC)도 그런 회사 중 하나다. IAAC는 지금처럼 해외 투자가 유행하기 훨씬 전인 1982년부터 해외 분산투자의 이점을 강조해 왔다.

또, 자료와 전문적인 지식을 어느 정도 갖췄다고 생각하는 투자자들은 할인 중개사를 선택하는 게 낫다. 지난 몇 년 동안 세계의 할인 중개사들은 투자자들에게 다양한 옵션을 제공하면서 세를 넓혀 왔다. 그러나 이들 회사들은 대부분 깊이 있는 리서치를 소홀히하고 해외 증권에 관한 지식이 매우 한정되어 있다는 사실을 명심해야 한다. 그러나 여기에도 예외는 있기 마련이다. 찰스 슈왑(Charles Schwab & Co., Inc)만큼은 일반 할인 중개사들과 틀리다. 할인 중개 분야의 선구자인 찰스 슈왑은 최근 글로벌 투자 안내부를 신설하고, 글로벌 투자 무대에 진입하기 위해 노력하고 있다.

마지막으로, 뮤추얼 펀드 편에서 언급했듯이, 해외 투자를 대상으로 하고 있는 펀드는 그 수가 지나치다 싶을 정도로 많다. 투자자들은 자신의 투자 목표와 리스크 감내 정도를 고려해서 적절한 대상을 선택하는 게 바람직하다. 그리고 개방형과 폐쇄형 펀드, 로드와 노로드 펀드의 차이를 분명히 알아두는 게 좋다.

어떠한 투자 노선을 선택하건, 지금처럼 급변하는 세계 경제에서는 전세계적으로 투자를 분산시키는 게 필수적이다. 투자 전문지, 인터넷과 월드 와이드 웹을 이용하면 이에 관한 정보를 쉽게 얻을 수 있다. 그 밖에도 투자 상품과 해외 시장에 대한 정보를 유상 제공하는 회사들도 좋은 정보원이라 할 수 있다.

□ 역자 약력 □

연세대학교 졸업
영어강사 및 전문 번역가
주요 역서 :「악당전사」,「최종선택」,「판도라의 시계」
「비주얼셀링」,「신을 거역한 사람들」 등

•

21세기 투자트렌드 10

•

지은이 / 디에고 베이티아
옮긴이 / 안진환
펴낸이 / 박용정
펴낸곳 / 한국경제신문사
등록 / 제2-315(1967. 5. 15)
제1판 1쇄 인쇄 / 1998년 11월 25일
제1판 1쇄 발행 / 1998년 12월 1일
주소 / 서울특별시 중구 중림동 441
출판팀 / 3604-553~8
출판판매팀 / 3604-595~6
FAX / 360-4599

•

•

값 8,000원

강대국의 흥망

폴 케네디 著
李曰洙·全南錫·黃建　共譯
〈양장 / 628면 / 13,000원〉

역사학자이자 미국 예일대 교수인 저자는 이 책에서 지난 5세기 동안에 전개되었던 강대국들의 흥망성쇠는 그들의 경제력과 군사력의 변화 추이에 의해서 좌우되어 왔다고 진단하면서 앞으로 다가오는 21세기에는 미국·소련·서유럽 등의 쇠퇴와 중국·일본 등 아시아 강국들의 부상을 예언하고 있다. 〈뉴욕타임스 선정 최우수 도서〉

21세기 준비

폴 케네디 著
邊道殷·李曰洙　譯
〈양장 / 500면 / 11,000원〉

우리에게 충격을 던졌던「강대국의 흥망」저자 폴 케네디 교수가 다가올 21세기 문명세계의 각종 위기를 명쾌히 분석·정리한 力著. 이 책은 향후 30년 사이 우리에게 닥칠 도전들과 그 대응방법 그리고 인구폭발, 환경오염, 생물공학, 로봇, 통신수단, 가공할 파워의 양태 등을 특유의 통찰력으로 분석·예견하고 있다.

메가트렌드 2000

존 나이스비트 외　共著
金弘基　譯
〈양장 / 444면 / 9,800원〉

90년대는 정치개혁과 경이적인 기술혁신 등으로 인류에게 지금까지와 전혀 다른 변화양상을 안겨줄 것이다. 이 책은 90년대의 변화로 경제호전, 예술의 번영, 시장사회주의의 출현, 복지국가의 쇠퇴 등, 과거 어둡고 비관적인 세기말적 변화보다는 밝고 새로운 흐름을 부각시키고 있다.

메가트렌드 아시아

존 나이스비트　著
홍수원　譯
〈양장 / 402면 / 9,500원〉

미래예측가로 세계적 명성을 떨치고 있는 나이스비트는 21세기에는 아시아가 미국주도의 상품과 소비시장에 가장 중요한 경쟁자로 떠오를 것으로 내다보고 현재 역동적으로 변화하는 아시아의 모습을 8가지 트렌드로 분석했다. 특히 아시아와 세계라는 맥락 속에서 한국에 나타나고 있는 폭넓은 변화들을 살펴보고 한국이 아시아에 기여할 수 있는 방안도 짚고 있다.

20세기를 움직인 思想家들

기 소르망　著
姜偉錫　譯
〈신국판 / 426면 / 8,000원〉

20세기 사상계에 결정적인 영향을 끼친 사람들은 과연 누구인가? 프랑스의 저명한 경제학자이자 사회학자인 기 소르망이 29명의 생존해 있는 현대 최고의 사상가들과 직접 인터뷰를 통해 그들 자신이 선택한 분야에 전생애를 바친 사상과 사색의 놀라운 통찰을 기록·정리한「살아있는 도서관」.

資本主義 종말과 새 世紀

기 소르망　著
金廷銀　譯
〈양장 / 628면 / 13,000원〉

세계적인 석학인 저자는 자본주의 체제를 위협하는 것은「도덕적 불만」과「자본주의에 대한 몰이해」라고 주장하고 러시아·중국·독일·인도 등 20여개국의 자본주의의 현재 모습을 생생히 그리고 있다. 또한 현재의 자본주의의 위기를 극복하기 위한 구체적인 실천방안에 대해서도 통찰하고 있다. 방대한 분량인데도 르포형식이어서 전혀 지루하지 않다.

미래기업

피터 드러커　著
高柄國　譯
〈양장 / 416면 / 9,500원〉

우리 시대의 가장 뛰어난 사회·경영학자이자 미래학자인 드러커의「변혁시대 기업생존전략 연구서!」이 책은 세계경제가'빠르게 바뀌어 감에 따라 기업의 새로운 생존 경영전략 모델, 즉 기업이 살아남기 위한 5가지 변화조건을 예리하게 분석·고찰했다. 특히 사회·경제학 시각에서 세계경제 흐름을 통찰한 力著.

자본주의 이후의 사회

피터 드러커　著
李在奎　譯
〈양장 / 328면 / 7,000원〉

사회주의권의 급격한 몰락 이후 탈냉전 분위기가 고조되고 있는 시점에서 향후 세계 변화가 주요 관심사로 떠오르고 있다. 저자는 이 책에서 향후 세계는 자본주의적 시장구조와 기구는 그대로 존속되겠지만 주권국가의 통제력은 약화되고 전문지식을 갖춘 지식경영자 중심의 글로벌화 사회가 될 것으로 예측하고 있다.

미래의 결단

피터 드러커 著
이재규 譯
〈양장 / 408면 / 9,000원〉

현대 경영학의 대부, 피터 드러커는 이 책에서 「스스로를 다시 생각함으로써 회생할 수 있다」고 전제하고 기업의 5가지 치명적 실수, 가족기업을 경영하는 규칙, 대통령을 위한 6가지 규칙, 새로운 국제시장의 개발, 3가지 종류의 팀조직, 오늘날 경영자들이 필요로 하는 정보 등 바람직한 미래를 실현하기 위한 방안을 제시했다. 21세기를 위한 새롭고 시의적절한 경영지침서.

비영리단체의 경영

피터 드러커 著
현영하 譯
〈신국판 / 406면 / 8,000원〉

선진국에서는 학교, 자선단체 등 비영리단체의 경영혁신이 선풍을 일으키고 있다. 이 책은 필자가 교수생활을 하면서 비영리단체에서 봉사했던 경험을 바탕으로 조직관리, 예산 등 경영전반에 대한 문제점을 심도있게 분석하고 개선방안을 제시했다. 전문가들과의 대담을 통해 경영의 효율성을 높이기 위한 여러가지 방안이 눈길을 끈다.

트러스트

프랜시스 후쿠야마 著
구승회 譯
〈양장 / 500면 / 12,000원〉

한 나라의 경제는 규모만으로는 설명될 수 없고 문화적 요인이 중요하다. 이 문화적 요인이 사회적 자본이며 가장 중요한 덕목이 바로 신뢰다. 저자는 이 책에서 개인주의, 가족주의에 기반을 둔 저신뢰 사회의 특성을 혹독하게 비판하면서 건강한 사회가 되려면 공동체적 연대와 결속의 기술을 터득해야 하며 신뢰는 경제와 사회, 문화를 아우르는 놀라운 가치라고 강조한다.

코피티션

배리 J. 네일버프·아담 M. 브란덴버거 著
김광전 譯
〈양장 / 384면 / 9,000원〉

비즈니스 게임은 끊임없이 변하므로 전략도 당연히 변해야 한다. 경쟁(competition)과 협력(cooperation)에 관한 과거의 법칙들을 넘어서서 양자의 장점을 결합한 코피티션 전략은 기존의 비즈니스 게임을 혁신할 혁명적인 신사고다. 저자들은 게임 자체를 변화시켜서 이득을 최대화하는 방법을 보여주는 5가지 요소(전략의 PARTS)의 비즈니스 전략을 체계적으로 제시했다.

지구의 변경지대

로버트 케이플런 著
황건 譯
〈양장 / 582면 / 12,000원〉

베일에 가려져 있던 서아프리카에서 중동을 거쳐 러시아의 외곽지대인 중앙아시아, 중국, 인도를 거쳐 캄보디아, 태국, 베트남에 이르는 대장정을 끝내고 저자가 내린 결론은 한마디로 암울하다는 것이다. 이 책은 저자가 새로운 분쟁지역으로 떠오르고 있는 지구 곳곳을 다니면서 문제점을 지적하고 혼란에 빠진 이들에게도 따뜻한 시선을 보내자고 제안하고 있다.

회사인간의 흥망

앤소니 샘슨 著
이재규 譯
〈양장 / 490면 / 9,800원〉

이 책은 17세기 동인도회사에서 현재의 마이크로소프트사에 이르기까지 기업의 변화과정과 직장인들의 문화변천사를 통해 회사인간이란 무엇인가를 규명했다. 생생한 인물묘사와 인터뷰, 사례를 곁들이면서 전혀 도전받을 일이 없을 듯이 보였던 「기업관료들」이 어떻게 레이더스, 모험기업가, 일본의 경쟁자들, 컴퓨터, 여자 회사인간들에 의해 차례차례 공격당했는가를 밝히고 있다.

금융시장 예측

김성우 著
〈양장 / 452면 / 12,000원〉

주식, 금리, 상품 등의 현물시장은 물론 선물 및 옵션 등의 파생상품시장에서도 생존할 수 있는 방법을 다양하게 제시하고 있다. 20여년간 외환시장 등 다양한 시장에서 딜러, 투자가, 분석가로 활동하며 풍부한 현장경험을 가지고 있는 저자가 시장상황에 따른 기술적 지표의 요령과 심리적 동요의 극복방안을 현장사례 중심으로 상세히 설명하고 있다.

21세기 중국

박정동 編著
〈양장 / 362면 / 9,000원〉

덩샤오핑이 사망함에 따라 곳곳에서 그 기반이 흔들리는 조짐이 나타나고 있다. 그의 체제를 이어받은 장쩌민 체제는 안정과 성장을 지속시켜 나갈 수 있을까. 과연 중국은 어떻게 변할 것인가. 아시아의 안정과 발전을 저해하는 군사대국으로 비화할 가능성이 큰 중국의 현재와 미래를 철저히 진단한 중국탐구서.

팝 인터내셔널리즘

폴 크루그먼 著
김광전 譯
〈신국판 / 276면 / 7,000원〉

산업위축과 실업증가, 실질소득 향상의 둔화를 비롯해 소득격차의 확대, 산업시설의 유출 등 선진 경제가 지닌 문제점을 상세히 분석하고 그 원인이 개발도상국과의 교역에 있는 것이 아니라 선진국의 산업구조 변화와 기술발전에 있다고 밝히고 있다. 레스터 서로에 필적하는 20세기 최고의 40대 경제학자인 저자가 지적하는 개도국 성장 비결은 우리에게 시사하는 바가 크다.

2020년

해미시 맥레이 著
金光田 譯
〈양장 / 408면 / 9,000원〉

다양한 인종만큼이나 상이한 정치·경제체제와 독특한 문화양식을 지니고 있는 세계 각국은 저마다의 주무기를 앞세워 미래를 설계하고 있다. 경제평론가인 저자는 앞으로 국가경쟁력을 결정짓는 요인은 기술이 아니라 문화라고 강조한다. 현재 세계 각국이 처해 있는 상황을 바탕으로 치밀하게 전망한 2020년경의 세계 각국의 모습에서 우리의 진로는 어떻게 모색해야 할 것인가?

제 4 물결

허먼 메이너드 2세
수전 E. 머턴스 共著
韓榮煥 譯
〈양장·4×6판 / 240면 / 5,000원〉

21세기의 범세계적 기업을 위한 낙관적 비전을 제시하고 있는 이 책은 한마디로 앨빈 토플러의 《제3물결》을 넘어 장기적 미래의 비전에 집중하고 있다. 지금 우리가 공업화를 상징하는 「제2물결」에서 탈공업화적인 「제3물결」로 전이하고 있지만, 머지 않은 곳에서 새로운 차원의 「제4물결」이 밀려오고 있다고 진단하고 있다.

株式市場 흐름 읽는 법

浦上邦雄 著
朴承源 譯
〈신국판 / 200면 / 4,000원〉

언뜻 보기에 무질서하고 예측이 불가능해 보이는 주식시장도 장기적으로 보면 특정한 네 개의 국면을 반복하고 있다는 것을 알 수 있다. 이 책은 이 네 개의 국면이 어떤 요인에 의해 순환되고 각각의 국면에서 어떤 종목이 활약하는가를 숙지할 수 있는 안목을 제시해주고 주식투자시 리스크를 피하는 방법에 대해서도 설명하고 있다.

유머人生 1∼6

韓國經濟新聞社 出版部 編
〈4×6판 / 244면 / 4,500원〉

많은 독자들이 1980년 12월부터 본지에 연재되고 있는 「海外유머」를 책으로 출판했으면 어떨지, 그런 계획은 없는지 물어왔다. 이 책은 독자들의 그러한 성원에 보답하자는 취지로 출판되었으며 우스갯소리 가운데서 인생의 묘미도 느끼고 영어공부도 할 수 있게끔 어려운 단어나 語句에는 주석을 달아 독자들의 이해를 돕고자 노력했다.

성공적인 점포경영 33選

류광선 著
〈신국판 / 368면 / 8,000원〉

5,000만원 정도의 소자본으로, 심지어 무자본으로도 사업을 시작할 수 있는 아이디어를 담았다. 저자가 현장을 발로 뛰면서 바로 개업하기에 유망한 33개 업종을 선별, 입지선정부터 개업절차·경영 비법까지 최신 노하우를 총집결시켰다. 경영지침이나 사업의 성패진단법은 물론 직접 점포를 운영하는 사람들의 현장 목소리를 담아 차별화를 꾀했다.

부동산 경매를 잡아라

전 철 著
〈신국판 / 248면 / 6,500원〉

법원경매든 성업공사 공매든 경매는 이제 누구나 쉽게 배우고 참여할 수 있게 되었다. 경매물건에 대한 마음가짐을 얼마나 유연하고 객관적인 자세로 평가할 수 있느냐가 성공의 지름길이다. 이 책은 부동산 경매에 대한 전반적인 원리를 누구나 알기쉽게 배울 수 있도록 설명했다. 특히 실전사례중심으로 실패없는 부동산 경매 방법을 체계적으로 정리한 실전 가이드다.

임대주택을 잡아라

최문섭 著
〈신국판 / 230면 / 6,500원〉

최근 다양한 부동산개발 유형이 쏟아져 나오고 있지만 자신이 소유하고 있는 땅에 가장 어울리면서 수익을 많이 올릴 수 있는 방법을 찾는 것은 쉬운 일이 아니다. 이 책은 자신이 소유하고 있는 땅의 위치, 교통 여건, 주변 생활환경 등을 따져 본 후 높은 수익을 올리고 미래 발전 가능성이 있는 최적방안을 여러 사례별로 제시, 임대주택으로 투자에 성공하는 방법을 담고 있다.

일본 쪼개보기

황인영 著

〈신국판 / 336면 / 7,500원〉

일본이 거론하고 있는 독도문제나 잇따른 우익 망언에 대해 논리적이고 설득력 있게 대응해야 한다. 이 책은 일본의 본질을 이해하기 위해 한일관계의 역사적 배경을 추적하면서 그들의 독특한 문화와 사고방식, 행동양식을 105가지의 짧은 얘기로 분석하고 있다. 특히 역사적으로 형성된 일본 특유의 무사도 정신과 장인정신, 직업 세습풍토의 배경과 그 실체를 벗기고 있다.

돈 굴러들어오는 장사성공의 비결

가라쓰 하지메 著
양병준 外 譯

〈신국판 / 288면 / 7,000원〉

이 책은 소매점에서 개인 손님을 응대하는 요령에서부터 각 기업체의 세일즈맨들이 회사를 상대로 할 때의 영업요령에 이르기까지 장사성공의 비결을 소개한 실용서다. 저자는 이 책을 통해 불황 속에서도 살아 남는 법, 팔리는 물건 만들기, 장사거리 및 판로찾기와 더불어 앞으로 일본이 맞이하게 될 국제화, 고령화, 환경문제에 대처하는 자세 등을 제시하고 있다.

사장님을 위한 5분 경제

손정식 著

〈신국판 / 388면 / 8,500원〉

경영일선에 있는 경영자가 매일매일 직면하는 경제·경영현상에 대해 기본적인 원리를 설명한 이 책은 경제현상을 올바로 이해하여 기업경영의 이론적 토대를 튼튼히 하는데 보탬이 되는 경제상식들만 모았다. 가격관리와 비용관리에서부터 기업전략, 경쟁과 윤리, 기업과 금융, 국제무역과 국제금융에 이르기까지 꼭 알고 있어야 할 경제원리들을 강의하듯 풀어서 설명했다.

대기업을 이기는 벤처비즈니스

마키노 노보루·강동우 著
유세준 譯

〈신국판 / 212면 / 5,500원〉

첨단 기술력과 재빠른 정보수집력을 갖춘 모험심 강한 중소기업이 대기업보다 훨씬 더 유연하게 시장상황에 대처하고 있으며 성공해 가고 있다. 마이크로소프트, 인텔 등이 그 예다. 이 책은 재편되고 있는 경제구조 속에서 앞서 나가고 있는 일본 벤처기업들의 사례와 실리콘밸리의 성공전략을 살펴보고 틈새시장을 공략하는 요령과 아이디어, 국제적 제휴전략 등을 다루고 있다.

시간이동

스테판 레트샤픈 著
형선호 譯

〈신국판 / 380면 / 9,000원〉

사람들에게 있어서 시간은 객관적인 것이 아니라 주관적인 것이다. 이 책에서 저자는 시간에 대한 사고방식을 바꿈으로써 자신의 인생에 대한 통제를 되찾을 수 있다고 강조한다. 그 과정을 통해 우리는 인생을 최대한 즐길 수 있으며 많은 시간을 우리 자신과 가족과 함께 더 한층 고양된 삶의 의미를 느낄 수 있다. 이 책은 명상서로서 자신의 삶을 컨트롤하는 방법을 제시한다.

소명으로서의 기업

마이클 노박 著
김진현 監譯

〈신국판 / 280면 / 7,000원〉

실업과 빈곤의 해결책은 무엇일까. 마이클 노박은 종교적 윤리 기반위에 선 민간기업만이 그 해결책이 될 것이라고 명쾌하게 주장한다. 민주자본주의 하에서 신학적·윤리적 기초를 갖는 기업이야말로 이윤창출기관인 동시에 민주주의와 인권을 증진시키는 기관이며 사회공동체를 만드는 기관이다. 기업의 위치, 정신의 설정과 사회관계 정립에 등불이 될 내용들이 가득하다.

마음을 치유하는 79가지 지혜

레이첼 나오미 레멘 著
채선영 譯

〈신국판 / 390면 / 7,500원〉

정신분석학자로서 영혼의 연금술사로 평가받는 저자는 보다 큰 평화를 가져다주는 것은 우리가 서 있는 바로 이곳, 또 이곳에서 만나는 사람들을 있는 그대로 받아들일 수 있게 해줄 치료제, 즉 영혼을 위한 약이 필요하다는데 초점을 맞추고 있다. 저자의 따뜻한 식탁의자에 영혼이 충만한 의사와 환자, 그리고 동료들이 둘러앉아 나누는 그들의 삶은 무한한 가능성의 목소리로 들린다.

복잡계란 무엇인가

요시나가 요시마사 著
주명갑 譯

〈양장·4×6판 / 284면 / 7,000원〉

세계는 복잡계(Complex System)열풍에 휩싸여 있다. 『무수한 구성요소로 이루어진 한덩어리의 집단으로 각 부분의 움직임이 총화이상으로 무엇인가 독자적인 행동을 보이는 것』으로 정의되는 복잡계, 복잡계 과학은「잃어버린 세계로의 여행」이 될 것이다. 복잡계의 과학은 그 꿈을 현실화시킬지도 모른다. 21세기를 주도하게 될 최첨단 키워드, 복잡계의 모든 것을 담았다.

複雜界 경영

다사카 히로시 著
주명갑 譯
〈양장 / 224면 / 6,500원〉

복잡계 이론이 예언하는 21세기적 경영의 모든 것이 여기 있다. 복잡계는 세기말의 혼돈 속에 지식의 최첨단 이론으로 등장, 구미지역에서 폭발적인 관심을 끌고 있다. 이 이론은 세계를 몇 개의 단순한 요소로 환원할 수 없는 '부분 이상의 총화' 자기조직화의 동적 프로세스로 이해한다. 또 세계관의 근본적인 변화를 통해 탈근대시대의 새로운 경영, 경영자를 위한 경영학의 혁명을 꿈꾼다.

밀레니엄 -지난 1000년의 인류역사와 문명의 흥망-

펠리프 페르난데스-아메스토 著
허종열 譯
〈전 2권 / 양장 / 560면 내외 / 각권 12,000원〉

지난 1000년을 마감하고 다음 1000년을 준비하기 위해 한 시대를 평가하기 보다는 새로운 시대를 창조하려는 의도로 문명의 운명에 대해 쓴 이 책은 유럽 중심적인 위장된 세계사가 아닌 진정한 세계사 정립을 위해 역사 이면을 자리매김하려고 노력했다. 인류역사의 주도권, 즉 민족의 힘은 태평양 주변국가에서 대서양으로 다시 태평양으로 옮아가고 있다고 주장하고 있다.

21세기를 여는 7가지 키워드

오마에 겐이치 著
임승혁 譯
〈양장·4×6판 / 254면 / 6,500원〉

다가오는 21세기에는 서구 선진국의 뒤만을 쫓을 수는 없다. 그들을 앞서나가기 위해서는 지금까지와는 다른 창의적인 발상, 새로운 전략, 확실한 준비가 필요하다. 21세기를 능동적으로 맞이하려는 사람들에게 띄우는 오마에 겐이치의 독특한 키워드. 1. 시간축 발상 2. 신커뮤니케이션론 3. 자유재량시간 4. 글로벌경쟁시대 5. 정보발신시스템 6. 이미지전략 7. 네트워크의 힘

김삼오 박사의 알짜배기 유학 가이드

김삼오 著
〈신국판 / 264면 / 7,000원〉

이 책은 단순하고 개략적인 유학안내서가 아니다. 유학을 궁리하거나 이미 가기로 결정한 학생, 그들의 부모가 함께 읽는다면 참신한 아이디어를 얻을 수 있다. 유학행정을 맡은 공무원, 대학 실무자, 교수들이 읽는다면 실질적인 도움을 얻을 수 있다. 왜 유학을 가야 하는가, 무엇을 배우려 하는가, 공부는 어떻게 해야 하는가, 외국과 국내 교육의 차이에 대해 알기 쉽게 설명하고 있다.

알기 쉬운 M&A와 주식투자

제해진 著
〈양장 / 336면 / 10,000원〉

M&A관련 주식투자는 위험이 높은 반면에 정확한 투자를 할 경우에는 수익도 막대해진다. 따라서 과학적 분석이 필수적이다. M&A에 조금이라도 관심있는 사람을 대상으로 기본적인 M&A이론과 유의사항을 설명하면서 국내외 사례를 통해 M&A전략과 주식시장에서의 M&A 관련 주식투자 방안을 알기 쉽게 소개하고 있다.

제조물책임(PL)법과 기업의 대응방안

하종선·최병록 著
〈신국판 / 284면 / 7,500원〉

제조물의 결함으로 인해 소비자가 생명, 신체, 또는 재산상의 손해를 입었을 때 제조물 생산자 및 유통업자가 배상을 하는 최상의 소비자 보호제도인 제조물책임(PL)법이 곧 입법될 예정이다. 이 책은 제조물책임법의 성립과 배경을 알아보고 선진국의 주요 소송사례와 입법동향을 설명했다. 특히 우리나라 법의 제정방향과 기능 그리고 기업의 대응방안에 대해서 상세히 알려주고 있다.

X파일 비망록 I, II

N. E. 가인즈 著
한경훈 譯
〈크라운판 / 380면 / 7,500원〉

X파일 TV드라마는 오락성과 더불어 정보를 제공하는 극으로서의 역할을 충분히 하고 있듯이 이 책은 그러한 정보에 깊이를 더해주는 역할을 한다. TV극에서 못다한 X파일에 등장하는 배우들의 신상을 상세히 소개하고 멀더와 스컬리 두 요원이 펼쳤던 이론을 해부하며 퀴즈게임으로 X파일에 대한 소양을 체크한다. X파일 매니아를 위한 신세대 책이다.

드래곤 스트라이크

험프리 헉슬리·사이먼 홀버튼 著
박병우 譯
〈신국판 / 540면 / 8,500원〉

2001년 2월, 중국은 〈드래곤 스트라이크〉라는 암호명 아래 베트남 공습을 시작으로 세계 패권전쟁에 돌입한다. 치밀한 자료수집과 정밀한 분석을 기초로 집필한 이 책은 재미와 미래예측서로서의 장점을 겸비한 소설아닌 소설이다. 각국의 군비태세, 외교전, 세계 외환석유시장에서의 책략이 손에 잡힐 듯 생생하게 그려졌다. 정교하고 사실에 기초를 둔 예측을 했다는 평가를 받고 있다.

안자(상·중·하)

미야기타니 마사미쓰 著
신봉승·김하중 譯
〈양장·4×6판 / 384면 내외 / 각권 6,500원〉

열국의 제후들이 대륙의 패권을 놓고 싸우는 춘추 시대를 배경으로 격동의 역사를 헤쳐나가는 명재상 안자의 일대기를 그리고 있다. 난세 속에서도 안자는 충(忠)과 의(義)를 지키며 정도(正道)만을 걷는다. 국가 경영의 참다운 모습, 인간관계의 원형을 보여주는 그의 독특한 철학을 통해 당시의 시대정신과 사회상을 조명한다.

창궁의 묘성(上·中·下)

아사다 지로 장편소설
이 주 영 譯
〈신국판 / 380면 내외 / 각권 6,500원〉

하늘보다 더 깊고 푸른 창궁(蒼穹), 그 한가운데 빛나는 숙명의 별 묘성(昴星)에 소망을 얹고 그 운명을 개척하는 청조말 풍운의 인물들의 권력과 야망을 그린 대하장편소설. 묘성을 수호성으로 태어난 가난한 말똥주이 소년 춘아는 천하의 보배를 손에 넣는다는 점쟁이의 거짓예언을 믿고 스스로 환관이 되어 천하의 여걸 서태후 자희의 측근이 되어 권력의 정점에 오른다.

인터넷 너쯤이야

김 장 호 著
〈국배판 변형 / 388면 / 15,000원(CD-ROM, 별책부록 포함)〉

인터넷에 접속하는 방법을 쉽고 간결하게 정리한 이 책은 어렵게 접속하고도 그 방대한 정보 때문에 엄두를 내지 못하고 제대로 사용하지 못하는 초보자들을 위해 쓰여졌다. 접속 후 하루에 한가지씩 1주일만에 접속에서부터 정보사냥, 인터넷으로 국제전화 거는 법, 자료 가져오는 법, 인터넷 채팅으로 이상형 만나는 법 등 인터넷을 배우는 방법을 소개했다.

PC통신과 인터넷에서 정보검색·정보관리

김 성 수 著
〈4×6배판 / 392면 / 12,000원(CD-ROM 포함)〉

그동안 안내서만 범람하던 컴퓨터 통신 출판시장에 PC통신과 인터넷에서 정확하고 빠르게 정보를 찾고 관리하는 방법을 자세히 소개하고 있다. 이 책은 이론적인 지식보다는 활용하는 방법을 중심으로 실생활에서 제대로 사용하는 요령을 다루고 있다. 부록 CD-ROM에는 마이크로소프트 인터넷 익스플로러 등 PC통신과 인터넷에서 정보를 찾기 위한 도구들이 실려 있다.

20대에 사장이 되자

다나카 신스케 著
신 동 설 譯
〈신국판 / 280면 / 7,500원〉

지금 젊음과 패기로 무장한 20대 사장들의 창업 신드롬이 일고 있다. 현대는 정보화사회로 뉴비즈니스, 벤처비즈니스가 각광을 받는 시대이다. 이 시대는 유연한 발상, 번뜩이는 아이디어, 강한 실천력을 가진 젊은 세대가 이끌고 있다. 이 책은 20대에 사장이 되는 구체적인 성공전략이 담겨 있다. 특히 20대에 회사를 세운 40명의 다양한 성공사례를 들어 독립의 꿈을 실현하는 데 실제적인 도움이 되도록 했다.

21세기 오디세이

마이클 더투조스 著
이 재 규 譯
〈양장 / 496면 / 12,000원〉

20년 동안 기술 전도사, 기업가, 경영 컨설턴트로서 정보혁명을 이끌어온 마이클 더투조스는 농업혁명과 산업혁명을 밀어낼 제3의 정보혁명에 대해 보다 폭넓은 관점을 제시한다. 저자는 21세기 글로벌 정보시장의 생생한 모습을 보여 주는 한편, 그 기술적인 문제점들을 폭로하고 한편으로 해결책을 제시하여, 영감에 가득찬 미래의 청사진을 제공한다. 보디넷, 전자 코, 촉각 인터페이스의 미래를……

여성 인재파견 시스템 100% 활용하기

정 용 섭 著
〈신국판 / 225면 / 6,000원〉

기업은 여성인재를 찾고, 여성인재들은 일자리를 찾아 헤매는 것이 현실이다. 취업난과 고용난을 동시에 해결하는 통쾌한 해법이 바로 여기 있다. 인재파견 시스템이 바로 그것이다. 하고 싶은 일을 원하는 시간에 원하는 회사에서 마음껏 할 수 있는 파견스태프가 되는 방법이 잘 나와 있다. 이제 기업도 능숙한 외국어에 막강한 사무능력을 갖춘 여성인재를 적절히 활용할 수 있을 것이다.

BQ창업시대 — 중소기업 창업가이드

이 치 구 著
〈신국판 / 190면 / 6,000원〉

학교공부를 잘 한다고 사업을 잘 하는 것은 결코 아니다. 지능지수(IQ)가 높다고 사업능력이 뛰어난 것은 더욱 아니다. 사업재능은 지능지수와는 다른 또 다른 능력, 바로 실천능력을 갖춰야 한다. 믿음과 목표의식이 따라줘야 한다. 그렇다면 이 사업능력을 평가하는 방법이 없을까. 사업을 하려는 사람은 비즈니스 IQ, 즉 사업지스(Business Quotient : BQ)가 좋아야 한다. BQ 항목에 세 가지만 해당되면 사표를 써도 좋다!

신을 거역한 사람들

피터 번스타인 著
안진환 외 譯
〈양장 / 540면 / 12,000원〉

세계적인 경영 컨설턴트인 저자가 리스크의 역사와 발전과정을 담았다. 탁월한 통찰력으로 현재의 시점에서 미래를 다루는 방법을 밝혀낸 여러 사상가들의 이야기가 담겨 있다. 리스크를 이해하고 측정하며 그 결과를 가늠하는 방법은 주목받을 만하고, 그리스시대부터 현재까지 인류의 다양한 위기의 순간들과 이를 헤쳐나가는 과정을 역사와 철학, 경제학 관점에서 돌아본다. 투자나 선택이 일상인 경영자들을 위한 책이다.

기업 최후의 전쟁 M&A

정 규 재 著
〈양장 / 518면 / 12,000원〉

이 책은 국내시장에서 치열하게 됐던 실제 기업전쟁을 실감 있게 그리고 있다. 이들 전쟁은 기업지배권의 탈취나 내분의 형태로, 외부의 공격자들과 기존 소유자들 사이에서 벌어진 것이다. 한국 대표기업 간 M&A의 실상과 이면사를 상세히 분석한 이 책은 때마침 한국기업의 위기와 금융산업 개편에 대한 논란이 진행 중이어서 특히 눈길을 끈다. 기업 M&A 이면사가 한 편의 소설처럼 박진감 있게 펼쳐진다.

월가 천재소년의 100가지 투자법칙

멧 세 토 著
형 선 호 譯
〈신국판 / 344면 / 8,500원〉

10대 천재소년 멧 세토가 세운 뮤추얼 펀드의 연간 수익률은 단연 압도적이다. 이 소년은 〈월 스트리트 저널〉의 표지인물로 등장한 바 있으며, 전세계 투자자들이 조언을 듣기 위해 애쓴다. 17세에 억대 부자가 된 멧 세토가 100가지의 성공적인 주식투자 비법을 소개한다. 신선하고 반짝이는 그의 투자전략은 초보자들도 아주 쉽게 이해할 수 있으며 폭락과 반전을 거듭하는 우리 주식시장에서 성공을 보장할 것이다.

알기 쉽게 풀어쓴 새노동법 해설

윤 욱 현 著
〈신국판 / 520면 / 11,000원〉

1997년 3월 노동법이 전면 개정되었다. 개정 노동법은 개별적 노동관계법의 대명사인 근로기준법상의 변형근로시간제, 정리해고제 등을 도입하고 집단적 노동관계법에서 금지됐던 복수노조, 제3자개입, 정치활동 등을 허용했다. 이 책은 저자가 현장에서 직접 느끼고 체험한 노사간의 문제점들을 살펴보고 개정 노동법 전반을 알기 쉽게 해설한 책이다. 해당 법의 예시, 판례, 행정해석을 풍부히 들어 이해를 돕는다.

추락하는 일본경제

이 봉 구 著
〈신국판 / 364면 / 8,500원〉

일본이 미래에 대한 자신감을 잃고 있다. 일본경제는 물가, 부동산, 주가 등이 동반하락하는 디플레이션 현상까지 나타나는 대변혁기를 맞고 있다. 개인이나 기업의 자산이 줄고 경제성장률도 제자리걸음을 면치 못하는 사면초가의 상황에서 일본은 초조하다. 저자는 90년대 초 한국과 80년대 말 일본을 비교하면서, 일본경제의 위기와 이를 헤쳐나가려는 일본기업의 몸부림을 타산지석으로 삼으라고 제언한다.

트랜스포메이션 경영
─IMF시대의 기업생존전략─

이성용(Sunny Yi) 著
〈신국판 / 352면 / 9,500원〉

한국 유수의 기업들도 트랜스포메이션을 알고 있으며, 트랜스포메이션을 했다고 주장하는 기업도 있다. 그러나 제대로 된 트랜스포메이션을 수행한 기업은 거의 없다. 이 책은 트랜스포메이션의 필요성, 그 방법과 대상, 수행도구, 외부의 적절한 도움에 대한 정보를 망라했다. 전문용어를 극도로 자제하면서 기업경영뿐 아니라 한국경제가 나아갈 길, 제대로 된 트랜스포메이션의 방법을 요령 있게 제시했다.

칭기즈칸 일족

진 순 신 著
서 석 연 譯
〈전 4권 / 신국판 / 각권 7,000원〉

전설 속에 묻혔던 칭기즈칸을 생생한 역사적 인물로 되살려 냈다. 3년여 동안 아사히 신문에 연재되어 일본열도를 열광시킨 진순신의 최신작이다. 가장 짧은 시간에 가장 넓은 영토를 차지한 칭기즈칸과 그 일족의 세계제국 건설사가 유장하게 펼쳐진다. 치열한 권력투쟁, 끊임없는 배신과 모반…… 그러나 강인한 투쟁력과 야성으로 세계경영에 성공한 칭기즈칸과 일족의 투쟁사는 위기를 맞은 우리에게 청량한 자극이 될 것이다.

열린 세계와 문명창조

기 소르망 著
박 선 譯
〈양장 / 428면 / 13,000원〉

기 소르망은 서로 다른 문화가 충돌하는 유럽, 러시아, 중국, 일본, 아프리카, 라틴아메리카의 국경으로 우리를 이끈다. 이 책은 서양인의 독백이나 나르시시즘이 아니라 바로 한반도에 대한 진단이며 치료제가 될 수 있다. 통독 이후의 문제, 북한의 실상(본문의 「아홉번째 여행」 참조)과 우리의 미래, 미국화로 상징되는 맥몽드(McMonde)의 악몽 속에서 나름대로의 대응법을 찾을 수 있기 때문이다.